初中地理教学能力
培养与创新设计

赵 娟 ◎著

吉林文史出版社

图书在版编目（CIP）数据

初中地理教学能力培养与创新设计 / 赵娟著． -- 长春：吉林文史出版社，2023.6

ISBN 978-7-5472-9476-5

Ⅰ．①初… Ⅱ．①赵… Ⅲ．①中学地理课－教学研究－初中 Ⅳ．① G633.552

中国国家版本馆 CIP 数据核字（2023）第 118154 号

CHUZHONG DILI JIAOXUE NENGLI PEIYANG YU CHUANGXIN SHEJI

书　　名　初中地理教学能力培养与创新设计
作　　者　赵　娟
责任编辑　陈　昊　张　蕊
出版发行　吉林文史出版社有限责任公司
地　　址　长春市福祉大路 5788 号
印　　刷　北京四海锦诚印刷技术有限公司
开　　本　185mm×260mm　1/16
印　　张　11.25
字　　数　253 千字
版　　次　2024 年 4 月第 1 版　2024 年 4 月第 1 次印刷
定　　价　52.00 元
I S B N　978-7-5472-9476-5

前　言

地理是一门集社会科学和自然科学于一体的学科，可以有效提高学生的人文素养和综合素质。因此，为了实现素质教育的目标，作为地理教师要创新教学策略，提高地理学科的教学水平，实现育人的教学目标。随着现代信息技术的飞速发展，传统教学设计已不能适应和满足如今初中地理教与学的要求，地理教学能力培养也成为地理教学研究中的重点内容。在初中地理教学中，教师需要树立现代化的教育理念，对传统课堂教学模式和课堂教学方法进行改革以及创新设计，要灵活运用多种教学方法，重视地理信息资源和信息技术的利用，以推动初中地理教学更好发展。

鉴于此，笔者撰写了《初中地理教学能力培养与创新设计》一书，全书在内容编排上共设置六章，第一章，作为本书论述的基础与前提，主要阐释地理教育发展与教学本质、地理课程的观念与结构、初中地理教学中创新能力培养；第二章，探讨初中地理教学的基本要求、初中地理教学原则与资源利用、初中地理教学中学科能力培养；第三章，分析地理教学语言与组织能力培养、地理教学板书与多媒体使用能力、初中地理教学科研与反思能力培养；第四章，阐释初中地理教学与过程体系设计；第五章，论述初中地理教学方法与模式设计创新；第六章，突出实践性，从初中地理长效教学模式及创新设计、初中地理智慧课堂教学的创新设计实践、指向核心素养的地理跨学科主题学习设计实践三个方面研究了初中地理课堂教学模式创新设计。

本书基于初中地理教学实际，一方面，对初中地理教学能力培养体系与内容等知识进行探讨；另一方面，对初中地理教学的创新设计实践进行分析。全书结构严谨，内容翔实，通俗易懂，可供从事初中地理教学研究的学者与一线教学工作者使用。

在撰写过程中，笔者参阅了许多文献材料，在此向各位学者表达由衷的谢意。由于自身知识和写作水平有限，书中所涉及的内容难免有疏漏之处，恳请读者多提宝贵意见，以便笔者进一步修改，使之更加完善。

作者

2023 年 4 月

目　录

第一章 初中地理教学的理论审视

第一节 地理教育发展与教学本质

一、地理教育发展

地理是一门跨学科的综合课程，地理教育在培养社会建设人才中起着十分重要的作用。"地理"一词在我国最早见于《易经·系辞》中"仰以观于天文，俯以察于地理"。从原始社会起，我国就有了地理知识的萌芽。为了教育下一代，地理教育便开始形成。开始是口头传授，后来因文字的出现，世代积累的地理知识便得以记录传播。早在西周，我国就设有国学、乡学，汉、唐、宋均设有太学，宋以后又设有书院。这些学校除讲授四书、五经外，还讲授一些历史、文学之类的书籍，地理知识的传授即包括在这些书籍之中。1840 年以前，我国传统的民间低级私塾叫蒙馆，在蒙馆学习的儿童，年龄一般在 8 岁到15 岁。蒙馆教材中的《千字文》和《幼学》都含有一些简单的地理、地学常识。我国旧式学校没有设地理课程，只有一些浅薄且脱离当时实际的地理常识，是混合编在蒙学教材中的。随着西方文化的传入，我国新式学校才有了单独设置的地理课程，地理课程开始见于少数学校。至 19 世纪末，国人自办的新式学校多单独设置地理课程。

（一）地理教育的建立时期

1904 年，我国中小学正式设置地理课程，规定了学校系统的学制——"癸卯学制"，这是我国第一个经正式颁布后在全国范围内推行的学制。作为一门新课程，地理课的开设，开阔了国人的视野，适应了人们了解世界的需要。初设的地理课程又细分为五门：地理总论、亚洲总论、中国地理、外国地理和地理文学，分别在不同年级讲授。地理教材是以"地理志"和"地方志"观点与方法编辑的，内容广泛，类似百科全书。没有统一的教材和教学安排，一些学校则采用国外教材。这一时期的地理教学，强调讲授的重要性，且注重文字的诵读，忽视内容的推究，缺乏必要的设备，大都墨守成规。此时的地理启蒙教育，培养了一批二十世纪二三十年代开始从事地理研究的学者。

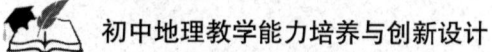

（二）地理教育的探索时期

随着社会的发展，人们需要了解世界，需要寻找一条富民强国之路，由此促进了地理教育的发展。此时地理课程主要有地理概要、本国地理、外国地理、自然及人文地理概论。大量教材仍以编译国外教材为主，但比起之前的地理教育，有了很大的改观。

第一，从教材编写上，增强了教材的系统性。能够注意借鉴当时地理科学的研究成果，提高教材的科学性，地理教学也开始进行教学方法的探讨。

第二，此时地理教学注意引导学生观察和分析自然地理现象，认识人地关系，教材中增加了地图、照片和插图，比以前更加丰富多彩。例如，《人生地理》教材导言中提到："地理学之宗旨，在于研究地理与人生之关系，使吾人对于世界各地之风土人情，皆能解释其因果，说明其系统，且能根据已知考未知。"

总的来说，中华人民共和国成立前的初中地理教育缺乏统一指导，没有完全独立的教材，教学内容略显混乱，教学方法简单。但当时地理教育的水平大致与世界同步，对树立国人的地理观念、开阔视野起到了很大作用。

（三）地理教育的过渡时期

中华人民共和国成立以后，地理教育有了进一步过渡发展，主要表现在：第一，向新的中学地理教育过渡。初中地理课程基本上沿用之前的教学计划和教材，仅对一些明显错误进行了删改。第二，由模仿西方教育向模仿前苏联教育过渡。初中地理教育开始全面学习苏联经验，分别设置自然地理、中国地理、世界地理、外国经济地理和中国经济地理。知识系统性很强，对学生的地图能力要求比较高；在教材的思想体系上，体现了科学思想的指导作用，地理教育质量有了很大提高。

（四）地理教育的快速发展

1977 年以后，地理被列为文科高考科目，地位迅速提升，从而也进入了相对稳定的地理教育发展时期。地理教师热情高涨，地理教学内容、方法、手段都有了很大发展，主要表现为：第一，中学地理教育重新获得重视。第二，地理教育以"人地关系"为主线。贯穿爱国主义和国情教育，进一步树立学生正确的人口、资源和环境观念。第三，地理教育体现传授地理知识和技能，开发智力、培养能力和进行思想教育三大职能。第四，全国统一安排，采用通用教材，地理知识得到较好普及。第五，促进了我国教育的发展，为国家培养了大批人才。但是，此时的地理教材仍以自然地理为主，不能鲜明地指示不同区域中人地关系的问题。

（五）地理教育的改革创新

从 20 世纪 90 年代末至今，通过一系列改革，地理教育的地位得到提升，人们越来越认识到地理教育在培养学生的爱国情感，增强全球意识，进行环境教育，促进知识、技能和世界观的和谐统一及提高学生对未来生活的适应能力等方面，是其他学科所无法代替的。我国地理教育取得了令世人瞩目的成绩，正在不断走向深入，步入成熟。随着世界经济发展的纵深联系，人类面临的人口、资源、环境和可持续发展等共同主题日益突出；社会经济文化等的不断发展变化、地理科学的迅速发展、学生身心发展的变化等，均对学校地理教育提出了更高的要求。因此，我国地理教育改革便成为必然。地理教育改革到底应该怎样进一步突破、深入，从更广阔的视角研究地理教育的理论与实践，这是地理教育界人士普遍关注的问题。

"《义务教育地理课程标准（2022 年版）》的颁布，拉开了新时代初中地理课程育人的新序幕。《义务教育地理课程标准（2022 年版）》在课程理念、课程目标、课程内容、学业质量、课程实施等方面做出了众多变化、带来了重要突破，为深化新时代初中地理课程育人改革指明了方向"[①]，进一步明确了"培养什么人、怎样培养人、为谁培养人"这一根本问题；强化了地理学科的实践性，要求打造综合性、实践性课程，推动综合育人、实践育人；以提升学生核心素养为宗旨，要求坚持育人为本、优化课程结构、活化课程内容、推进教学改革、发挥评价功能，使学生形成适应终生发展和社会发展需要的正确价值观、必备品格和关键能力。教育变革是复杂的，创设具有中国特色的地理教育，是需要艰苦探索的开创性事业。要从展望未来变化的若干趋势中把握现实，明确改革目标，为迎接未来的挑战做好准备。

二、地理教学本质

课堂教学是整个地理教学的中心环节，实现和谐高效的课堂教学是地理教师的追求，地理教学的本质主要包括以下四个方面：

第一，地理教学本质上是传授知识的过程，或者是传授知识与培养能力的过程。构成地理教学的基本成分是地理教师、学生及作为媒介的地理教材。

第二，地理教学的本质是师生双方在现实中探索真理的共同的认识活动，是由教师的教与学生的学组合起来的共同活动过程。

第三，地理教学的本质是"对话"，是"交流"，是"沟通"；地理教学实际上是师

---

① 龚倩，朱雪梅．新时代初中地理课程育人的方向标——研读《义务教育地理课程标准（2022 年版）》有感［J］．中学地理教学参考，2022（17）：11.

生以教学资源为中介的交互影响过程，是一种特殊的人际交往活动过程。

第四，地理教学本质上是由教师组织学生进行有目的、有计划的有效学习的活动过程。共同活动的核心是学生的学习活动，而地理教师从传授主角退而成为学生学习活动的支持者与帮助者。

总而言之，地理教学的本质就是教师合理利用教学手段和策略，根据学科特点和学生实际，指导学生有效学习，以促进学生掌握学科知识与技能，培养能力，提高思想境界，发展和谐人格，极大地开发生命潜力为明确目标的教学活动。

第二节　地理课程的观念与结构分析

一、地理课程的观念

地理课程观念是地理课程论研究的构成要素，现代地理课程发展的一个重要特征，就是以观念的突破和更新为先导，再在地理课程实践上引起巨大变革。地理课程观念是人们在地理课程实践过程中形成的对地理课程发展的理性认识，是一定时期内人们对地理课程本质和内容特征的主要反映。地理课程观念的认定和选择既受学科体系、社会需要、学生发展等因素的制约，又受不同课程流派思想的影响，还与个体的主观认识相关。

（一）以知识为取向的地理课程观念

1. 课程知识观的认知

课程知识观即将课程等同于学问或学科知识，这是课程发展历史中出现最早且影响广泛的一种观点。如：我国古代的"六艺"（礼、乐、射、御、书、数）和欧洲中世纪的"七艺"（文法、修辞、辩证法、天文、音乐、算术、几何）等，都是强调学科知识的课程。英国哲学家、社会学家、教育家最初将知识的系统组织定为课程的内涵，实质上是在近代确立了课程即知识或系统化的知识的观点。发展至今，将课程看作学问或学科知识的观点，依然比较普遍。

课程知识观的基本思想：学校开设的课程主要是让受教育者获得知识，强调学科知识的系统化，课程内容主要来自人类长期积累的知识，教育的任务就是使受教育者经过学习获得系统化的知识，至于受教育者的发展，则是在接受知识的过程中实现的，其实质是从知识本身出发，强调学校教育中向学生传授系统的学科知识体系。这种观念主导下的学校课程通常表现出以下特点：课程往往分科设置，强调受教育者对学科知识的理解与掌握；课程体系以学科逻辑结构为基础进行组织；课程内容是既定的、先验的、静态的，外在于学习者个人生活，并经常凌驾于学习者之上；教师是课程的说明者和解释者，学习者是知识的接受者，课程主要关注教师的知识传授和学习者的认知过程。课程知识观有其重要的积极意义，即使在目前，这一观念仍有着重要影响。当然，随着社会的发展和演进，现代社会要求学生在学校学到的不仅是知识，更有心智的发展、情操的陶冶、思维的创新、个性的完善等。知识课程观正受到越来越多的反对和挑战。

2. 知识取向观对地理课程的影响

在知识取向的课程观念下，地理课程内容被作为要学生习得的地理知识来对待。这些知识通常以地理教材作为主要载体，以地理事实、地理景观、地理概念、地理原理等形式出现和存在。地理课程内容，通常被认为是地理教材（包括地理教科书、地理教学大纲、地理课程标准、地理填充图册、地理练习册等）。将地理课程的重点放在地理教材上，有其优点，也有其不足。就优点而言，有利于考虑地理学科知识的系统性和逻辑性，使教师与学生明确地理课程的主要内容，使地理教学工作有据可依。就不足而言，以地理教材作为地理课程的主要内容会使人自觉不自觉地认为地理课程是事先规定好的东西，是既定的、先验的、静态的地理知识，这就意味着，地理学科专家最清楚学校地理课程应该教哪些内容，应该如何选择地理知识。这就限制了地理教师的主动性和创造性，也非常不利于学生心智的发展和个性的培养，更为严重的是现代地理教学所要求和提倡的师生互动根本无法在这样的课程观下真正得以实现。

在知识取向的地理课程观念下，怎样选择地理知识和选择怎样的地理知识作为地理课程的主要内容是一个非常重要的问题。现代社会人类迈向知识经济时代，地理学科知识迅速发展，地理知识更新速度日新月异，地理课程内容也必须与时俱进，及时更新。如何科学、合理地选择课程知识，需要在四对关系上做出取舍：学科知识与课程内容的关系，科学、艺术与道德的关系，科学与技术的关系和概念原理的知识与过程方法的知识的关系。作为地理课程的地理知识，不可能囊括所有的地理科学知识，必须具有选择性，必须根据社会发展、学生需要、学科体系等进行相应的选择。例如，地理课程中的自然地理知识并不包括所有的自然地理科学知识，而仅是自然地理科学知识的一部分，并且这一部分是依据社会、学生的需要以及组成课程所需要的知识逻辑结构来选取的。如果以自然地理学的科学体系来衡量目前我国中学地理课程中自然地理学的内容，可以发现，初中地理课程中自然地理学的内容以区域自然地理学为主，部门自然地理学以及综合自然地理学的内容只有几个粗浅的片断。

（二）以经验为取向的地理课程观念

1. 课程经验观的认知

将课程看作学生在学校内所获得的全部经验，是 20 世纪 30 年代以来受到教育学界高度重视且产生了重大影响的一种课程观念，这种课程观念强调应该从学生学的角度确定课程的内涵和意义，而不是从教师教的角度定义课程。课程经验观的基本思想是重视学习者个体的学习感受与亲身体验，课程就是让学习者体验不同的学习经历，学习是通过学生的主动行为而发生的，取决于学生本身做了哪些，而不是教师呈现和要求了哪些。在此过程中，将学习对象转化为自身的经验，并且实现自身的变化与发展。经验取向的课程观通常表现出以下特点：课程强调和突出学习者作为学习主体的角色以及在课程学习中的体验；课程内容选择注重从学习者的角度出发；课程不是外在于学习者或凌驾于学习者之上，而是强调与个人的经验相联系与结合，强调学习者个性的全面参与。

学习者经验取向的课程观有四个方面的特征：课程内容具有二维动态性；学习者在课程开发中的主体地位得到尊重；学习者的个性差异得到尊重；课程开发与评价的难度加大。理论上而言，把课程定义为学习者的学习经验具有一定的新意和吸引力，但实际操作中，却存在很大的困难。如：在实际教学中，学校是否还需要统一的课程标准；一个教师如何同时满足多个学生的学习要求等。

2. 课程经验观对地理课程的影响

经验课程与知识课程相比具有更深刻的内涵和更丰富的功能。首先，用经验定义地理课程，扩展了地理课程的内涵，使地理课程不仅可以包括知识课程所含内容，而且还能包括更多；其次，用经验定义地理课程，可以扩展用知识定义地理课程时无法体现的功能，即地理课程要让学习者亲身去体验，体现学习者占有和获取地理知识的主动过程。这种功能扩展体现了人们对于地理课程认识的飞跃，改变了学习者与地理课程的关系，突出了地理课程与学习者之间的相互作用。

（1）课程经验观创新了地理课程的目标确定。地理课程目标的重点主要不在于使学生掌握地理知识，而在于使学生从地理学习过程中获得对个人发展有意义的经验。这种经验不是内在于地理教材之中，而是学习者个人通过学习过程赋予地理教材的。地理课程的职能是要为每一个学生提供有助于个人自由发展的经验和意义。

（2）课程经验观拓展了地理课程的内容选择。地理课程内容的构成核心不再是系统化、逻辑化的学科知识结构，而是突破了从外部施加给学生知识的范畴，注重从学习者的角度出发，强调与个人的经验相联系与结合进行课程内容的选择。

（3）课程经验观改变了地理课程的学习方式。课程经验观强调决定学习的质和量的是学生而不是教材，学生是学习的主动参与者。学生是否真正理解地理课程内容，取决于学生的心理建构，从某种意义上而言，学生已有的认知结构的情感特征对地理课程内容起着支配作用，它们是受学生控制的，而不是由地理学科专家支配的。知识只能是学会的，而不是教会的。

（4）课程经验观增加了地理课程编制的难度。把学习经验作为地理课程内容，强调的是学生对地理课程的理解与体验，因为学习经验是在课程编制者之外的东西，只有学习者自身才真正了解这种经验的真实情况，地理课程编制者无法清楚地了解特定环境是如何影响学生心理的，因而准确描述地理课程内容变得非常难。

（三）以活动为取向的地理课程观念

1. 课程活动观的认知

课程活动观强调课程是受教育者各种学习活动的总和，学习者通过参与各种学习活动对实现自身的变化与发展。活动取向的课程观主要具有以下特点：强调学习者是课程的主体，以及作为主体的能动性；课程实施强调以学习者的兴趣、需要、能力、经验等为中介；反对过于详细的分科课程，从学习活动的完整性出发，突出课程的综合性和整体性；基于学生心理发展特点，重视学习活动的水平、结构与方式，注意学习者与课程之间的关系。活动课程观的局限性主要体现在往往过于注重学生的外显活动，学生的外显活动虽然可以比较容易观察到，但却无法观察到学生内部心理过程的变化，无法看到学生的经验是如何发生的，而难以了解学生内部的学习结构。

2. 课程活动观对地理课程影响

在活动取向的课程观念下，地理课程内容可以以地理教材作为主要载体，以地理调查、地理考察、地理辩论、地理实验、合作学习、小组讨论等形式出现和存在。在活动取向的地理课程观念下，怎样设计和组织地理活动作为地理课程的主要内容是一个非常重要的问题。地理活动课程内容的选择和设计，应注意：一是在知识形式上，以选择经验性知识为基本原则；二是在知识传递上，以学生自我活动、自觉操作、自我探究、自我体验为基本形式；三是在知识的价值上，以实现知识养成技能的训练价值为基本价值取向。作为地理课程内容组成的地理活动，不可能囊括所有的活动类型，必须具有选择性，必须根据社会发展、学生需要、学科知识等进行相应的选择。课程活动观对地理课程的影响主要有以下几个方面：

（1）地理课程中教师观的变化。活动取向的课程观认为地理教师在地理课程中的角色不是知识的传授者和权威者，而是活动的组织者、设计者与引导者，教师重在引导，行动多于口训。师生之间关系平等，教师在学生开展活动前和进行活动中起导向、帮助、管理和监督的作用，活动结束后教师起到引导学生总结升华的作用，以帮助学生由直接体验上升为知识、能力与情意品质。

（2）地理课程中学生观的变化。活动取向的课程观认为学生是地理课程的主体，是学习活动的主体，是决定学习活动内容和学习活动形式的核心因素，地理课程内容是基于学生的活动兴趣和动机之上的，学生通过地理活动进行学习，并在地理活动中得到发展。

（3）地理课程中知识观的变化。活动取向的课程观认为地理课程中的知识不是脱离现实的固定不变的书本知识，而是围绕社会生活各个领域，随社会的发展而不断变化和丰富的活的知识。

（4）地理课程中教学观的变化。活动取向的课程观反对地理教学中教师给学生传授知识，主张教师精心组织学习活动，使学生在活动中进行地理学习，让学生通过地理活动自己去发现和领悟。活动课程教学观强调两点：一是让学生主动；二是让学生活动。活动是构成意识、取得知识的重要前提，也是地理教师在活动中发挥主导作用的基础。

（四）以全面发展为取向的地理课程观念

1. 全面发展取向的课程观认知

课程观念的形成并非一成不变，而是随着社会的发展和进步不断发展和完善。当代社会，随着知识经济的日益凸显和科学技术的迅速发展，人们对教育民主化、教育生活化、国际理解教育、可持续发展教育、个性化教育、创新教育、终身教育等概念有了新的认识和理解。反映在课程意识上，也使得人们的课程观念不断更新和变化。与之前的课程观念相比，当代课程观出现了前所未有的新变化，一个显著特征就是以学生为本，着眼于学生的全面发展，提倡所有学生的全面发展，反对权威主义和精英主义。当代课程越来越关注学生作为"整体的人"的发展，全面发展取向的课程观已经成为当今世界课程观念的主流。全面发展取向的课程观强调课程对学生发展的指导作用与意义，注重课程的个人发展价值，突出课程对学生个体发展需要的促进和适应。

全面发展取向的课程观主张既要重视对学生进行智力训练，促进学生的智力发展，更要重视对学生技能和能力的培养以及情感、态度、价值观的养成教育，在学生智力发展的前提下，重视学生技能和能力的充分发挥和自由发展，培养学生健康完美、和谐的个人品格，致力于学生知识、技能、能力、情感等的协调统一发展，以利于学生自由个性的形成。

全面发展取向的课程观的基本思想是谋求学生智力、能力和人格的协调发展及追求个体、自然和社会的相互和谐，以"整体的人"的观念看待学生，着眼于学生的全面发展。

这一崭新的课程观念，使学校的课程目标发生了以下方面的深刻变化：一是注重课程目标的完整性，强调学生的全面发展；二是注重基础知识的学习，提高学生的基本素质；三是注重培养学生的良好个性品质和道德品质；四是着眼于未来，注重能力培养；五是强调国际意识的培养。全面取向的课程观在一定程度上克服了课程知识观、课程经验观和课程活动观等课程观念在课程认识上的片面性，确立了以学生发展为本的思想，将学生基本素质提高和身心全面和谐发展置于课程的核心位置，适应了人的发展的整体性和全面性的特点。全面取向的课程观打破了原有课程观念过分强调知识、经验、活动等的看法，同时恰当处理了知识、经验、活动在课程中的地位与矛盾，增强了课程对学生和社会的适应性，有利于学生的全面发展。

2. 全面发展取向课程观对地理课程的影响

（1）拓展了地理课程的学科价值。全面取向的课程观拓展了地理课程在认知发展、实践能力、情感态度等方面的价值。在认知发展方面，地理课程有助于使学生形成对地表各种事物的空间关系、区域格局、地理过程的敏锐观察力，从而促进学生综合思维的发展；在实践能力方面，地理课程有助于发展学生提出问题、分析问题与解决问题的能力；在情感态度方面，地理课程对于学生兴趣、情感、道德意识的发展有着其他学科所不可替代的独到价值。

（2）完善了地理课程的目标。全面发展取向的课程观关注学生作为"整体的人"的发展，认为人是一个智力和人格和谐发展的有机整体。在这一观念指导下，地理课程目标不仅重视学生的认知发展，而且强调地理能力的培养及地理素养的形成。在认知发展方面强调以能促知，知能合一，强调学生知能的协调发展；在地理能力方面，重视能力培养，突出方法，注重提高学生的综合实践能力和创新精神；在地理素养方面，坚持科学素养与人文精神的统一，注重国家意识、全球意识和可持续发展观念的培养，使学生真正理解地理学科的科学价值及人文意蕴。

（3）丰富了地理课程的内容。全面发展取向的课程观认为，地理知识将不是地理课程关注的重点所在，地理教育的要求已经越来越明确地表现为追求人的整体素质而并非他所掌握的地理知识数量。为了实现地理学科价值，达成地理课程目标，需要从学生发展、社会需求、学科体系出发，综合考虑影响地理课程的各种因素，丰富地理课程内容。全面发展取向课程观下的地理课程内容具有如下特点：突出地理学科特色和基础性；满足学生的兴趣和需求；贴近学生生活和社会实际；有利于学生形成地理观点。学生生活及其个人知识、直接经验也成了地理课程的有机组成部分。

（4）创新了地理课程的学习方式。全面发展取向的课程观确立了新的地理课程观，相应地，对新的地理学习方式也进行了重新解读和建构。全面发展取向的课程观倡导学生"主动参与、勤于思考、乐于探究"的学习方式，注重培养学生"获取地理新知识的能力""分析和解决地理问题的能力"。地理学习因而也不再只是简单地由教师传授普遍性和既定性的结论，而是让学生同教师一起共同参与地理知识创生的过程。教师不再是仅就地理课程教授地理知识，而是成了与学生一道探索学生正在经历的一切的积极的参与者和合作者。学生学习地理新知识的活动，成了学生不断探索、不断体验、不断经历、不断感悟的过程。

二、地理课程的结构

关于课程结构的认知主要包括：①课程结构即具体学科内部的知识结构；②课程结构主要是学校课程的类别结构；③课程结构包含教学科目系列、学科、各门具体课程、各门课程的篇和题等四个层次；④课程结构包含宏观、中观、微观三个层次，课程结构是对构成学校课程体系中各要素及其所形成的关系形态的总称，是课程内容、科目、课程类型等要素经过有机整合所形成的形态；⑤课程结构是课程内部各要素、各成分、各部分之间符合规律的组织形式。作为学校课程的重要组成部分，地理课程结构就是指地理课程在学校课程设置中的安排以及地理课内部各要素、各成分、各部分之间的组织形式。地理课程结构经过多年发展，发生了很大变化，主要体现在地理课程类型设置的变化、地理课程内容选择的变化和地理教材的发展变化等方面。

第一，地理课程类型设置的变化。地理课程类型设置是指关于地理课程安排的方案，包括开设哪种地理课程，在哪一学习阶段开设以及开设的时间等，它反映学校地理课程类型的整体结构。在地理课程类型设置方面，经历了由单一到丰富化的过程，建立以学科类课程为主、活动类课程为辅的课程结构，以优化必修课、规范选修课、加强限定选修课为原则构建学科课程体系。

第二，地理课程内容选择的变化。在课程内容选择方面，向以人地关系为主线转变，根据地理学科的性质、特点，学生特征，精选教材内容。课程内容以人地关系为主线，以可持续发展为指导思想，以培养合格的公民为基本目标；不仅强调对学生进行思想教育，而且注重学生价值观念的培养和良好行为的形成；强调地理教学要理论联系实际。要注重从整体出发，加强自然地理、人文地理的相互渗透，课程内容要体现基础性、综合性与实践性。

第三，地理教材体系结构的变化。地理教材体系结构逐渐由学科体系为主向淡化学科体系转化，以人类活动与环境、资源和发展的协调为主线，体现基础性、综合性和实践性。

第三节　初中地理教学中创新能力培养

　　"在初中地理教学中，教师要培养学生的思维能力，创新能力是一种高阶思维能力，也是学生在地理学习中欠缺的一种能力。将创新能力与地理教学对接，能给课堂带来更多的灵动。"[①]"在初中地理教学中，老师开始对学生实施创新能力的培养，其目的是让学生有更加开阔的视野，能够更加快速地进入地理学习环境中，这样可以让学生的思维能力变得更加开阔，对地理内容也会有一些新的看法与见解。"[②]在初中地理教学中，很多老师习惯用单一的课堂讲述方式来讲述地理内容，没有根据实际情况开展合理的教学活动，只是一味地给学生传授地理内容，严重影响了学生的听课效果。这就要求老师明白学生的掌握情况，提高自身的创新素养，对一些地理内容有所创新与认识，激起学生内在的求学冲动，让学生的一些特点能够得到展示，能够抓住一些地理学习的特征，更好地运用所学习的地理知识来解决一些遇到的难题。

　　每个学生都有很大的潜力，老师所能做的是以身作则，给学生树立良好的榜样，让学生都能够具有创新意识与创新精神，这样可以满足学生学习的需要，也能够让学生通过地理学习受到一些启发，增强学生的思考力与执行能力，这样学习效率会得到很大的提高。

　　在初中地理教学活动中，学生创新思维能力的培养是非常重要的，这关系到学生的前途与发展。因为一般意义上学生在地理学习中容易受思维定式的影响，思维陷入一种困局当中，没有一种独立思考的能力，遇到一些地理问题也缺乏必要的思考与判断。但是如果老师能够关注学生平时的成长，给学生的成长注入一些新的活力，让学生思维能力得到拓展，能够分析问题并且解决地理问题，及时调整学习方式，以便能够应对所遇到的地理难题，这样可以促进学生对地理问题的思考与判断，及时调整学习方法，利于学生的长久进步与学习。例如，经常让学生看图说地理分布，可以让学生将图形与实际的生活建立起紧密的联系，能够做到学以致用，更好地加深对地理问题的思考与判断，让学生关注图形，解决实际问题。初中地理教学中创新能力培养可以从以下两个方面着手：

　　第一，通过教学活动培养创新能力。初中地理课堂教学对学生的学习而言特别重要，老师需要尝试让学生融入地理学习中，通过教学活动来激发学生的内在潜力，让学生具有一定的创新精神。教学活动要注意吸引学生，让学生明白学习的真谛，不光是掌握知识，

① 杨晓霞.基于创新能力培养的初中地理教学［J］.基础教育论坛，2021（10）：69.

② 郭如玺.初中地理教学中如何培养学生的创新能力［J］.新课程，2022（2）：208.

更重要的是提高技能，这样可以加强与提高学生的创新意识，融入地理学习氛围中，加深对地理知识的印象。要想增强学生的创新意识，需要老师付出巨大的心血与智慧，老师在这个过程中发挥了重要的作用，要注意丰富课堂教学环境，让学生对地理知识能够有一些新的认识与体悟，学会学习与思考，锻炼自身的思维方式与能力，这样可以加深学生的地理学习印象。

第二，因材施教，培养创新能力。在地理教学中，老师要做到因材施教，照顾到每个学生的情绪，要让学生在学习中一展所长，发挥自身的潜力与优势。老师也需要及时调整自身的地理教学方法，因材施教地对待每个学生，让每个学生的潜能得到有所发挥，这样学生对地理知识的认识会变得更加深刻，能够学会理解问题，找寻问题的突破口，培养学生的发散性思维能力。例如，在讲解泥石流的危害时，老师可以给学生列举一些身边关于泥石流发生的例子，让学生对泥石流的内容能够有所认识，这样可以促进学生对泥石流问题的思考与判断，学会分析泥石流问题的一些基本特征，让学生学会学习，判断地理知识的一些科学内涵，找到地理学习的一些共性与特征，找寻其中的内在规律，给自身的学习带来启发。

总而言之，对于初中地理教学而言，要想培养学生的创新能力，可以让学生对地理问题有一些新的认识，能够学会分析地理知识的内在规律，找到地理学习的一些方法，能够从地理学习中找到一些新的方式，这样可以提高地理学习效率。

第二章　初中地理教学能力培养体系

第一节　初中地理教学的基本要求

随着国家教育信息化工程的推进，初中课堂教学环境已发生了变化，交互式电子白板、交互式电子黑板、智慧教室互动黑板、平板电脑、智写笔、各种智慧教学软件、各种学科教学 APP（应用软件）以及宽带网络、无线网等，已成为初中地理课堂教学环境的重要组成部分。随着国家教育资源公共服务平台、各省基础教育人人通等网络学习服务平台的建设和发展，随着数字教材、数字化校园、师生个人网络学习空间的建设，海量优质网络学习资源库已初步形成。网络化、数字化、智能化、移动化的智能泛在学习环境，为个性化、自主化、泛在化的学习创造了条件。

教学是一种特殊的认识、交往和实践活动，现代教学活动的理想和追求是培养完整的人、建构学生完满的精神世界。在传统教学环境下，教学要素主要包括学生、学习内容和教师。随着现代信息技术的发展，多媒体教学环境已成为重要的教学要素。教学环境中信息化教学设备（如：无线网、移动学习终端等）的配备情况直接影响着教学方法的选择。随着人工智能技术的快速发展，人工智能教师、人工智能学伴、智慧教学平台、移动智能学习终端等已成为影响教学策略选择的重要因素。

"信息化环境下初中地理课堂教学已从传授理性知识、培养和发展认知能力为核心转向以促进学生全面、和谐发展为目标。课前学生自主预习、检测、反馈，课堂对话、沟通、实践、交往、质疑、解惑、内化、提升，课后复习、巩固、总结、反思、拓展的智慧教学模式已逐步落地生根。"[1] 人工智能教师、智能学伴与人类教师协同、互补、融合，共同承担起促进学生全面、和谐发展的教育目标。识记、理解等学习目标的落实已逐渐从课中转移到课前课后；课堂教学中更加关注学生分析、评价、创造等高阶思维的发展，更加注重学生动手实践能力和问题解决能力的培养；教师更加侧重于培养学生与人交往、沟通、合作的能力，更多关注学生思维发展、能力提升和情感态度价值观的培养。信息化环境下初中地理课堂教学的基本要求正在发生变化。

---

① 马学梅. 信息化环境下初中地理课堂教学基本要求 [J]. 地理教学，2020（4）：26.

一、地理教学的课前要求

在信息技术、网络技术、人工智能技术环境下，课前教师的教学任务不再是简单地完成教案的设计与撰写，学生不再是独立地进行课前预习。在信息化环境下，教师可以利用信息化手段为学生课前预习提供大量的数字化学习资源（如：微课、导学案等）和个性化预习指导，学生之间、师生之间可以随时进行沟通和交流；教师可以利用网络及时收集学生课前预习情况，全面、精确地分析预习反馈信息，真正做到在精准分析学情的基础上设计课堂教学方案。具体而言，在信息化环境下，课前教师一般需要完成以下教学任务：

第一，认真研读课标。认真研究课程性质、课程理念、课程目标、课程内容、学业质量要求和课程实施建议等。在全面熟悉课标要求的基础上，深入分析、解读与本节教学主题相关的课标内容要求，确定教学设计中"课标内容要求及解读"条目的具体内容。

第二，初步确定教学方案。熟悉教学内容，深入分析教材内涵，准确把握教学重难点。根据初步掌握的学情和课程标准内容要求，制订明确、具体、可操作、可测评的教学目标，选择合适的教学策略、教学方法；依据学生认知规律和学科知识内在逻辑，制订科学合理的合作探究学习任务和教学过程。依据教学目标，制订科学合理的课前、课中、课后学习评价方案和具体测评工具，初步确定教学方案。

第三，发布预习资源包。依据教学目标、教学内容、教学策略等教学方案设计的需要，收集、制作内容丰富的优质数字化课前自主学习资源包（包括重难点知识讲解类微课、微视频、声频、各种图表，以及导学案、预习测评试题、阅读材料等文本资料），在线发布，全面支持、指导学生课前自主预习。

第四，收集预习学情。通过智慧教学软件、智能学习平台等现代信息化手段，及时监控、收集、分析学生课前预习情况，并对学生预习中出现的问题给予及时指导。全面掌握学生课前预习质量，科学分析学情，根据学生课前预习情况及时优化、调整、完善课堂教学方案。

第五，准备课堂教学资源。依据课堂教学方案，研究、制作能满足各种课堂教学活动需要的高质量数字化教学资源包（包括课件、各种图表、文本材料、微视频、声频等），上传云端，并进行调试、完善，做好课堂教学准备。依据教学设计，准备好课堂教学需要的其他形式的各种教学资源，如：纸质文本资料、图片等。

第六，准备教具。根据教学目标、教学策略、教学方法设计的需要，收集、制作、准备、调试各种实物教具（实验器材等），为课堂教学做好相关准备。练习、调试、熟悉各种现代多媒体教学设备、工具及地理学科相关教学软件，保证课堂教学中能随心所用。

二、地理教学的课中要求

信息化环境下课堂教学重在创设真实的问题情境，基于问题、项目、活动任务，组织学生通过开展对话、互动、合作、实践探究等学习活动，引导学生主动思考、质疑，产生新问题、新观念和新思想，促进学生思维发展和能力提升。基于信息化环境下课堂教学应坚持以学生的学习活动为中心，教师在课堂教学中的角色不仅是知识的传授者，还是学生自主学习活动的组织者、引导者、促进者、帮助者、管理者和评价者；创设学习情境、提出问题、组织开展学习活动、及时收集学情、及时反馈评价、精讲点拨、释疑解惑、进行个性化的学习指导等是重要的课堂教学任务。具体而言，信息化环境下课中一般需要完成以下教学任务：

第一，创设情境，布置任务。明确学习目标；联系学生生活，充分运用乡土地理资料和典型案例，融合运用传统与现代技术手段，创设真实、有趣、典型的问题情境；结合情境，提出问题；组织学生开展基于问题、项目、活动任务的自主、合作、探究学习；通过活动评价标准引导学生有序、有效地开展各项学习活动，引导学生进行广泛、全面的学习展示、交流、质疑与评价活动。

第二，释疑解惑，适度精讲。创设民主、和谐的教学氛围；充分发挥教师主导作用，讲清重点难点，为学生自主合作探究学习奠定基础；充分发挥学生学习的主体地位，引导学生在亲历实践、合作、探究活动中掌握学习方法、提升学习能力；鼓励学生大胆提问、质疑、发表不同意见和观点；秉持教学相长理念，师生相互尊重，在平等对话中共同探究、解决问题。面向全体学生，促进不同学生在原有基础上都得到发展。

第三，科学评价，讲究实效。既要关注终结性评价，也要关注过程性评价。将教学评价贯穿在整个课堂教学过程中，充分发挥教学评价的诊断、激励、发展作用。充分发挥网络技术、人工智能技术优势，及时收集学情、分析学情，圆满解决课堂教学中的生成性问题；通过有效的评价手段和工具，收集课堂学情，及时分析教学目标达成度。根据过程性教学评价反馈信息，及时调整教学设计，全面落实知识、技能、方法及情感态度价值观目标。通过多种形式的终结性评价，促进学生主动反思、总结课堂学习过程，积极制订有针对性的课后复习计划。

第四，发展思维，培养能力。信息化环境下初中地理课堂教学的重点在于发展学生地理思维、培养学生地理实践能力。课堂教学中要重视地图技能的培养，重视训练和培养学生地图填绘、地图解释、地图应用技能，合理运用地球仪和地图（包括各种电子地图）引导学生认识地理事象、解决地理问题；重视地理空间思维能力的培养，引导学生养成将地理事象置于空间要素中认识和解决问题的思维习惯，培养学生辨识空间要素、建立空间联系、形成空间决策的能力；重视地理思维方法的培养，基于问题式、项目式学习，促进学生体验"发现地理问题（是什么）、解释地理现象（怎么样）、分析地理原因（为什么）、寻找解决对策（怎么办）"的地理思维方法；重视地理实践能力的培养，创造条件、积极主动地开展地理实验教学，有计划、经常性地组织学生通过野外地理观察、地理调查、地理考察、地理观测、地理参观等实践探究活动，拓宽视野、丰富阅历，培养学生的实践能力和创新素养。

三、地理教学的课后要求

基于信息化环境下的初中地理课后教学任务，不再是单一的作业布置与批阅。基于网络化智能泛在学习环境，学生学习的时空发生了根本性的变革，师生交往、沟通的时空都得到扩展。基于网络、移动智能终端和教育资源公共服务平台等信息化教学环境的支持，学生可以实现全时段、全空域的学习；教师可以随时随地对学生的自主学习进行个性化指导。具体而言，基于信息化环境的课后主要有以下教学任务：

（一）合理布置课后作业

信息化环境下的初中地理课堂教学更关注学生身心和谐、全面地发展，更注重思维方法和实践能力的培养，大部分识记、理解类学习目标的落实被转移到了课前课后。教师需要根据课程标准内容要求、学习目标及学情，设计好基础性作业；需要借助人工智能教师、智能学伴帮助学生完成好基础性作业、落实好基础性学习目标。在重视书面作业设计与布置的同时，要根据教学目标及课堂学情反馈，设计与布置合适的探究实验、观测、调查、考察、参观、设计制作等实践性、探究性、综合性作业。初中地理学科作业设计要特别重视训练、培养和提升学生的地图技能和地理空间思维能力等地理学科素养。

（二）及时评阅反馈作业

基于信息化环境下的作业批阅反馈形式可以多种多样。教师应积极、主动地发挥现代信息技术及网络优势，充分利用国家及地方教育资源公共服务平台等信息化手段，及时批阅作业、及时反馈作业评阅情况，并根据学情，进行个性化的作业指导。当然，不论采取哪种作业评阅与反馈形式，都要认真地全批全阅，有效反馈评阅结果。

（三）发布复习指导资源包

根据教学目标及课中学情，教师需要有针对性地研究、设计、制作、在线发布优质数字化课后复习指导资源包（包括课堂讲解实录片段、重点习题讲解类微课、拓展阅读材料、拓展练习、复习方法指导等），支持学生课后个性化地自主复习。教师要充分利用现代信息技术、网络技术，关注课后学生自主学习情况；根据学生课后自主复习需要，及时给予有针对性的、个性化的复习指导和建议。

（四）主动提高自我综合素养

基于信息化环境下的初中地理教学，从教学理念、教学策略、教学方法到教学内容、教学目标，都随着时代的发展在不断发展变化。不断涌现的各种地理学科教学软件（如：谷歌地球、北斗卫星地图、百度地图等）、信息化教学工具等，需要教师主动去了解和熟悉；各种新的教学方法，如：翻转课堂教学法、实验教学法、问题式学习、项目式学习以及各种模式的智慧教学等，需要教师主动研究、积极实践。信息化环境下初中地理课堂教学，对教师教学评价能力和学法指导能力的要求显著提高。课后主动反思、总结，利用移动终端及网络资源（如：中国大学 MOOC、爱课程等）主动学习、不断自我发展，已成为信息化环境下课后地理教师需要完成的一项重要任务。

综上所述，随着人工智能教师、人工智能学伴的出现，以及海量优质数字化学习资源库的支持，学情智能诊断、资源智能推送等智能化学习平台的应用，初中地理教学环境已发生了根本性的变革。基于"云、网、端"的教学环境下，初中地理课堂教学已发生了根本性的变化。课前及时收集反馈学情、课中因材施教、课后依据学情进行个性化的学习指导已成为教学常规。关于信息化环境下初中地理课堂教学的基本要求是一个新课题，需要进行深入的研究。

第二节　初中地理教学原则与资源利用

一、初中地理教学原则的内涵与类型

（一）初中地理教学原则的内涵

教学作为人类特有的社会实践活动，需要遵循基本的准则，这种准则即为教学原则，它从一个比较宏观的层面规范着人们的教学活动，指导着人们进行各式各样的教学实践。就目前而言，教学原则并没有统一的定义。按照《辞海》释义，教学原则是"教学工作中应当遵循的基本要求""是教学规律的反映和教学实践经验的科学概括""对教师教学工

作具有原则指导意义"。教学原则是教与学的一般要求,即一定能产生结果的教与学的方法。教学原则是人们根据一定的教学目的、遵循教学规律而制定的指导教学工作的基本要求。教学原则是有效进行教学必须遵循的基本要求和原理,它既指导教师的教,也指导学生的学,应贯彻于教学过程的各个方面和始终。目前,比较公认的教学原则主要有:科学性和思想性统一原则、理论联系实际原则、直观性原则、启发性原则、循序渐进原则、巩固性原则、发展性原则、因材施教原则等。

关于教学原则的来源和依据,主要有以下七个方面:①教学原则来源于对历史上中外优秀的教学思想和教学理论的总结和提炼;②教学原则以现代心理学、教育学、哲学、文化学等其他学科的成果作为其理论基础;③教学原则是对我国当代教学改革实践经验的概括和总结;④教学原则是依据教学规律而制定的;⑤依据教育教学目的;⑥依据学科特点;⑦依据教育对象的特点。

初中地理教育属于学科教育,有其教育的特点,因此,地理教学原则不同于一般教学原则。地理教学原则就是地理教师在教学过程中必须遵循的基本要求或基本原理。地理教学规则从属于地理教学原则,是地理教学原则的具体化。地理教学原则通过一定的地理教学规则来实现,每一个地理教学原则,都包含一系列的地理教学规则。地理教学原则是地理教学规律的反映,规律不以人的意志为转移,原则却有社会性和历史性,受不同历史时期的教育方针所制约。

初中地理教学原则是地理教师进行地理教学必须遵循的基本要求,受地理教学目的和地理学科特点的制约,对地理教学内容、教学方法、教学组织的设计与运用等均起到指导作用。在教学过程中,凡能遵照一定的原则进行活动,教学就能取得比较好的效果。

初中地理教学原则对于全面完成教学目的,提高教学质量,确定教学内容,选择教学方法和教学形式,组织和实施教学过程,都具有重要的指导意义。例如,作为教学活动的准则,它能够对教学活动的各个方面起到指导和调节的作用,能够为教师提供积极、有效地开展教学活动的依据。

(二)初中地理教学原则的类型

初中地理教学原则是在遵循一般教学原则的基础上,立足于全面提高学生地理核心素养的教学原则,其主要类型如下:

1.统一性原则

统一性原则即通过地理知识教育与地理智能、思想品德、心理素质教育的结合,促使学生全面和谐发展。知识是发展智力、培养能力的基础,无知便无能。初中地理教师要充分重视地理知识教学。要绝对避免一堂课表面上热闹，实际上没给学生头脑中留下多少知识的现象发生。为此，教师应在教学中努力做到：①授予学生必需的和系统的地理基础知识，以地理知识的内在结构为基础，有目的、有计划地发展学生智力，培养学生能力。讲课缺乏条理性、逻辑性，对学生智能的发展是最为不利的。课本中有些知识条理性强，讲解较容易组织；有些条理性不太强，需要教师深入研究，对教材内容进行加工，使之条理化，把知识传授的过程和智能发展的过程有机结合起来。②加速知识向能力的转化。具体而言，一是深入挖掘地理教材的智能价值，对高价值的部分要突出重点，讲深讲透；二是改进地理教学方法，使之有利于智能的转化。

教学永远具有教育性，有意识地在传授知识、发展智能的过程中渗透思想品德教育，教学才更有实效性。特别是有关我国国情知识的学习，更要下功夫钻研。要想把学生表面上一看就懂，实际上似懂非懂，或理解不够透彻的知识讲好，是一件不容易的事。初中地理教师应在教学中努力做到：①传授的知识是科学的，引用的资料是可靠的，逻辑推理是严谨的；②挖掘教材内在的思想性因素，在传授知识的同时，自然渗透思想教育；③对教学过程的组织，选用的教法必须是科学的、有教育意义的；④注意言传身教对学生的影响，保持认真的工作态度、充沛的感情、正确的思想观点、循循善诱的教育方法，潜移默化地影响学生。目前，初中地理教学仍存在重知识传授、轻发展智能和思想品德教育的倾向。过分强调记忆知识，忽视对学生理解知识、探讨规律的教育现象亟须改变。

2. 直观性原则

（1）充分运用地理感性材料。通过对各种直观教具、直观教学手段的感知，使学生对各种地理事物和现象形成鲜明、生动的表象，丰富学生的直接经验和感性认识，从而为学生理解、掌握地理知识，形成正确而深刻的理性认识奠定基础。例如，在教学山脉、河流时，地理教师可以通过引导学生看录像带、地图等加深印象，还可以带学生考察当地的山脉、河流，根据教学内容指导学生进行实地观察、思考，如：指着河流介绍哪里是城市河流的上游、中游、下游，各有什么特点等，这样既能提高学生对地理知识的兴趣，又能巧妙地掌握地理知识。这里所说的直观教具包括图表、仪器模型、标本、图片、投影片、录像带、课件等，其中，最经常运用的是图像媒体。从内容上看，包括地图和各种示意图（表）；从使用方式上看，包括板图、挂图、课本插图、地图册等。

初中地理教学中应用地理感性材料应努力做到：①充分认识地图及各种示意图的作用，做到以图识地、以地析理、以理释地、知地知理。要经常进行图文转换，不断完善、强化学生的空间地理概念，形成心理地图，提高学生读图和分析图的能力。②教学语言要直观、生动、形象，要结合地理感性材料，对所教学的地理事物和现象进行形象描述。

③各种直观手段要紧密有序配合，而不是杂乱堆砌。④在直观方法的基础上还要运用逻辑方法对知识加以深化，形成理性认识，不能为直观而直观。

（2）尽量利用乡土地理材料。初中地理教师要广泛应用乡土地理材料进行教学，这是地理教学的重要特点。乡土地理材料有的是学生熟悉了解的地理事象，有的是学生了解了一些，但还不够全面深入的地理事象，它们在时间和空间上都离学生较近。为了解决地理事象空间的广阔性与学生视野的有限性这一矛盾，应用乡土地理材料就显得十分必要。这也是由已知到未知这一认识事物规律的要求。要鼓励、指导学生到课堂以外进行地理观察，如：进行星象观测、天气现象分析等。教学气候时，可结合当地的气候特点、类型和成因进行分析，把课堂知识和生产生活实际结合起来。

3. 系统性原则

任何事物既有联系又有区别，既有共性又有个性，地理事物也不例外。地理事象错综复杂，认识地理事象的过程，就是一个寻找联系的过程，这是地理认识规律对地理教学提出的要求。在初中地理教学中，要充分反映地理事物和现象的相互联系和区域差异，为此，教学中应努力做到以下方面：

（1）深入挖掘地理事物与现象间的联系。地理事物与现象间的联系主要有以下四种：

第一，自然地理各要素之间的联系。例如，在教学亚热带常绿阔叶林带时，要联系它的纬度位置、气候特点、植被和动物景观、红壤的形成和发育等；了解亚热带常绿阔叶林带这一自然地理综合体的概念时，还可采用联系图表法进行说明。

第二，人文地理各要素之间的联系。例如，教学经济地理各种生产部门之间的相互联系时，可以东北地区为例，引导学生分析东北地区农业、工业与交通运输等第三产业之间的联系，各种工业部门之间的相互联系等，使学生形成东北地区生产综合体的概念。

第三，自然条件和人类活动之间的相互联系。例如，长江、黄河的治理改造等。

第四，地理学科知识和其他学科知识之间的联系，主要表现在应用数理化生知识论证地理规律，运用文史知识形象，生动地说明各种地理事物和现象，探讨其发展和变化的规律。分析这些联系，对培养学生用联系的观点看问题，树立科学的人地观和发展观，都是很有价值的。经常采用的方法有联系图表法以及纲要信号法等，它对学生理解各种地理事象的联系，明了它们之间的因果关系，深入地认识各种地理事物和现象都有很大的帮助。

在教学中，既要注意地理事象间的横向联系，又要注意地理事象间的纵向联系，依照循序渐进的原则教学。

（2）地理事实材料与地理基本原理相结合。人的认识活动是从实践到理论再到实践的过程，坚持这一原则在初中地理教学中应努力做到以下几个方面：

第一，必须使学生掌握一定数量的地名知识、地理分布知识、地理景观及地理演变知识、地理数据知识。同时，既讲"有什么"，又讲"为什么"；既讲"地"，又讲"理"。

第二，地理事实材料和地理基本原理相结合。在传授地理知识时，不仅要讲述地理现象，同时还要尽可能地分析其规律和原理。例如，在教学某地的气候知识时，不但要教学气候特点，还要引导学生分析气候成因，使学生认识到，影响气候的因素是多方面的，需要从纬度位置、海陆分布、地形特点、洋流因素等方面加以分析。

第三，要对地理事实材料有所选择，分清主次，深入浅出地讲解，并恰当地和地理原理相结合。

第四，在教学程序上，一般是由地理事实材料到地理基本原理进行教学。

（3）经常应用比较法。没有比较就没有鉴别。通过比较，能够发现地理事物或现象之间的共性和个性，为此，地理教师应注意以下方面：第一，作为比较的对象，应该是同类的地理事物或现象，非同类的地理事象有时可采用比喻法进行类比；第二，作为比较的对象应该是学生已知的；第三，作为比较的对象应该是本质特征相同或相反的两种地理事象；第四，要就近取材选定比较对象，不能舍近求远。

4. 启发性原则

启发性这一教学原则的核心思想是：地理教学应把发展智力、培养能力放在首位，注重启发。为此，在初中地理教学过程中应努力做到以下几个方面：

（1）教师讲授的内容应主次分明，突出重点，突破难点，不能面面俱到，要讲学生急需的知识，满足他们的求知欲望。应根据教材的内在联系，对学生不断地进行启发诱导，使学生不断产生和解除"愤悱心理"。

（2）教师要讲练结合，使学生经常处于思维的活跃状态。

（3）教师所提问题应具有启发性。要设计能够激发学生思维，促使学生产生"愤悱心理"和强烈求知欲望的问题。所提问题应该是关于地理特征、地理规律、地理成因等方面的理性问题，尽量避免"是不是""对不对"的所谓问题。要提有思考价值的问题，促使学生进行逻辑思维，而不仅是回忆。问题要表达明确，难易适中。提问之后要做适当引导，体现教师的主导作用。问题的结论应在教师引导下由学生独立做出或由师生共同做出，而不是教师包办代替。

（4）教师要适当组织讨论，让学生动脑、动口。讨论之前应确定中心议题，讨论之后要归纳总结，及时鼓励学生积极思维，培养严谨求实、一丝不苟的科学态度。

（5）教师要充分运用逻辑思维方法。引导学生进行比较、分析综合、归纳演绎等逻辑思维。

（6）教师要创设情境，培养学习兴趣。注意发扬教学民主，启发学生积极思维。允许学生提出不同的见解，积极发展学生的求异思维、发散思维，培养学生的创造性思维和开拓精神。

（7）教师既要面向全体学生进行启发，也要因材施教。对学习成绩差的学生要耐心指导，教会学习方法，树立信心；对学习好的学生，要满足其对知识的渴望，培养自学能力。

5."左图右书"原则

地理学与地图是不可分割的整体，地理学科所研究的对象在空间和时间的尺度上都很广阔，地理要素构成又十分复杂，人们根本无法同时一一感知。例如，人们无法一眼从河流的源头看到入海口，从山脉的这一头看到山脉的另一头，而地图却能把这些对象缩影到图纸上，一个地区乃至整个世界均可一览无余。同时，还可将地球上各种地理事象进行相互对照比较，找出它们的共性和差异，判明其联系和规律。另外，地图既是学习地理知识不可缺少的工具，又是地理知识的来源，从某种意义上而言，它本身就是地理知识的一部分，和地理书籍有着同等的价值。"左图右书"是人们学习地理知识的好方法，目前，部分教师还没有深刻认识到地图的作用，平时教学不重视利用地图，讲授过程中也不在黑板上绘图，这样无法把地理知识讲活，让学生学到手。"左图右书"不仅是一种学习方法，而且也是一个地理教学原则。

6.正确阐明人地关系原则

地理学是研究人和地理环境相互关系的科学。在地理教学中，由于学生的世界观还没有完全形成，这就要求教师用辩证唯物主义的观点，正确地阐述人地关系。要从人和地两方面入手，既要反对人受自然支配，地理环境决定论的错误观点，又要反对一些人类活动不顾自然规律、破坏自然、破坏生态平衡，"唯意志论"思想。要用历史唯物主义观点分析问题，既要尊重自然，按自然规律办事，又要注意人对自然的反作用，发挥人的主观能动性，利用自然、改造自然、为人类谋福。

初中地理教学原则在具体的教学实践中应灵活运用，原则从哲学层次上讲，是指反映事物发展一般规律的命题或基本原理，原理的功能是为实践提供理论指导。因此，原则在具体的地理教学实践中应灵活运用。对于丰富多彩的、具体的地理教学生活，我们反对不顾教学的具体环境、条件、规模、学生个性特点和教师自身素养等因素，一味地把教学原则作为普遍教义到处套用的做法。时代在发展，原则也须与时俱进，需要原则做规范，但不能太依赖原则，各式各样的教学原则可以拿来作为我们的参考，甚至可以创造性地改造。

二、初中地理教学资源的开发与利用

（一）初中地理教学资源的开发利用原则

1.初中地理教学资源的开发原则

初中地理教学资源的来源广泛、利用途径多种多样，但并不是任何资源都能达到为地理课程改革服务的目的。实际教学中，必须开发和筛选出有益于地理教学的课程资源，为地理课程改革服务。合理而有效地开发地理教学资源，应注意遵循以下原则：

（1）地理性原则。地理性原则意味着初中地理教学资源的开发必须紧紧围绕地理学科的特色，筛选出有益于地理教育教学活动的课程资源。地理学科具有空间性、地域性、实践性等特色，为了使学生能掌握地理学科的基本概念、原理、规律，发现和解释地理现象，应大力开发与之相适应并突显地理特征的课程资源，为地理教学服务。针对地理学科的特性，初中地理教学资源的开发应从以下几个方面进行：

第一，大力开发乡土地理教材。地理学科具有鲜明的空间性和地域性，在地理教学过程中，应针对地域特色因地制宜进行课程资源的开发。

第二，建设地理情景要素信息库。地理情景要素信息库是指将具体事例设置为教学情景，以光盘、图片等形式存在，并可以通过现代化手段再现出来，随时为地理教师的课堂教学提供服务的信息资源的集合。

第三，建立地理实践基地。地理实践基地是学校或地方为了全面培养学生动手能力和理论联系实际能力，根据地理学科特点，精心策划而逐渐形成的地理实践场所，是地理教学资源不可或缺的一部分。

（2）层次性原则。层次性原则意味着初中地理教学资源的开发应按照国家、地方、校本三类地理课程开发出相应的课程资源。由于地理课程具有层次性，所以，地理教学资源的开发要针对课程的层次进行，便于教师能将其有层次、有针对性地运用于课堂教学中。国家地理课程是指由国家教育权力机构组织专家决策、编制的地理课程体系，主要针对整个教育环节中学生的基本地理学业要求和基本地理素养要求。国家地理课程的开发在课程资源的基础与统一性方面占有优势，可以考虑从地理信息资源库、大众视听传媒资源、文献资源、地理教育职能机构资源等方面对课程资源进行开发。地方地理课程是指由地方根据国家地理课程管理政策和当地的政治、经济、文化、民族等发展需要而开发设置的地理课程，具有浓郁的乡土气息，可以考虑从地方人文资源；专业职能部门或机构的资源；地方设施设备资源；科普教育职能机构资源等开发。校本地理课程是指依据学校具体环境、师生的独特性与差异性而专门开发的地理课程，它体现了学校的特色，展示了学校的开发

潜力。为了使学校能利用自身资源配置，结合实际情况进行有效的地理教学活动，可以从校内设施设备资源；校园地理学习场所资源；人际情感资源等方面对课程资源进行开发。

（3）合作性原则。合作性原则意味着初中地理教学资源的开发应由专家和教师、学校和社会、教师和学生共同完成。一是在国家相关部门（教育部门）的指导下，由教育专家、地理课程专家、普通地理教师共同参与，有条件、有步骤地进行，共同开发研制出符合地理课程要求的地理教学资源。二是学校和社会相互合作，即大多数地理教学资源的开发必须借助于社会力量的支持，而开发出来后又要对社会发展有用并体现当地发展的特色和需求。三是地理教学资源的开发应体现地理教师和学生的合作。一方面，教师应利用自身素质水平，从学生的学习生活出发，开发和利用一切有助于实现课程目标的资源，充分发挥其在课程实施过程中的作用；另一方面，学生在学习过程中，要虚心请教，充分挖掘地理教师这一课程资源库的宝藏，利用教师的智慧结构、知识水平以及师生之间的交流，在学习、探究、交流、合作中，获得知识、形成经验、建构价值。

（4）综合性原则。综合性原则意味着初中地理教学资源的开发要在内容上体现优势组合，形式上体现丰富多样，才能更有效、更合理地为地理教学活动的开展服务。地理教学过程不仅是一个认知活动过程，也是一个社会活动过程。因此，要选择和配置最佳课程资源，从不同角度、不同层次来呈现教学内容，如：既可以把具有理论性、实用性、趣味性等不同内容的课程资源综合起来，也可以把具有自然地理和人文地理内容的课程资源进行综合，使教学过程既形象直观，又抽象概括，促使学生在心智方面得到和谐、同步的发展。

2. 初中地理教学资源的利用原则

初中地理教学资源的利用，目的是要改变学校地理课程过于注重书本知识传授的倾向，加强地理课程内容与学生生活以及现代社会和科技发展的关系，关注学生兴趣和经验，并要适应不同地区、不同学校、不同学生的发展要求。初中地理教学资源的利用应该遵循以下原则：

（1）与课程建设互动。地理课程是在不断地试验和改进中逐步完善的，课程改革的实现需要教学资源的支持，课程建设是否合理、可行需要教学资源来检验，课程建设的完善也有赖于教学资源来推进；同时，教学资源也是与时俱进、动态变化的，它会随着课程改革的深化而不断深化。因此，初中地理课程建设与教学资源之间有着非常密切的关系，能够相互促进，共同进步。一方面，初中地理教学资源能够促进课程建设的完善。初中地理教学资源具有的时代性，能够促使课程建设更加适合当前的教育教学现状，体现时代精神；课程资源的广泛性，则使课程建设朝着更加全面的方向发展。另一方面，初中地理课程建设能够深化教学资源的建设。要使新的课程标准和新教材顺利推行，必须要有丰富的、与之相适应的地理教学资源配合，才能使地理教师更好地引导学生，才能使学生更好地进行探究性学习。

（2）促教学方式组合。初中地理教学资源内容丰富、形式多样，为教学方式的组合提供了有力的支撑，当然，教学资源也应在教学方式中得到充分的利用。教学资源可以促使课堂教学方式与课外教学方式的组合。课堂教学方式是以班级组织为主、课堂教学为主、以学生听讲为主、以教材为主的教学方法；课外教学方式则是以小组组织为主、以课外教学为主、以学生自学为主、以现场教学为主的教学方法。由于地理教学资源不仅有教材系列、各种图片、挂图、实物模型、多媒体课件等校内资源，又有丰富的社区、家庭、各种自然环境等校外资源，为地理课堂内外教学提供了平台，使地理教学既可以充分利用各种图片、挂图、多媒体课件等各种资源进行地理课堂教学，又可以充分利用社区、家庭、自然环境中的各种课程资源引导学生自我探究、自我发现，进行地理课外教学，实现地理课堂内外教学的有机组合。

（3）让教育系统共享。进行地理教学资源的开发是一项系统工程，它需要各个方面的共同努力与整体优化。由于受教学资源开发能力、自身条件以及地域资源种类和内容的限制，各个地区、各个学校、各个教师开发出的课程资源不尽相同，为了提高资源利用的有效性以及节约人力、物力、财力，应实现整个教育系统在教学资源利用上的共享。实现资源共享有利于优化资源结构，有利于增加实际可使用资源的总量和类型，促使初中地理教学资源快速增长。

地理资源共享的形式主要体现在：一是要实现区域共享、跨空间共享，这主要依靠多媒体技术以及网络的支持，应全面提高现代信息技术在教育系统中的应用水平，重视校园网、局域网的建设，切实加强地理资源共享平台的建设。二是要实现跨学科共享。地理教学资源与其他学科教学资源之间存在着交叉和互补，可以相互为对方学科的教学服务。三是要实现多层次共享，即开发出的地理课程资源，地理课程管理者、地理课程编制者、地理课程实施者、地理课程评估者都能够充分地进行利用。

（二）初中地理教学资源的开发利用途径

"初中地理教学资源丰富，教师要对其进行优化配置，整合课堂教学环节，实现教法、课内外资源、学法的有效结合，为教学目标的实现奠定坚实基础"[①]。初中地理教学资源形式多样，内容具有开放性，内涵具有动态性，为教学资源的开发提供了广阔空间。从教师的角度讲，地理教师要善于运用各种不同的手段、方法对教材内外的资源进行组织、配置要根据学生的实际使用资源。从学生的角度讲，地理教学资源要通过学生的学习过程发

---

① 王玉．初中地理教学资源的优化配置研究［J］．中学课程资源，2020（12）：54．

挥作用。地理教学资源开发的源动力是教师、教育管理者和研究者，他们是非生命载体的教学资源开发和运用的实施者，他们本身的理念、经验、智慧和责任心影响着对非生命载体教学资源开发的广度、深度和高度，从而影响着课程改革的发展和由课程改革带来的培养人的目标。

1. 初中地理教材"二次开发"

地理教材始终是初中地理教学最主要的依据，是师生共同使用的最基本教学资源。对地理教材进行二次开发是每一位地理教师要不断深化的工作。同样的教材由不同的教师演绎出多样的教学形式和教学内涵，其中的不同与多样就在于教师对教材的解读、挖掘和运用的差别。因此，初中地理教学资源的开发首先是对地理教材的深度开发。现行地理教材图文并茂，图像系统的地位突出而文字简洁扼要，地理教师要深入、充分地解读图像，使教材中的图真正成为地理教学的第二语言，成为地理科学的特色语言。现行地理教材中的"活动"项目多样，教师不仅要在教学过程中充分开展"活动"，更要以生为本，根据实际实施"活动"。

2. 校内地理教学资源的利用

校内可以为初中地理课程所利用的各种资源，除了地理专属的地理园地、地理教室、地理模型与仪器之外，还有图书馆、展览橱窗、板报等共享资源以及校园的特定地理环境。例如，潮州市金山实验学校位于潮州金山之上，依山面水（韩江），金山历代摩崖石刻就在校园里；汕头金山中学位于达濠岛磐石风景区内，校园依山而建错落有致，石蛋地貌发育较好……校园本身就是地理教育的天然园地。校内地理教学资源的开发与利用是最为便利和可持续的，教师要善于将其运用到教学中，并引导学生开展课外的观察、调查、体验等活动。

3. 校外地理教学资源的整合

校外地理教学资源丰富多样，具有信息量大、覆盖面广、时代性强、与生活实际联系密切等特点。校外地理教学资源除了当地自然地理环境、聚落景观之外，还包括青少年活动中心、科技馆、博物馆、天文馆、气象台、地震台、展览馆、植物园、动物园、主题公园、自然保护区、爱国主义教育基地以及非物质文化遗产等。地理教师要善于与社会各界沟通，了解校外信息，采取"走出去"与"请进来"相结合的办法，整合诸多资源，满足学生不同的地理学习需要。虽然校外地理教学资源丰富多样，为教学提供了多种可能，但是毕竟教师的时间和精力有限，学生开展校外活动的时空条件也受一定限制，因此，教师在开发与利用校外地理教学资源时要选取具有特色的、有效的、可持续的、安全保障的项目，使之与地理课程的发展相得益彰。

4. 网络地理教学资源的共享

互联网络突破了地理教学资源的时空限制，是很好的共享资源，初中地理教师要学习新的技术手段，恰当地利用好共享平台，及时更新观念与信息，与广大同行交流教学经验交换教学资源。例如，在互联网络上开展地理教研活动，利用互联网交流地理精品课程、优质课程或示范课等；同时利用互联网络平台与学生进行互动。

5. 乡土地理教学资源的提炼

乡土地理资源应该作为校本教学资源的主体进行提炼，有计划地开发，形成校本教学资源特色。乡土地理资源也应该作为地理课程的"活材料"恰当地镶嵌于课堂教学中。初中地理教师平时要积累和提炼本土的地理信息，尤其是贴近学生生活的事物、现象；善于将平时人们熟悉的事物与现象用地理科学的观点进行解读，使学生学习时兴趣盎然，感受有用的地理。

6. 校本地理课程的开发利用

校本课程开发与国家课程和地方课程形成协调和互补，校本课程开发是利用蕴藏在当地社区和学校师生中的各种地理教学资源，形成学校特色的校本地理课程。

（1）校本地理课程的特性

第一，乡土性。与国家课程、地方课程形成互补并突显校本地理课程的特色和功能，就是校本地理课程的乡土性。以学校所在区域为学习和研究对象，包括本区域自然地理环境、人文地理环境和经济环境。基于学生所熟悉的地理环境，生活中接触到的事物、现象，运用地理的思想方法进行解读，针对本区域的典型地理问题进行梳理和探究。校本课程的最主要特征就是在感性认识上、在情感上十分贴近学生的实际。

第二，实践性。与国家课程相比，校本地理课程没有刚性的应试任务，教师和学生研习的精力更多地放在实践探究上。校本课程基于地方教学资源，为实践教学提供了天然的有利条件，利于学生直接观察当地的自然地理环境，调查当地的社会经济、文化情况，更多地从个案的探究中培养地理的思维和训练地理技能。

第三，开放性。基于地方的教学资源，校本地理课程的内容是开放的、动态的，给师生提供的选择空间大。教学可以根据不同年龄段、不同学习能力、不同兴趣爱好的学生选择不同的主题。校本课程的学习方法、学习过程和评价方式也是开放的：实地考察、调查访问对某地理要素的观测、对某事物现象的跟踪、撰写报告、发表评论、讨论、竞赛等多种方式；集中学习与分散学习、系统学习与专题探讨等多种方法和过程。评价方式不拘泥于考试考查，而是更加关注学习的过程，情感、态度和行为的变化，更加关注学生个性特长的发挥。

第四，综合性。校本地理课程的综合性表现在：一是集理论、实践、技能于一体，培养学生的地理观察、分析和实践能力；二是在对地理综合问题的实证中，培养学生的原创能力和社会实践能力。

第五，情感性。校本地理课程基于乡土的教学资源，而乡土是与个体的生命体验紧密联系的。因此，校本地理课程具有强烈的情感性，让学生在学习中感受活生生的地理，让学生在理解人地关系中融入个人的情感和乡土的印记。

（2）校本地理课程开发流程。校本课程的开发可以包括：组织建立—现状分析—目标拟定—方案编制—解释与实施—评价与修订等六个环节，即先成立课程委员会或工作小组，确立参与成员及工作程序，进行校本课程开发准备；对校本课程开发进行现状分析，包括需求评估问题反思、资源调查等；在现状分析的基础上拟定校本课程的开发目标，要确立一般目标与具体目标；进一步的工作是确立校本课程编制工具与方法，选择课程材料与组织形式，编制课程方案；解释与实施环节是强化教育哲学思想和特色意识，营造条件与氛围，统筹教育资源，落实课程方案；评价与修订环节是设计监控和交流，准备评价方案，追踪实施效果，收集反馈意见，最后修订课程方案。

第三节　初中地理教学中学科能力培养

一、初中地理教学中学科能力的内容分析

（一）运用地图的能力

地图是按一定数学法则、运用符号系统，概括地将地球上各种自然和社会现象缩小后表示在平面上的图形，没有哪门学科像地理这样与地图牢固结合、密不可分。地理学科研究的对象——自然和人文地理环境范围大到整个地球，小到某个局部区域。单凭人的肉眼不可能在同一时间把如此广阔宏远的世界尽收眼底，即使是一个小局部也不能了解全面，只有通过地图才能一览无余，这就决定了地图能力的重要性。重视地图运用，突出地理的空间性，利用地图教学是初中地理教学最重要的方法之一，也是初中地理教学特殊性之所在。

（二）综合分析的能力

综合分析指对地理信息进行加工处理，揭示地理事象的本质特征和分布、发展规律的

能力，是地理逻辑思维的一种重要思维形式。分析是把较复杂的地理事物分解成该事物的个别要素、个别属性、个别特点，分析地理事物的形成因素常常采取这种思维形式。综合是把地理事物的个别要素、个别属性或个别特点在头脑里结合起来成为整体，通常分析一个地区的区域地理特征需要综合的思维形式。因此，如果思维能力是学科能力的核心，而对于地理学而言，综合分析能力是核心的核心。

（三）推断与评价的能力

地理学科的前瞻性使得预测能力成为地理学科能力特有的内容。但对初中生而言，主要是对一些地理现象判断、评价和对某些地理原理的推理。因为现实世界中很多地理事物都是经过漫长的历史时期（甚至是地质历史时期）发展演变而来的，地理学中很多理论也还停留在推论的水平；加之人类活动与地理环境之间的相互作用的复杂性，使地理事物的演变方向和人类行为对其影响具有很大的不确定性。如：太阳系的起源、地球板块运动学说、全球变暖的原因等。地理学的很重要的一个内容就是推断地理事物的演变过程，预测未来发展方向，评价人类的行为对地理环境的可能影响。因此，推断和评价能力应该成为初中地理学科能力重要内容之一。

（四）空间想象的能力

空间想象是认识地理事象、解决地理问题不可缺少的思维方式。地理想象是地理智力结构中最活跃的因素。地理学的研究对象在空间上与时间上极其广阔，地理要素的构成异常复杂，许多地理事物和现象都无法亲身经历过或者无法直接观察到的，对于这些地理事物或地理现象，借助想象能打破时间和空间的限制。因而，学习地理不能没有空间想象能力。

综合而言，地理能力是应用地理知识、地理技能和地理智能分析解决各种地理问题的能力，是地理知识、地理技能和地理智能的综合体现，它们之间形成一个相互联系、相互作用和相互转化的地理智能体系。其中，地理知识是地理智能体系的基础；地理技能是地理实践的操作能力。地理能力与地理知识、地理技能关系密切，不论是"智力"技能还是"操作"技能，在地理能力形成中的作用都是不容置疑的。但它并不是地理知识与地理技能的简单相加，而是在学生学习地理知识和地理技能的过程中以及掌握它们的基础上形成与发展起来的。实际上，随着一定地理知识、地理技能的掌握，相应的地理能力也就开始形成与发展。

二、初中地理教学中学科能力培养的策略

"地理学科能力培养是一个系统工程，涉及地理课程、教材、教学模式、教学方法、教学策略、教学评估及测试体系等众多方面。因此，学科能力培养应当纳入教学目标设计之中。"[①] 在初中地理教学活动中，通过改变地理课堂教学方法和组织形式，改变教学策略，实施形成性评价体系等，可以将地理学科能力培养落到实处，其具体对策如下：

第一，构建以培养地理学科能力为主的教学目标。长期以来，很多教师在地理教学中对学科能力培养普遍重视不够。对地理能力的理解上，片面地将地图的绘制、仪器的使用等操作技能视为地理能力的全部或主体。造成这种情况的主要原因是：一方面，地理学科对学生智力特别是思维能力发展的独特作用还没有被充分认识；另一方面，培养不同层次、类型的地理学科能力的设计比较困难。因此，如何将学科能力与地理知识系统地融合起来，便成为地理教学目标的重要内容之一。

第二，运用探究式等多种教学模式。培养学科能力需要改变过去以讲解课本知识为主的单一教学模式，应运用多种教学模式，发展学生的地理学科能力。思维能力是学科能力的核心。因此，无论采取什么样的教学模式，教师都应把培养学生的思维能力放在第一位。例如，在实施探究式教学模式时，教师可以有意识地为学生提供丰富的典型材料，引导学生进行分析、综合、抽象、概括，以形成概念；同时，要培养学生努力探究各种各样不同的答案，使学生在探究多种答案过程中，提高思维的深刻性。

第三，实施有助于思维品质发展的教学方法和策略。地理教师要精心设计并不断改进和探索新的教学方法，调动学生的情感、想象、洞察力和意志等情商因素，激活和驱动认知和实践活力，提高学生学习的兴趣，激发学生好奇求知的强烈欲望，要采取多种教学方法和策略，培养学生的空间想象能力，发展学生的地理创造性思维，启动学生发散思维的内动力，促使学生积极主动地运用发散思维，发挥超常规的创造能力。其中，培养学生思维品质的有关策略有：①打破定势，培养思维的灵活性；②训练求异思维，培养思维的独特性；③及时反思调控，培养思维的批判性；④运用多种思维方法，培养思维的广泛性、深刻性。

总而言之，"培养学生运用地图能力、综合分析能力、推断评价能力、空间想象能力是初中地理学科能力的重要内容"。[②] 作为义务教育阶段的一门必修课程，初中地理学科尤其在培养学生的综合能力和实践能力方面具有独特的作用。在地理教学中，教师只有依据学生的心理发展特点，有计划、有步骤地在地理教学中积极进行地理学科能力培养，才有可能获得良好的效果。

① 郝毅甫. 如何增强中学地理教学中学科能力培养［J］. 魅力中国，2016（24）：5.

② 郝毅甫. 如何增强中学地理教学中学科能力培养［J］. 魅力中国，2016（24）：5.

第三章　初中地理教学能力培养内容

第一节　地理教学语言与组织能力培养

一、地理教学语言能力分析

"在地理课程教学中，语言是师生之间传递、接收、加工、存储信息的主要媒介。"[①]
因此，地理教师的教学语言应力求做到清晰、准确、精练、生动。

（一）地理教学语言能力认知与功能

1. 地理教学语言能力的认知

教学语言是在教学的特定场合情境中，以学生为对象，用来实施和完成教学活动的基本手段，是教师完成教学任务的主要工具，它具有明显的教育性、针对性、和谐性、科学性和规范性等特点。教学语言能力是教师用正确的语音、词汇和合乎语法、逻辑的口头语言，对教学内容进行表达，和教学对象进行交流的一种行为方式，是一切教学活动最基本的行为技能。教师的语言能力水平，是影响学生学习的重要因素，在引导学生学习、启发学生思维、传递多种信息等方面具有重要作用。对一名地理教师而言，掌握良好的教学语言至关重要。

地理教学语言不像日常口语那样随意，它是一种具有书面语言色彩的口语化语言，它既有书面语言准确规范、逻辑性强、简洁精练、庄重文雅的特点，又有口语通俗易懂、生动活泼、亲切自然、声音和谐的特点。理想的地理课堂教学语言应该是日常口语与书面语，以及地理专业语言的完美融合，是一种规范的口语。

好的地理教学语言能把模糊的事理讲清楚，把枯燥的道理讲生动。地理教师严密的逻辑论述，环环相扣的分析，精辟的综合概括，可启发学生去探索、追问、挖掘，使学生的课堂思维处于活跃状态。地理教师语言表达应力求做到"四言"，即言之有据、言之有理、言之有趣、言之有味。

---

① 白文新.中学地理教师教学技能 [M].西安：陕西师范大学出版总社有限公司，2012：7.

2. 地理教学语言能力的功能

（1）实现地理学科教学目标。在地理课堂教学中，地理教师主要是通过语言传递知识信息，组织各种教学活动，从而实现教学目标，完成教学任务的。在教师的各种教学行为中，语言是核心，表情和动作多是配合语言而出现的。教师在教学中既要经常向学生发出听、说、读、写、看、议、做的各种学习指令，让学生积极参与学习，获得地理知识，发展智能，提高自身的思想修养；又要对学生的各种行为进行不断的强化，这些都要靠教师运用准确、熟练、生动、亲切、恰当的课堂教学语言来实现。教师运用生动形象、具有启迪性的教学语言，才能将教育信息转化为学生乐意且能够接受的财富，调动学生学习的主动性，从而实现地理教学目标。

（2）激发学生学习动机与兴趣。地理教师在教学过程中提出的有趣的问题，常常能激励学生，使学生产生学习的愿望。教师生动的语言描述，严密的逻辑分析，精辟的综合概括，有利于提高学生的表达、观察和思维能力，有助于提高学生学习地理的兴趣。同时，高水平的教学语言，能把学生的思绪带入各种地理情境之中，为学生学习创设良好的语言环境、学习环境，从而使学生正确的观点和良好的思想品德得到培养。

（3）提高教师自身语言和思维水平。不断提高教学的语言水平，有助于地理教师个人思维的发展和表达能力的提高。语言是思维的工具，语言能力的提高必然会促进思维的发展。地理教师教学语言水平是教师的教学水平、逻辑思维和表达能力的集中表现。地理教师教学语言水平的提高，既能提高教学效率，带来良好的教学效果，又能使教师自身在"教学相长"的过程中不断成熟。

（二）地理教学语言能力的构成要素

好的教学语言得益于教师对语言构成要素的优化，这是教师以科学的方式，将语言要素组成符合自己实际的语言结构的结果，地理课堂教学语言能力的构成要素，主要包括以下内容：

1. 语音因素

语音是口语的基本结构单位，是信息的载体和符号，在地理教学中，对语音的基本要求是使用准确、流畅的普通话，发音准确、规范，吐字清晰、完整。如果发音不准确或者方言较重，必然会影响地理教学信息的传递，就很难让学生弄明白教师讲话的含义，甚至会造成误解。另外，对地名和地理术语的发音也要正确。与语音相关的还有吐字问题，吐字要清晰、坚实和完整。口语表达中读准音节是吐字清晰的关键，而协调运用发音器官（包括口部唇、齿、舌的动作），是确保语音清晰、完整的关键。地理教师讲课时吐字要清楚，要将每一句话的每一个字都说清楚。

地理教师的课堂教学语言要声声有致，点点清晰，才会在学生头脑中留下深刻的印象。造成吐字不清的主要原因是发音器官（唇、齿、舌）在发相应的字音时不到位，其表现是声母或韵母残缺，舌、齿、唇配合不当，发音器官过分松弛的缘故；训练的办法可通过放慢速度的逐字朗读，或选取两三段绕口令，锻炼唇、齿、舌的活动功能，以达到"字正腔圆"之效果。吐字不清的另一个原因是地理教师对教学内容不熟悉，理解不透，把握不准。一个具备基本说话能力的教师，要把自己真正理解和把握好的教学内容清晰、明白地表达出来，并不是一件很难的事。

2. 音量因素

音量是指声音的大小，地理教师发出的语言信息，主要是通过学生的听觉器官接收，再向神经中枢传递，刺激脑细胞兴奋，引起思维活动而产生听觉的。因而听觉的刺激频率要有一定的限度。教师讲课的音量过低，不能引起听觉的产生，或造成神经传递的中断，学生听起来很困难，时间长了就会处于一种抑制状态；音量过高，处于喊、叫等状态，不仅没有必要，而且对学生的思维活动有干扰。

在地理课堂上教师声音的高、低、强、弱，不仅对教学效果有影响，而且影响教师在学生心目中的形象。音量合适是理想教学口语的重要条件之一。适度的音量，既能体现出长者的宽厚与慈爱，又有同辈人的平等意识。在平等、尊重的心态下，学生思路开阔，思维敏捷，解决问题迅速。

音量合适的标准是使坐在教室里最后一排的学生，能毫不费力地听清楚教师的每一句话、发出的每一个音节，而且耳感舒适。地理教师除了从整体上控制音量大小以外，还要注意每句话的尾音要清晰。在板书或指图时最好面向学生讲话，这样一方面不影响音量；另外一方面也可以看到学生的反应，得到反馈信息。如不得已而背对或侧向学生讲话，则一定要提高音量，以防后面的学生听不清。地理教师背向学生说话的时间绝不可以过长。

要达到一定的音量，就要求地理教师在表达时，调动腹腔和胸腔，学会吸气与发声，这就是底气要足。吸气是发声的准备，讲课时教师吸气要多一些，吸得深一些，"气入丹田"即此理。气吸得深，声带就不容易疲劳而导致声音嘶哑。

要使声音集中、圆润、动听，光有正确的吸气还不行，地理教师还必须正确使用"共鸣腔"——胸腔、口腔、头腔和鼻腔。圆润动听的声音是以上共鸣腔联合调节的结果。偏重用胸腔，声音低沉；偏重用头腔，声音飘浮；偏重用鼻腔，声音晦涩；只用口腔，声音干燥。所以，共鸣腔要协调合作。大声讲话时要求胸部放松端正，口腔张圆，使声音打到口腔上部的中间，鼻孔微微张开，感觉声音集中于一个点上。只有这样，发出的声音才能动听、响亮、传得远。另外，地理教师在讲课时还要注意音量的保持，把每一句话的最后一个字，都要清楚地送进学生的耳朵。

3. 语速因素

语速是指讲话的快慢及其变化，通常用口语中字与字的间隔时间来衡量。语速要适当，其快慢、变化要由教学目的、教学内容、知识密度以及教室空间大小、学生人数多少来决定。地理课堂口语是一种专门的工作语言，传播学上称之为规范口语，其速率要比日常用语及影视解说词慢，大约为每分钟 200 ~ 250 字为宜。如果上课的口语速度太快，发送的信息频率太高，使听课人的大脑对收到的信息处理不及，势必造成信息的脱漏、积压，导致信息传收活动的障碍甚至中断，反之，语速过慢，会导致学生精神涣散，感官和大脑皮层细胞从兴奋转入半抑制状态，降低听课的兴趣与效果。一般而言，学生年龄小、年级低、教学内容难而深，教学空间大、距离远，语速要慢，语流间停顿的时间要长，并尽可能避免使用过多结构复杂的句子。如果教学内容浅显易懂，语速可适当快些。地理教师初次上讲台，最常见的问题包括：一是语言缺少节奏感、单调，极易使听者疲劳；二是语速过快，特别是在对讲解的内容很熟悉的情况下，更是如此，不给学生思维间隙，使学生的精神更加紧张。

4. 语调因素

语调是指讲话时声音的高低、声调的升降及抑扬顿挫的变化等，是增强语言生动性、体现语言情感的主要因素。语调的抑扬顿挫和声音的高低在教学中具有重要作用。平淡而低沉的语调易使教室里空气沉闷，学生振作不起精神，信息接受率低；语调过高，易使学生情绪烦躁或厌倦。正确的做法是在讲解重点、难点和问题的承转处，或在叙述概念、定义、意义等处，说话要慢些、语调要高些，以引起学生的注意并有思考、记笔记的时间，同时要注意声调高低对关键词的强调作用。

语调的情感是随着语言的抑扬顿挫而产生的，是地理教师对教学内容体验的自然流露，不是生硬的外加成分，也不是增加感叹词所能奏效的。情感的自然流露会使学生喜欢听并受到鼓舞。教师的语言如果没有真情实感，就会降低语言的表达力。地理教学语言语调调节得当，会使课堂气氛更加有序。在变换语调过程中，应注意做到：①用高声强调重点；②平缓唤起回忆；③疑问或反问启发思考；④反复加强语气给学生以记忆；⑤突然高声引起注意，急速停顿组织集中；⑥低声讲述引起肃静。

5. 节奏因素

教学语言的节奏是指语调的高低、快慢的变化，通常用口语中句和句的间隔时间来衡量。地理教师对教学节奏的控制，往往能表现出教师的沉着、经验和胸有成竹，能提高教师讲话的威信和分量。地理教学语言的节奏很重要，心理学强调，听觉器官在长期不断地听某种一直不变的声音后，耳朵对该声音的感受性就会大幅度降低，这就说明，在教学过程中单调的语流就会成为抑制学生听力的信号，会增加学生大脑思维的疲劳，所以，教师语言的表达要富有节奏感，节奏的时快、时慢、停顿均受教学内容的限制和影响，也可以根据学生的听课情绪调节语言的节奏，对教材的重点难点部分的讲述，节奏适当放慢；若学生听课情绪欠佳时，教师也可有意放慢语速，这样做的目的是为了创设教学情境，吸引学生注意，给予学生间歇时间用以思考，并不断地激起学生继续学习的愿望。和谐的节奏，可使听者不疲劳、不紧张。这种节奏感与语音、音量、语调的有机结合，就构成了口语的抑扬顿挫。

6. 词汇因素

词是语言系统中最基本的构成单位，没有词就没有语言，作为地理教师要有一定的词汇量，并能规范、准确、生动地运用于教学中，才能正确表达信息内容。教师要能正确地使用专业词汇，凡讲课词不达意、语不成势、拖泥带水者，教学语言就很不流畅。流畅是地理教学语言的一个基本要求，它直接影响学生的听课效果。教师口语词汇的储备丰富，组织语言的速度就好而快，语言表达就流畅、连贯，说出的话就清晰，有条理；否则，就会出现一些不合适的口头禅、不合适的连接词及较长的停顿时间，让人感到词不达意、结巴或语病过多。对词汇的要求是：丰富、规范、准确、生动。

7. 语法因素

语法是遣词造句的规则，是某一民族共同的语言在长期发展的历史过程中形成的。按照这些规则进行语言表达，就能被人理解。课堂教学与一般的演讲不同，对于一些具有重要价值的地理知识，除了让学生听明白外，还必须使学生理解、掌握，即不但要知其然，还要知其所以然。因此，在教学中，地理教师不仅应注意教材的内在规律，运用符合逻辑的方式进行教学，而且要注意语言的逻辑性。在已知的前提下，根据所学知识进行详细严密的论证，从而得出结论。这样才能使学生思路清晰地寻根求源，一环紧扣一环地剖析地理概念，从而达到理解、掌握的境界。

总而言之，地理教学语言不具备书面语言反复修改、仔细斟酌的从容，它具有很强的即时性。这就要求教师必须具备思维的敏捷性和表达的准确性。地理教师要掌握把语词按正确的语法规则排列的本领，通过语意、语音、语调、语速、音量的变化更好地表情达意，使语句通顺，逻辑性强，从而增强表达效果。要做到这一点，就必须在语言的运用上力求丰富多彩。既要有以意美为感心的内部语言，又要有以音美为感耳的口头语言和以形美为感目的态势语言；既有抑扬顿挫，又有轻重缓急；既有高昂的语调，又有低沉的声音。只

有适时、适度、适情、适意地灵活运用多样化的语言，才能让听者接受多方语音刺激，调动听的积极性，使学生留下深刻的印记。

（三）地理教学语言能力的主要类型

地理教学语言能力就是教师对教材做通俗的、科学的或带艺术性的讲解叙述，同时也包括教师对学生疑难的解释和启发学生思维时所做的说明，下面，主要探讨地理教学语言中说明能力的类型，说明能力由教学内容的性质所决定。

1. 描述性说明能力

描述性语言就是有条理地向学生叙述地理现象、地理景观和地理原理，要求教师条理清楚，对于过程的顺序、知识之间的关系必须有明确而具体的交代。地理现象的描述要将现象发生、发展的过程，如：地点、事物的形态、运动变化的强度、影响的范围、产生的后果、发展变化的趋势等分别讲清楚。常用科学数据加以引证或选择典型的事例进行说明。

地理景观的描述要将地理要素的种类、形态、关系、结构及时相变化介绍清楚。要变换观察角度，从地面、内部或从高处、远处、空中进行宏观、微观描述，把学生带入地理情境之中。地理教师应当在描述地理景观、地理现象时做到惟妙惟肖，让学生如临其境。讲得"像"，讲出了意境，就是好的地理描述。教师的语言要准确、丰富、生动、形象、自然。有时要用手势辅助说话，如：用高、低、广、窄、上升、下降、前进、后退、旋转等手势。有时要用指图杆在地图上指示范围、方向、位置，以及观察的重点。有时还要使用比喻，联系学生的实际，联系教师的所见所闻，让学生感到真实、亲切。

地理教师运用形象生动、词汇丰富的语言，向学生展示丰富多彩的地理景观和各具特色的区域面貌，这对帮助学生建立准确、鲜明、形象的地理事物和现象的表象，培养学生的形象思维能力具有重要作用。这样的教学语言优美而生动，它既可激发学生学习地理的兴趣，开阔学生视野及思想领域，又可弥补直观教具的不足，使学生犹如身临其境，印象深刻。这不仅加深了学生对知识内容的认识，也有助于唤起学生对自然界和人类生活的审美感知，具有很好的爱国教育和美育教育的作用。

地理描述性说明一般用于初级的、具体的、事实性的知识，有时也用于抽象逻辑推理之前的必要的知识储备。但值得注意的是，当事物存在并列关系时，其次序排列的先后，往往给人们不同的感觉。一般而言，人们理解并列关系时，总是根据"先为主，前为重"的原则。因此，地理教师在表述并列关系的地理事物时，应注意它们的前后排列顺序，以免理解上的错位。

2. 论证性说明能力

地理教师在论述地理概念、地理特征、地理原理、地理规律等理性知识时，通常使用论证性说明。论证性说明是教师有步骤地向学生解释说明问题，通过实例得出概念或通过现象、事实推导出结论，形成概念和原理。运用这种能力，要求教师语言简练准确，层次分明，逻辑性要强。充分说明各种现象和结论之间的因果关系，把握概念的外延和内涵，在分析问题时要把地理事物之间内部联系的主要特征充分显示出来；通过科学的判断，推理把共性突出出来，帮助学生将分散的知识系统化。在做结论时，语言要简练、准确，具有高度的概括性。

地理教师在使用论证性说明能力时，语言表达要有严格的科学性，含义准确，论理严密周到，不生歧义，绝不能使地理知识失真。语言既要符合地理学科的科学要求，又要符合教育科学的要求。地理教学时应处处设疑，步步深入，不仅教给学生知识，而且要指示认识事物的途径。这对于培养学生逐步形成科学世界观、分析问题和解决问题的能力，有很大好处。

3. 比较性说明能力

比较性说明能力是通过地理教师提供的启发性说明材料，与所提问题建立起联系，从而得到圆满的回答。特别是从生动的直观到抽象思维时的比较说明，作用更明显，比较是一切思维的基石。要使学生的感性认知上升到理性认知，需要根据已知的地理现象做出高度的概括，才能认识事物本质的必然联系，这是一个螺旋式上升的认知过程。要使学生实现认识上的飞跃，只有运用比较性说明的能力，才能在现象与本质之间建立起联系，促使学生对所研究的对象，在丰富表象的基础上进行比较，以确定被比较事物之间的异同点。比较是将相交叉关系的概念和相近似的事物放在一起比较对照，从而找出它们之间明显的相同点，展示不同点。通过比较归纳共同性，区别差异性，以便从共性中寻找规律，从差异中探索特殊性。

4. 借助性说明能力

地理教师可以用学生熟悉的事例，生动的语句来促进理解和记忆。常用的方法有比喻、拟人等。教学口语的比喻通常有三种方法：一是以浅喻深，化深奥为浅显；二是以简化繁，化繁杂为简洁；三是以熟喻生，化生疏为熟悉。运用借助性说明能力，可充分调动学生的学习兴趣，唤起学生的形象思维，增强课堂教学的趣味性，帮助学生解决抽象思维中的难点，是一种形象化的教学方法，但在使用比喻、拟人等方法时，比喻应力求贴切，要以丰富的知识为基础，要有丰富的想象和联想能力。

（四）地理教学语言能力的应用培养

1. 地理教学语言能力应用原则

（1）学科性和科学性原则。地理学科教学语言要求教师运用本学科的教学术语进行教学，这是因为每门学科都有自己的概念、理论系列，并通过它们所构成的理论体系来揭示其客观规律。这些专业术语是本门学科教学中的共同语，准确地运用它进行教学，一说就懂。地理教学要对学生进行能力培养，进行地理科学方法论的教育，以及完成人格的熏陶，使他们的身心得到和谐的发展。因此，地理教学的语言表达就必须体现出地理专业语言的性质和特点。

地理教学语言与其他学科的教学语言有不少共同点，但地理教学语言还有其自身的特点。例如，在地理教学语言中，常有对各种地理景观进行描述的语言，还有用来表示空间位置关系的术语等。因此，地理教学语言必须以地理教学目的的要求为依据，必须考虑地理教学的特点。地理专业语言是地理学用来表示物质及其变化规律、地理概念、理论等专门名词的科学语言。每个名词都有其特有的含义，不能随意使用。运用地理学科语言能简便、准确地表达地理科学知识和地理科学思维，特别是经过假设和逻辑推理，揭示客观事物的本质和规律的教学语言，能够再现和传递人类认识地理学界的发现和创造性的新信息。抽象的理性语言体现了人类在地理研究中的智慧美，它会把学生的认识引向新的高度和深度，为学生认识世界提供新的动力和武器。

地理教学语言的科学性体现在传授的知识准确无误，言简意赅，用语严谨，前后连贯，层次分明，合乎逻辑。讲一段话，必须合乎事物发展变化的规律，合乎人们认识事物的规律。教学内容的科学性，是教学中第一位的要求，如用词不准，势必造成概念的混乱，这在教学中是绝对不允许的。任何事物都有其自身发展变化的规律，开始、中间、最后的发展变化，都有一定之规。人们对事物的认识，也有其客观规律，这就是逻辑规律。地理教师对地理事物的表述，必须符合时间、空间顺序规律。如：学习"中国的邻国"时，按顺时针或逆时针方向指图比毫无规律的罗列效果要好得多。在地理原理教学时，要特别注意语言表达要合乎逻辑，对每个论点的论证要理由充分，不能自相矛盾。特别是地理事物的时间、地点、数据、概念、特征、规律要始终如一。这样才能使所讲授的知识系统化，形成一个整体知识结构图，才有利于学生思维能力的培养。总而言之，教师要运用准确的概念、正确的判断，按照严密的思维规则排列语言的程序，使教学语言具有思维美和逻辑美。

（2）规范性和针对性原则。地理教学语言还要符合语言学的规范，要求地理教师说普通话，语音准确，运用地理术语，防止语病。常遇到的口头语是在两句话中间插入"那么"；在一句话之前频繁使用一个句子、短语或词语，像"如果这样的话""我们知道""咱们"；在一句话末尾加上"是不是""对不对""吧""呢""嗯"及拉长为曲折音的"嗯"。这些都应尽量避免。

地理教学语言的针对性主要表现在内容和表达两个方面：就内容而言，它必须是在学生已有的知识和经验的范围内能够理解的，它同学生的思想感情必须是能相通的，不能超越学生的认识能力，也不能同学生的兴趣和需要相悖；就表达而言，地理教师课堂口语应当是深入浅出、通俗易懂的，应当是简单明了、生动活泼的。

要加强地理课堂语言的针对性，首先，要提高地理教师的业务修养和语言修养；其次，要认真研究学生。要研究不同学段、不同年龄、不同环境下，学生在知识、经验上的差别，研究不同的年龄阶段学生在身心发展水平、认识水平、知识基础、思维能力上的差别。从学生的实际出发来选择和组织自己的课堂语言。如果教学语言考虑这些因素，必然会收到比较好的教学效果。初中地理多用比喻和形象化的教学手法，初中的地理知识以了解和理解的为多，以回答"是什么"占很大的比例。这就要求地理教师要有较强的形象思维能力，以适应地理学科的特点。

（3）简明性和启发性原则。简明的语言，即话不多，一听就能明白。这样的语言，一定是经过提炼的、经过认真组织的，选词用语，一定是经过认真推敲的。地理教师的目的在于传授知识，发展学生的思考力，教学语言不简明，会给学生接受信息带来极大的困难。另外，一节课时间有限，语言不简明，则不能在有限的时间内完成既定的教学任务，达不到既定的目的。

教师教学语言包含着潜在的信息内容，启发性的语言可诱发学生质疑，引导学生积极思维，有助于学生展开联想和想象。举一反三触类旁通，联系已知去解决未知。因此，地理教学语言的启发性主要体现在教学中运用追补语、引导语、商讨语、设疑语等。形象生动、具有启发性的教学用语，能使学生在地理知识的学习过程中，智力得以发展，能力得以培养，思想受到熏陶。良好的课堂教学过程，可促进学生各种心理品质的发展，而这种气氛的营造，是靠完美的教学用语来实现的。

要使地理教学语言具有启发性，首先，应使教学语言体现地理新旧知识的联系，尽可能把抽象的概念具体化，把深奥的道理形象化。这样的语言，能激发学生丰富的想象，或使他们联想到其直接经验及间接经验，从而发展其思考能力。其次，教学语言要能引起学生合乎逻辑地思考问题，就要求教师的语言必须是逻辑性极强的语言。地理教师要善于运用分析、综合、抽象、概括等思维形式来组织自己的教学语言，从而使学生的理性思维得到训练。地理教学语言的启发性，要求教师通过特定的教学方法和语言的表达形式，把教师的主导作用和学生的主体作用结合起来，从而启发学生积极思考。教师通过眼神、表情、身姿、手势及口语的情感性配合，来加强语言的启发性。对于一些可以自然而然地得出的结论，可以通过巧妙的提问、活泼的讨论，让学生用自己的头脑去思考，用自己的语言来表达；对于那些较为复杂的深层次的问题，地理教师可以设计层层"阶梯"，通过丰富生动的课堂双边活动或实践活动，引导学生步步深入。地理教师要使自己的教学语言获得更强烈的启发效果，通常可将教学内容设计为问题情境，利用精心设计的规范化语言，把教学过程变成一连串提出问题（发现问题）、分析问题和解决问题的过程。随着一个个问题的提出和解决，学生不但始终处于积极的思维状态，还能充分体验到探索的乐趣、成功的喜悦，从而激发其内在的学习动机。

启发性的教学语言不仅涉及到地理教师语言的基本功，而且也是地理教学艺术和组织教学能力的综合体现。因为，语言能力的提高。有助于思维品质的发展和思维品质的提高，也有助于运用语言能力的发展。所以，地理教学语言能力的训练，是对教师的一种极好的思维训练。

2. 地理教学语言能力培养要求

（1）地理教学语言要准确、规范。准确，即对地理事物和现象的讲授符合科学性，包括对地理事实、概念、原理和方法的讲授均准确无误，不将错误的、不明确的、不准确的、不真实的知识教给学生，要做到准确，需要注意以下三个方面：

第一，地理教师必须具有扎实的地理知识基础，这是准确表述地理事物和现象的一个必要前提。任何一点事实不清、概念模糊或原理掌握不好均可能导致地理教学语言的严重错误。

第二，地理教师要具有广泛的相关学科的知识，这是准确表述地理事物和现象所必须的。地理知识与许多其他学科的知识有密切的联系，如果地理教师缺乏这些相关学科的知识，就可能造成语言表述不当。

第三，地理教师要运用特定的地理术语进行规范表述。如：表述地图上各地理事物的相对位置，要用"东、南、西、北"等表示方位的术语，而不要讲"上、下、左、右"。河流的水系特征和水文特征，要用"干流""支流""流量""水位季节变化""汛期"等术语，而不能仅讲"许多小河流入大河""河水涨得很高"之类一般性的语言。地理常用的计量单位"千米"不能表述为"公里"，"千克"不能表述为"公斤"，气压单位"百帕"不能表述为"毫巴"。

（2）教学语言要生动形象、富于变化。地理教师发出的语言信息，只有引起学生的兴趣，唤起学生的注意，在一种积极的状态下被学生接受才是最有效的。如果教师的语言平淡无味，会影响学生的学习效率。因此，地理教师要善于运用生动、形象、逼真的语言，向学生展示丰富多彩的地理景观和各具特色的区域面貌，以帮助学生建立准确、鲜明、形象的地理事物和现象的表象。教学语言的生动形象是地理教学成功的重要条件。

地理教师在使用课堂教学语言时，要注意运用语调轻重快慢的变化，以强调知识要点，增强语言的感染力。同时，要注意增强语言的幽默感。幽默的语言能让学生在一种轻松、愉快的气氛中进行学习，在欢乐的笑声中受到教育，在笑后的深思中受到启迪，也使课堂教学效率提高。

（3）教学语言要通俗简练、条理清楚。地理教师讲课要通俗、直观，适合学生的年龄特点，深入浅出地讲解，学生一听就明白，即教师通过自己的语言表达使学生能够准确无误地领会教师想要表达的意思，这是地理教学语言的一个基本要求，是教学过程赖以正常进行的一个基本条件，是学生正确掌握地理知识和能力的一个必要前提。

地理教师教学语言除了精练简明，要用最少的话表达最主要的内容外，还要有条理性和逻辑性，即概念要说清楚讲明白，各部分知识的关系要交代清楚，判断、推理的层次要清晰，重点要突出，不能将几个问题混为一谈，更不能想到哪里就讲到哪里。如：对"地热资源"的知识点讲解，可从地热的含义、形成、分布地区、显示类型、独特优点、开发利用等方面进行教学，而不要把它们混为一谈。

二、地理教学组织能力培养

地理教学要有组织地开始，也要有组织地结束，地理教学组织能力不仅影响到整个课堂教学的效果，而且与学生思想、情感、智力的发展有密切关系。在地理教学过程中，教师不断地组织学生注意力、管理纪律、引导学习、建立和谐的教学环境，帮助学生达到预定课堂目标的行为方式，称为地理组织能力。组织能力是课堂教学的"支点"，教师通过对课堂教学的组织调控，可以创造和谐的教学环境，从而激发学生的学习热情和学习主动性，使课堂教学得以顺利进行。

地理教学组织能力分为两类：一是管理性组织能力，这是指对课堂纪律的管理，指教师在课堂教学中如何引导学生遵守课堂纪律，维持课堂秩序，建立和谐教学环境的过程中所表现出来的教育管理能力；二是指导性组织能力，这是指教师传授知识的能力，是指教师在课堂教学中，引导学生学习知识、参与教学活动的过程中所表现出来的知识传授能力。

（一）管理性教学组织能力培养

课堂是师生教与学活动的重要场所，如何发挥学生的学习主动性，又能使地理教学活动顺利进行，必须有相应的课堂纪律作保证。初中学生求知欲强，但有叛逆心理，有的在

课堂上不能很好地约束自己，造成课堂教学中不和谐的因素。因此，教师在进行课堂组织管理时，除了引导学生进行学习活动外，还要不断纠正学生在学习活动中的不良行为，保证课堂教学的顺利进行。

1.地理课堂秩序管理

课堂上一些学生的不良行为常表现为：看与教学内容无关的书，学习不主动，做其他学科的作业，等等。学生不认真听教师讲课，教师必须从以下几个方面找原因：①教师本身的原因。教师备课是否认真；制定的学习目标是否明确、是否符合学生的学习水平，学生是否愿意接受；教师在引导学生的学习过程中是否语言流畅，声音抑扬顿挫，教态自然，富有感染力。②社会、学校、家庭的影响导致学生对学习地理不重视，缺乏学习主动性。③家庭因素。如父母不和或其他事情。④学生之间有矛盾等。⑤前节课的影响。如：大热天上体育课，理、化、生实验课，音乐课等，学生会处于一种比较兴奋的状态，进入地理课时，还在议论回味前一节课的有趣内容。以上问题是影响学生进入学习状态的不良因素，要解决上述问题，教师应该做到以下两个方面：

（1）提高教师自身素质。地理教师要上好一堂地理课，必须在认真备课的基础上，按照以下的常规组织教学：做好课前准备；认真组织教学；实施教学方案；完善课堂教学结构；注意教态、语言、板书和板图。总而言之，教师需要有扎实的教学基本功，综合运用导入提问、讲解、变化、强化、语言、演示、板书和板图等教学能力，才能成功组织好一堂课。这要求教师要不断提高自身综合素质。

（2）激发学生学习的主动性。地理教育的着眼点不仅仅是给学生传授学科知识，而是通过一些与学生生活联系密切的地理知识，传达地理思想，培养学生学习地理的兴趣与能力，使学生学到"生活中有用的地理""终生有用的地理"，激起学生学习的热情和兴趣，让学生愿学、爱学、乐学、会学，从而变"被动"学习为"主动"学习。

如何激发学生学习的主动性，地理教师可从以下四个方面进行思考：第一，观看新闻，主动从世界的热点问题中了解天下大事。社会的热点问题，最易引起初中生的好奇心，针对学生这种强烈的好奇心和求知欲，教师可以将社会的热点问题引入教学之中。第二，加强学科间知识的联系，主动整合地理知识。地理是一门综合性学科，教学中要立足地理，兼顾综合，这样才有利于学生知识的合成。地理与历史更是密切相关，古今地质的变迁、气候的变化、文明的嬗变，是地理事物在历史的长河中演化的结果，历史记录了"彼时彼刻"的世界状况，地理则描写着"此时此刻"地球面貌，教学中互相穿插，有利于学生从纵横两方面理解地理知识。第三，讲故事激发学生学习地理的主动性。在讲区域地理时，结合具体内容穿插故事情节，学生容易感兴趣。此外，还可以让学生收集与新课学习有关的地图、天文、气候等方面的知识，在班上进行交流。第四，借助计算机网络、多媒体等现代化教学手段，使抽象的知识形象化。由于计算机网络的开通和多媒体课件的利用，方便了地理教学，使单调乏味的课堂变得活跃起来。利用网络中的图片、文件介绍地理知识，很多过去只能凭想象的情景一下子跃然于眼前，使学生进入了一片神奇的天地，学生的学习积极性高涨。

2. 个别学生教学管理

地理教师在处理个别学生的不良行为时，首先，要创设一种信任、和谐的氛围，和学生真心交朋友，了解学生产生问题的心理根源，帮助学生分析产生问题的不良影响，把产生的问题消除在萌芽状态，要使学生感觉到教师是真心的朋友，真正为自己好，这样在教师对学生施加影响时，学生才不会有抵触的情绪；其次，采取针对性的解决措施，这些措施可以包括以下三个方面：

（1）使不良行为得不到回应而自行停止。当个别学生的不良行为不会对周围学生造成大的干扰，不影响大局，教师只要给个眼神，或若无其事走到其身边轻敲课桌或摸摸他的头作为暗示即可。这类学生属于自律性不够强，不能长时间专注于课堂教学，只须教师提个醒，如果对他们大声点名、斥责，会强化他们的不正常行为。

（2）有意识地安排行为替换并给予表扬和鼓励。这种做法可以使学生树立自信心，激发学习主动性。例如，小组讨论时可以指定他专门思考一个讨论要点，给予指导和帮助，在小组讨论，代表小组发言。又如，在进行问题思考或巩固练习的环节，安排合适难度的、估计可以完成的问题，让他在全班回答，并对他的表现给予真诚的表扬和鼓励。这样个别学生在不良行为和替换行为之间会做出选择，并从替换行为中得到心理满足。需要注意的是，对替换行为的表扬和鼓励必须强有力，足以令其放弃不正当行为而选择替换行为。

（3）正面教育与适当惩罚相结合。对待需要给予惩戒的学生，教师必须让学生明白错误的原因，这时教师应刚柔并济，可以把学生叫到跟前，最好不要有其他人在场，严肃中又带有温和，要求学生自己说出他的不良行为，分析该行为错在哪里，有哪些不良影响，该如何惩罚。说出了惩罚的方式，就要严格地执行。只要学生能明辨事理，明白了对他惩罚的合理性，就可能产生更好的效果。

（二）指导性教学组织能力培养

1. 组织与指导学生听讲

组织与指导学生听讲，并不仅仅是使学生安静地听老师讲课，重要的是使学生能认真聆听教师的讲授过程，领会教师的指令与要求完成相关任务，并具有较高的积极性。因此，组织学生听讲是组织能力中首先应做好的工作。组织学生听讲有两种形式：一种是命令式；另一种是间接式。

（1）命令式。命令式是地理教师在教学中对学生明确讲明学习方法和具体要求等。命令式又可分为简单命令式和交代任务式。简单命令式，如："今天我们学习'认识地球'，本课知识是重要的知识点和难点，大家一定要特别认真。"交代任务式，如："今天我们学习'认识地球'，请大家认真阅读课本，思考问题，在课文中或图上找到相关答案并圈点勾画。"

（2）间接式。间接式是地理教师在教学中巧妙地运用导入提问、解释、变化等能力，将学生的注意力及时地吸引到课堂教学中来的过程。间接式又可分为置疑引思式和变化媒体式。置疑引思式，如："每天太阳东升西落，这是每个人都习以为常的自然现象。但是为什么会出现白天和黑夜交替的现象呢？这是我们下面要研究的问题，看谁先找到答案。"变化媒体式，如："刚才我们运用板图学习了褶皱和断层，现在为了更清楚地说明岩层是怎样从水平变成弯曲或断裂的，下面根据老师提示的问题观看一段视频。"命令式和间接式最终目的都是使学生认真、高效地参与教学活动，与教师和谐配合，完成教与学的任务。

2.组织学生阅读与观察

阅读、观察是学生进行地理学习的重要方法，学生要掌握并运用好这种方法，需要教师在课堂上不断地进行指导性组织。阅读是学生了解教材内容，培养学生自学能力的重要手段。随着知识更新的加快，终生学习的理念得到越来越多人的重视，自学能力的培养已成为课堂教学的重要目标。很多学生不掌握阅读方法，把教材通读一遍，把握不住教材的重点难点。教师可以根据教材内容设计有梯度性的"自学思考题"。"自学思考题"是根据每节地理课所要达到的"学习目标"和具体的教学内容，以生动活泼的问题形式，科学、准确、系统地将"学习目标"转化为学生自学的具体内容。

"自学思考题"的编制要求有：①问题要简短、明确，既要基本覆盖所有知识点，突出重点和难点，又要面向全体学生，分层要求，强化个性发展；②问题要结合"活动"内容，让学生边学边练，动手动脑，便于对新学知识的理解和消化；③问题要根据学生已有的地理知识和生活经验，适当结合历史和社会热点问题；④结合教材的思想教育因素，切合学生思想实际，经常设置一些让学生谈谈认识的问题，便于学生的思想品德在自学思考中得到内化，在教师的引导下得到升华；⑤问题形式要多样化，避免单一化，尤其是对初一的学生，要把填绘图、比较、分析等形式结合使用，这样有利于激发学生学习的兴趣，调动其学习积极性。

学生根据提纲阅读，提取重要的信息，然后教师巡视指导，逐步提高阅读的兴趣和能力。观察是持久的注意，是带着观察的目的对地理事物进行研究，使学生对地理事物产生表象认识，为进一步深入学习奠定基础，地理教学过程中可以引入大量观察实践的方法，如：组织学生观察地图、模拟动画观察实物（矿物标本、野外考察）、观察地理实验过程等。在准备让学生观察时，先要让学生明确观察的目的，观察的对象和如何观察，应做好哪些记录；然后让学生进行全面观察，或者采取提出问题的方式，让学生通过独立观察去解决。

在组织学生进行观察时需要注意以下问题：①明确观察目的。在观察前，教师应给予指导，使学生明确观察的对象和目的，教给学生观察的方法和步骤，引导学生按一定的程序进行观察。②注意全面观察。观察对象越复杂，越难以形成整体观念，如：观察普通地图时，学生往往从兴趣出发，有的注意地名、有的注意地形、有的注意交通线，却不善于通过全面观察综合出区域的总体特征。这时需要教师多加引导和示范，教给学生顺次观察自然地理要素和人文地理因素的程序，以及从地图中概括区域特征的方法。③进行对比观察。进行对比观察可以加深对地理事物的感知和理解。④坚持长期观察。许多地理现象，如：年气温和年降水量变化、物候等，都有较长的周期。只有坚持长期观察，才能得出正确结论。坚持长期观察，可以提高观察能力，能够锻炼学生的意志和品格。⑤加强野外观察。野外观察可以直接感知地理事物和地理现象，使学生的认知过程更为合理，并且有利于实践能力的培养。地理教师应根据课标要求，指导学生进行野外观察。

3. 组织学生课堂讨论

讨论是一种有组织有计划、引导学生积极参与的独特的地理教学方式，这种教学方式可以使每位学生积极思考，相互启发，进行多项的信息交流，有机会表达自己的思想，促使学生积极思考问题，得出问题的结论，发挥学生学习的主动性。讨论可分为全班讨论、小组讨论和辩论。组织和指导全班讨论一般由教师点名，请多个学生发言，学生阐明自己的不同观点，教师最后总结。在组织和指导时，地理教师应提出简捷而有明确结论的问题，如："我国夏季气温分布有什么特点？"并启发学生深入思考，使讨论走向预期目标。

（1）组织和指导小组讨论。将全班学生分成若干小组，小组长应选对地理学科感兴趣、成绩较好、能帮助小组学生解决学习问题的学生担任。讨论时，每组学生轮流担任发言，各小组就相同问题进行讨论，在规定的时间讨论结束，由各小组发言人报告本组讨论结果，教师进行总结。在组织指导时，地理教师应提出综合性较强的问题，如："天气对生活有哪些影响？"

地理课堂讨论前教师应注意以下问题：①教师必须对选定的论题进行深入的揣摩，论题应具有争论性或两个以上的答案，不能是简单、现成的答案，讨论的问题应该和课堂知识紧密相关；②论题必须是学生感兴趣的，来源于他们的生活、但又不十分明确的问题；③讨论前，学生必须做充分的资料准备，教师应指导学生查找与本论点相关的资料，同时，教师也应大量浏览与论题相关的资料，丰富与论题相关的知识，这样才能更好地点拨和引导学生；④制定应遵循的规则，控制好讨论的时间，把握好讨论的气氛。

（2）组织和指导课堂辩论。"辩论"能够最大限度地鼓动学生，激发学生的学习热情，是一种锻炼学生思维、协作、语言表达，应变能力的活动方式，也是课堂教学中一种常用的教学方式。辩论比较费时，宜于讨论能启发学生开放性思维的问题。

在组织和指导地理课堂辩论时，教师应注意以下问题：①选题要精心推敲。选题应紧扣教学主题，密切联系学生的生活实际，尊重学生的经验与感受，对学生具有较好的可操作性，有利于学生潜能的发挥。②对人员进行合理的分工。每方的学生分四组，作为每位辩手的智囊团，负责收集资料，出谋划策。③分工时任务要明确，同时还得注意学生的参与度。④资料的收集与处理，辩论前指导学生从图书室、互联网收集素材，整理归纳，从中挑选对己方辩题有利的事例作为辩论的证据。⑤辩论后教师要进行归纳总结。

4.组织地理课堂练习

地理课堂练习能够检测学生对本节课知识的掌握情况，训练能力，提高能力。地理教师可以根据学习中反馈的信息及时调整教学内容，查漏补缺。课堂练习有口头练习、书面练习与演示实验。

地理口头练习适于答案简明、能迅速判断正误的习题，但检测面有一定限制，适合课堂教学中的插入练习，一般是以地理教师的提问渗透在课堂教学各环节中，或通过教师提供相关材料并提出问题供学生分析思考，学生口头回答完成。如案例教学，案例在教学中的应用一般有两种情况：一是借助于具体案例来分析、说明基本的地理概念和原理，使学生了解和掌握相关的地理理论；二是运用基本的地理概念的原理，分析解决具体案例，提高学生分析、判断的能力。第一种情况大多出现在讲授新课阶段，第二种情况在巩固新课综合练习阶段较为常见。

地理书面练习适于各种类型的习题，检测面较宽，但较费时，适合课堂综合练习和课外作业，可以安排在教学各环节后，也可以在一节课的结尾。课堂练习的内容应加强两方面的能力训练，即"双基"训练和知识的拓展训练。"双基训练"应根据学生的基础，围绕所学知识点的主干知识、从易到难的顺序编排习题，并估计好题量和练习时间；拓展训练主要是实现知识的迁移，而知识的迁移必须是建立于扎实的基础知识和基本能力之上，因此，"双基"训练是一节课最重要的内容。新的课程理念提倡"学以致用"，因此，知识的拓展训练是一堂课的又一个重要内容。演示实验虽然需要一定的设备，但有利于学生手脑并用。地理教师应充分利用现有设备来组织学生演示实验，如：用地球仪和电光源演示地球的自转与公转。

5.组织地理课堂游戏

在地理课堂教学中，有许多知识点学生学习难度较大，枯燥乏味，教师如能精心设计并适当组织学生做一些课堂游戏，不仅能活跃课堂气氛，引起学习兴趣，还能培养学生的团队协作精神。组织地理课堂游戏应注意以下五个方面：

（1）活动前提出要求。地理教师应扼要说明要做的事情，怎么做，达到怎样的目的，以及时间和纪律，注意事项等，使学生明白应该怎么做。

（2）说明活动的程序。在提出要求以后，地理教师要说明活动的程序，以使学生遵循一定的步骤进行活动，在同样的时间内达到一个共同的目标。

（3）活动中加强指导和引导。指导是地理教师对学生操作方法和动作方式的肯定与矫正，可以帮助学生及时了解怎样行动；引导是对学生思维的启迪和注意力的转移，可以保证学生思路畅通和活动的连续。

（4）活动中及时鼓励和纠正。通过鼓励和纠正，学生的活动效果可以得到及时反馈，学生的期望心理可以得到及时回应。地理教师鼓励和纠正的时机非常重要，过早的鼓励和纠正，容易使学生自满或自卑，会削弱活动的积极性；过迟的鼓励和纠正，又可能使学生的期望值落空，导致注意力的转移。

（5）活动结束及时总结。在课堂教学结束之前，地理教师要对学生的活动情况进行全面总结，以强化重要的地理教学信息。

第二节 地理教学板书与多媒体使用能力

一、地理教学板书能力

每一节地理课，从教师的活动来看，都离不开口授、演示及手写，因而板书能力是地理教学的一个不可缺少的有机组成部分。

（一）地理板书的功能

板书能力是教师设计和运用写在黑板或投影片上的文字、符号、线条和图像，向学生呈现教学内容和认知过程，使知识条理化、系统化，帮助学生正确理解，增强记忆，辅助课堂口语的表达，保留传输信息，提高教学效率的一类教学行为。板书能起到系统、强化教师讲解的作用，是地理教师重要的课堂教学能力之一。地理教师精心设计的板书，能使学生产生联想、类比，得到启发。板书排列井井有条，前后呼应，层次分明，直观形象，使学生看了一目了然，且富于连贯性，还能创造一种美感，从而调动起学生学习的积极性。所以，课堂教学中不应忽视板书的重要作用，它是一名优秀地理教师必备的教学基本功之一。

独具匠心设计的地理板书，既有利于传授知识与能力，巩固课堂所学的知识，又能帮助学生形成良好的学习习惯；既能激发学生的学习兴趣，又能启迪学生的智慧，活跃学生的思维。精心设计的板书被誉为形式优美、重点突出、高度概括的微型教科书。因此，板书能力是提高地理教学质量和效果不可忽视的教学手段之一，它是地理教师必须掌握的一项基本教学能力。板书可以使学生在听的同时看得更清楚、更准确，理解得更迅速、更正确，记得更牢固、更持久。板书可以强化地理课堂的口语的表达效果，其主要功能大致如下：

（1）揭示教学内容，加强教学的系统性，突出重点。板书作为课堂教学口语的主要辅助工具，它的重要目的就是揭示教学内容，体现教材结构的系统性。板书可强化知识结构，加强教学的系统性，有利于学生掌握教学内容的要点、脉络和体系，便于学生记忆和掌握关键的、重要的教学内容。板书还应体现教学程序，有条不紊地呈现知识，按照内在的逻辑关系把教学要点用题号和标题，概括的文字、图表、地图表示在黑板上，再用连线、加强符号、彩色粉笔加以渲染，使一节地理课的内容简明扼要、条理清晰地展现在学生面前，起到突出重点的作用。

（2）加强直观性，激发兴趣、启发思考。板书这种书面语言与教学口语相比，表现为静态，感之于视觉，与听觉相辅相成，其优势在于直观、形象、条理、概括。地理课要表现大量地理事物的空间关系和学生从未见过的地理景观、现象，这些内容地理教师如果采用设计巧妙、画技精湛、布局美观的地理板图、板画表现则生动、直观，既可增强地理教学的直观性，又可激发学生学习地理的兴趣，吸引学生的注意力，从而达到激发学生兴趣，集中学生注意力的目的。如：学习"季风的成因""地形雨的形成""火山的形成""水循环""三圈环流""食物链""人与环境"的关系等内容时，采用板图、板画均可收到良好的教学效果。

（3）强化记忆，减轻负担。好的地理板书是对知识作高度概括之后，条理化地反映出来的书面语言，而条理化、网络化的知识，既便于迁移，又便于记忆。板书的直观、鲜明，也是便于记忆的原因之一。因为有了板书，学生不仅听而且看，还要动手把要点记下来，多种感官协调活动所产生的记忆效果，自然远远超过"耳听"的记忆效果。优秀教师讲课，一节课尽管内容多，又有一定的难度，但学生往往凭板书可以把一节课内容原原本本地复述下来，甚至过很长时间，一想起板书就能够回忆起一节课的内容。板书在强化记忆方面的作用是非常明显的。板书在激发兴趣、启发思考、强化记忆等方面的作用，必然会使学习效率提高，因而也就会从整体上减轻学生的负担，为学生的发展创造了条件。

（4）板书布局有序，可为教学增色。板书可分为正板书与副板书。正板书由教材的章节顺序、教学内容纲要、主要概念、公式、主要图形等组成，能呈现教学的重点和难点，占黑板的主要板面。正板书是地理教师在备课过程中精心设计的，一般都作为教案的一部分而事先写好。对正板书的要求是：高度概括，文字简洁，书之有"格"，用之有"序"。副板书是教学中因学生听不清楚或听不懂，或为正板书的补充或注脚而随时写上的文字、诱导思维的草图及学习的板画等。对地理教师而言，如何使自己设计的教学板书具有精当、凝聚、简洁、实用、优美的特点，这是板书设计的基本的或者共性的要求。

（5）突出地理学科教学的特点。运用地理教学板图、板画、板书上课，教师当堂作图、边讲、边画、边写，虚实并举，讲画同步，使学生视听结合，生动、形象、具体、有趣，容易增强课堂教学凝聚力，反映了地理教学的基本要求、特点和规律。由于简易地理"三板"教学具有简易可行性、高效实用性、灵活多样性和新颖趣味性等优势，同电化教学等现代化教学手段可互相补充，受到学生的广泛欢迎。

（二）地理板书的构成

板书是提高地理教学质量的重要环节，是教师以书面语言进行教学的有效方式。教师通过板书，把地理教学内容要点分类、编码，简明扼要地展示给学生，便于他们提纲挈领地掌握知识要点及其内在联系。经过教师精心设计的板书，对学生理解、掌握地理知识，培养发展地理思维，复习、巩固、运用地理知识等都有重要作用。地理板书能力主要是由书写、绘画、结构、布局等部分构成的。

1.板书的书写。板书主要是靠教师在黑板上书写文字表达主要的教学内容，传递知识信息，因此，写一手工整、清晰、美观的黑板字，是地理板书能力最重要的基本功。地理教师最好练习仿宋字，这种字字型方正、横平竖直、棱角分明、工整美观。练习应从基本笔画开始，然后逐步练习汉字的偏旁部首和间架结构。经过一段时间有计划的练习，掌握了仿宋体黑板字的基本笔法后再加快书写速度，使之逐渐熟练。除仿宋体外，还可练习魏体，但不可用草书。

2.板书的绘画。地理教师应掌握一些基本的素描技巧，一些重要的地理事物、地图的画法。

第一，直线的画法。将粉笔横放或竖放，以粉笔的中轴线控制方向，沿粉笔的走向运笔，这样画直线容易画直。粉笔同黑板直交或斜交运笔，所得细实线多用来勾勒地图轮廓，描绘地图符号和自然、人文地理景观画等，是一种使用最多的线段。取一截粉笔放倒，沿短轴方向平扫，所得粗实线多用来表示山脉，作柱状图表等，远视效果比较好。

第二，曲线和弧线的画法。用粗、细实线按不同弯曲，构成折曲、滑曲、螺曲，对称与不对称等曲线，多用以表示光波、水波、地震波和蒸发、蒸腾等。粗、细实线按不同曲率构成各种弧线，这种线段多用来表示天穹、天体运行轨道、大地曲面、云图等。

第三，圆弧的画法。手持粉笔，以持笔胳膊的肩部作轴，伸直胳膊，迅速匀畅地运笔画圆，可左、右各一笔，也可以一笔画出，用以表示大地曲面、天球、地球的形状、经纬网、五带、气压带和风带等。若圆的面积较小，以拇、食、中三指捏长支粉笔，以小指或无名指为圆心，反掌旋转画出，用以表示地球的运动、黄赤交角等。地理教师应学会主要地貌形态、天气现象、代表性的动植物等的画法。

3. 板书的结构。板书的结构是指板书各部分的主要内容、功能及形式体现，包括标题如何设计，采用怎样的板书类型，板书内容出现的先后顺序，内容之间的衔接和联系，等等。地理板书的结构要取决于所学内容的知识结构，学生的认知水平及教学过程的安排。

板书的一级结构是书写本节课的课题，其功能是在地理课堂教学的开始，就把学习的主要内容以醒目的标题告诉学生，将学生的注意力吸引到教学的主题上去。在书写课题时，应注意通过设置悬念，或者用直观、故事、经验等导入方法创设问题情境，引起学生学习的兴趣。板书的二级结构是用小标题反映各部分内容的要点，其功能是通过板书直观地表现主要观点，以加深印象。板书的三级结构表现各部分内容的细节，应将课标中要求熟记的知识书写在黑板上，课标要求理解或应用部分的分析、综合过程的梗概，用框图及连线、图表或地图等表现在黑板上，重点处用加重点或用色彩加重渲染。这一级板书的主要功能是突出知识间的联系，加深对问题的深入理解。另外，在一节课的结尾，为了达到使学生应用知识、巩固知识的目的，一般还要用幻灯或小黑板展示练习。

4. 板书的布局。板书的布局是指各部分板书在黑板上的空间排列，以及与教学挂图、幻灯屏幕、电视画面等的合理配置。地理教师在课前备课时应做板书设计，将板书各部分在黑板上的位置事先安排好。在板书过程中，应随时目扫、校对，避免出现错别字和漏字。一堂课下来，教师应给学生留下板图、板画、板书的完整设计。

（三）地理板书的类型

1. 提纲式的板书

提纲式是一种最基本的板书形式，对一节课的内容，经过分析和综合，用精要的文字形成能反映知识结构、重点和关键的提纲，它的最大优点是设计简单，因而它是在教学中应用最普遍的形式，它的缺点是文字冗长，不易明显地表现知识之间的交叉关系，也缺乏形象生动性。提纲式板书适用范围较广，是地理教学中教师使用频率最高的板书形式，可以条理清楚地呈现教学的顺序与要点，体现教学内容的层次与结构，便于学生抓住要领，有利于学生的分析问题和解决问题能力的提高。

2. 表格式的板书

表格式的板书最适用于两种以上或两个以上的事物在分布、特征、规律、成因、作用等方面分类对比，列表对比一目了然。这种板书有化繁为简、对照鲜明的特点，可加深对事物特点属性的认识，对培养学生分析、概括能力有极大的帮助。表格式的板书常用于对有关地理概念、地理事物与现象的性质、特点及分布等知识的归类与对比，它可起到化繁为简的作用，从而帮助学生认识地理事物和现象的异同点，掌握其本质联系。地理教师在使用表格式板书时，应在明确同类地理事物异同点或区域异同点的基础上进行设计，一般先制作空白表格，然后边讲授边填写。

3. 纲要图解式的板书

纲要图解式板书能够较好地表达出知识之间的各种内在联系，如：并列关系、从属关系、因果关系、交叉关系等，可以将知识体系、知识结构形象直观地展示出来。这种形式若设计得好，还有助于地理教师提高讲课效率，节约时间。纲要图解式又可分为并列式、从属式、因果式、过程式和交叉式等。第一，并列式，体现知识之间的并列关系；第二，从属式，一个事物或问题包括哪些内容，即各个知识点从属于哪个问题；第三，因果式，用来表现事物的成因与后果，图中多用箭头连接；第四，交叉式，这种形式更能表达事物之间各种错综复杂的关系。

4. 几何图解式的板书

几何图解式不仅具有纲要图解式的一切优点，而且更加形象生动、更活跃、更富有美感，更能引人入胜，给人们的印象更深刻，更能增强人的理解和记忆。因而，几何图解式板书越来越受到广大教师的青睐。在具体形式上，几何图解式比纲要图解式更加丰富多彩。几何图解式板书适用范围较广，它既可以以图代文，也可以图文结合，将某一专题的地理知识进行分析、归纳和推理，揭示其相关知识中若干要素的联系，从而使分散的知识系统化。它既有利于学生理解与记忆，又利于学生识图、绘图能力和抽象概括能力的培养。

5. 网络式的板书

网络式的板书可以将教学中所涉及的几个方面的知识内容，或将零散孤立的知识"串联"和"并联"，组成系统化的知识网络。网络式的板书将零散的知识系统化，不仅能帮助学生加深理解，而且也便于知识的记忆和迁移，对培养学生综合运用知识的能力有极大

的帮助。网络式板书是将文字、线条、箭头、框图等联系起来的一种地理教学板书，它的特点是能清晰、简明地反映地理事物之间的相互联系，便于学生了解其知识的结构，以及知识之间的内在逻辑联系。因此，网络式板书既有利于学生掌握比较复杂的学习内容，又有利于学生逻辑思维能力的培养，是地理教学中常用的教学板书形式之一。

（四）地理板书能力应用

1. 地理板书能力应用原则

（1）科学性原则。科学性原则是板书设计最基本的原则，因为科学性是板书的生命。地理教学板书的科学性，是以文字正确表达地理基本知识、基本概念、基本原理为内涵，是从教材中提炼出来的精华，要求脉络清晰，高度概括。这就必须对板书中的字、词、句、符号等精心琢磨，反复推敲，认真筛选，保证准确、精练。地理板书要注意内容的科学性和形式结构的合理性，板书的文字、符号要准确无误。各种正确的文字符号、图表应按一定形式组合起来，这种形式组合要求合理、形象直观。简明扼要地表达地理概念、地理原理是板书科学性原则的较高层次的要求。板书的字词要规范，符合汉字的书写规律，不要写错别字。另外，板书用语用词也要规范，最重要的是概念一定要准确。

（2）针对性原则。地理板书要针对教学目的和学生实际，忌繁从简，具有高度的概括性，做到详略有度，轻重有别，层次分明，要有助于学生对教材的理解和对重点知识的记忆。板书贵在扼其要点，删繁就简。"简"是字不多，话不长。设计板书字要少，话要短，一个标题、一个要点能用两个字的就不用三个字，能用一个词的就不用一句话，能用一个公式的就不要用文字描述。"明"是意思明显，一条板书不管是一个字、一个词、一个公式还是一句话，都要明示一个方面的问题。简短的文字或公式要抓其要点，能够统领一个方面的知识。板书简明扼要，学生一抬眼就看得清楚明白，无须到冗长的文字堆里去寻找要点。板书简明扼要，能起到提纲挈领的作用，有益于教师按照提纲挈领的思路讲课，也有益于学生按照提纲挈领的思路去理解和记忆知识。板书简明扼要还能节省时间、节省教师精力。

（3）启发性原则。地理板书承担着发展智力、培养能力的任务，要做到内容设计和形式布局具有启发性。为此，地理教师必须认真钻研教材，在抓教材内容实质及其内在联系的基础上，建构知识殿堂框架，在教学中通过板书，引导学生掌握分析、综合、比较、概括、判断、推理等思维形式，卓有成效地培养、发展学生的地理思维能力。图表、图解式板书效果较好，有助于启发学生的思维和进行逻辑推理，提高理解记忆能力。也有利于学生掌握知识内容的层次性及其内在联系。要做到这一点，地理教师要仔细研究教材，弄清楚教材结构有哪几个问题，这几个问题之间有哪些联系；每个大问题内部又包括哪几个方面的中、小问题，有几层意思，有哪些知识点，哪些是重要的、哪些是次要的等。经过这样的层层分析，理出头绪，再确定设计具有启发性的板书形式。

（4）美感性原则。板书需要美观感人，书写大方、清秀的板书，能给学生以美的熏陶。地理板书要做到不繁不空，不杂不乱，纲目清晰，层次分明，结构合理，文字工整流畅，符号醒目美观，色彩搭配合理，注意图文并茂，突出地理学科的特点，力争边板书边讲解。将板书文字在排列上做些艺术处理，其效果会显然不同凡响。板书使用一些几何图形，比单调的文字要增加许多直观性和美感。画上一幅必要的简略地图，这是地理板书别具一格的特色。如果结合文字、几何图形、地图等配上简单明快的图画，诸如景观、物产等，就显得更加生动形象，更加引人入胜，其乐无穷。板书整体布局的基本要求是均衡和对称，并且要把重要的东西放在黑板中间的显赫位置，才能给人以平稳、舒服和美的感觉。板书写字也要工整美观，做到正音、正形、正义。不能别出心裁，自行造字，也不能使用异体字、繁体字，更不能出现错别字。在板书教学中，地理教师应随时检查，注意加强艺术性，强调"示范性"。

2. 地理板书能力应用要求

（1）从地理教材内容（板书的依据）出发，同时，要与教学目的（规定板书设计的主题与结构）联系起来设计板书。只有将二者有机地结合起来，并以此为出发点设计地理板书，才能发挥其在完成教学任务方面的有力辅助工具的作用。

（2）地理板书应该体现教学程序，有条不紊地呈现知识，还应体现训练能力和培养能力的顺序。

（3）地理板书应展现知识的系统化，知识纲目、层次的逻辑性（如：从属关系、并列关系、因果关系或递进关系等），能揭示知识的来龙去脉。

（4）地理板书要有启发性、简洁性，形象直观，提纲挈领。

（5）地理板书要注意布局，字形正确，字体端正，无错别字和不规范字。

（6）地理板书使用方式要灵活多变，可边讲边写，也可先讲后写，或先出示板书后讲解。为了扩大容量，还可用投影片代替板书，但要注意遮幅和呈现方式。

（7）地理教师备课时，设计好的板书要作为一项重要内容写在教案上。

二、地理教学多媒体使用能力

地理教学媒体就是储存和传递地理教学信息的工具，它可以分为多种媒体类型，具有呈现地理事实、创设地理情境、提供地理示范、解释地理原理和地理探究发现等功能。

（一）地理教学媒体类型与功能

1.地理教学媒体类型

地理教学媒体的类型多种多样，由于标准不同，地理教学媒体的分类也不同。

（1）按照媒体的产生时间，地理教学媒体可分为传统媒体和现代媒体两类。传统地理教学媒体又叫常规地理教学媒体，主要有地理教科书、地图册、黑板、地理挂图、地理实物、地理标本、地理模型等。现代地理教学媒体又叫电子地理教学媒体，具体又可分为以下类型：

第一，电光类地理教学媒体。电光类地理教学媒体主要包括幻灯和投影。其特点包括：能够刻制文字、图形和图像；能根据需要反复放映；

第二，电声类地理教学媒体。电声类地理教学媒体主要包括广播和录音。其特点包括：能够录制语言和声音并根据需要反复播放；能够将声音放大，扩大教学面；传播信息迅速，不受时空限制。

第三，影视类地理教学媒体。影视类地理教学媒体主要包括电影、电视和录像。其特点包括：能同时给学生视觉、听觉两个方面的信息；能生动、形象、直观地反映地理事物的外部形态；能以活动的图像逼真、系统地展示地理事物运动变化发展的过程；能调节地理事物和现象所包含的时间要素，将缓慢的变化与高速的动作清楚地呈现出来。

第四，现代信息类地理教学媒体。现代信息类地理教学媒体包括计算机多媒体和网络。现代信息类地理教学媒体除了具有影视类地理教学媒体的特点外，还能够储存大量教学资料供师生随时检索，还可以展示地理教学知识的深化过程，为学生提供更多的练习机会，为学生的自学创造良好的条件。

（2）按照媒体介质的不同，地理教学媒体可分为纸质媒体和非纸质媒体两类。

第一，纸质媒体。纸质媒体是以纸张为载体的地理教学媒体，如：地理教科书、地图册、地理挂图等。目前，纸质媒体仍然是地理教学中的主流媒体。

第二，非纸质媒体。非纸质媒体是除纸质媒体以外的所有地理教学媒体，既包括部分常规地理教学媒体，如：黑板、地理实物、地理标本、地理模型等，又包括所有电子地理教学媒体，如：幻灯、投影、广播、录音、电影、电视、录像、计算机、多媒体、网络等。

（3）按照感知媒体的器官分类，地理教学媒体可分为视觉媒体、听觉媒体和视听媒体三类。

第一，视觉媒体。视觉媒体指发出的信息主要作用于人的视觉器官的地理教学媒体，如：地理教科书、地图册、黑板、地理挂图、地理图片、地理实物、地理标本、地理模型、幻灯、投影等。其显著特点是直观性，其教学效果不仅取决于学生的年龄心理特征、文化背景和所在的地域特征，而且受视觉媒体的色彩、明暗、对比度、静与动等因素的影响。

第二，听觉媒体。听觉媒体指发出的信息主要作用于人的听觉器官的地理教学媒体，如：广播、录音等。

第三，视听媒体。视听媒体指发出的信息主要作用于人的视觉媒体和听觉器官的地理教学媒体，如：电影、电视、录像、计算机多媒体、网络等。视听结合所形成的媒体，将直观、鲜明的图像和生动的语言、语音、语调有机结合，可以传递更多的教学信息，更长的记忆保持率和最佳的学习效率。

（4）按照使用者自行控制的程度分类，地理教学媒体可分为完全可控媒体、基本可控媒体和基本不可控媒体三类。

第一，完全可控媒体。完全可控媒体指使用者可以根据需要决定使用时间、地点、传递信息的速度、进度，改变所传信息的内容和排列的地理教学媒体，如：黑板、幻灯、投影、计算机多媒体等。

第二，基本可控媒体。基本可控媒体指除了不能随意改变所传信息的内容和排列外，其余各项都可以由使用者自己控制的地理教学媒体，如：地理教科书、地图册、地理挂图、地理实物、地理标本、地理模型、录音、电影、录像、网络等。

第三，基本不可控媒体。基本不可控媒体指使用者只能被动适应才能加以利用的地理教学媒体，如：广播、电视。

2. 地理教学媒体功能

（1）呈现事实。地理教学媒体可以提供地理名称、地理数据、地理景观、地理分布、地理演变等客观真实的地理事实，使学生获得大量的地理事实材料，从而在学生的感觉与思维之间架起一座桥梁，使之较容易由直觉思维过渡到形象思维、由形象思维过渡到抽象思维。

（2）创设情景。地理教学媒体可以提供有关的地理画面、场景、活动现场等，说明故事的情节，展示特定的情境，让学生获得某种地理体验。

（3）提供示范。地理教学媒体可以提供一系列的行为标准，如：绘图、演示地球仪、做地理实验、制作地理模型等，供学生模仿和练习。

（4）解释原理。地理教学媒体可以提供典型地理事物的产生、发展的完整过程，借助语言或文字的描述，解释其特征、规律和成因，以使学生突破地理学习的难点，掌握地理原理。

（5）探究发现。地理教学媒体可以提供地理事物的典型过程或典型地理现象，借助语言或文字，设置疑点和问题，让学生进行分析、思考、探究和发现，以帮助学生理解地

理原理并掌握分析和解决地理问题的方法与步骤。

（二）地理教学媒体选择与组合

1. 地理教学媒体选择

地理教学媒体选择的依据如下：

（1）地理教学目标。地理教学目标是对学生参加地理教学活动后应该表现出来的可见行为的具体的、明确的表述。它是贯穿地理教学活动全过程的指导思想，不仅规定了地理教师进行教学活动的内容与方法，而且控制着地理教学媒体的类型以及媒体展示的时机、方法与步骤。因此，地理教学目标对地理教学媒体的选择具有决定作用。例如，对于认知类教学目标，选择挂图、图片、实物、标本、模型、投影、多媒体动画等媒体开展教学，可收到良好的教学效果；而对于情感类教学目标，选择表现手法多样、艺术性和感染力强的媒体，如：录音、录像等，可对学生产生巨大的吸引力和情感上的震撼力。

（2）地理教学内容。地理教学内容和地理教学媒体之间存在必然的、本质的联系，地理教学内容是制约地理教学媒体选择的重要因素。初中地理教学内容广泛，涉及自然地理、人文地理、区域地理等，对于不同的教学内容，应有区别地选择合适的教学媒体。例如，自然地理多选择图片、实物、标本、模型、录像等；人文地理多选择挂图、录像等；区域地理则多采用挂图、景观图片教学等。从知识属性看，地理名称、地理分布一般采用挂图；地理数据一般采用黑板、投影；地理景观一般采用图片、实物、标本、模型、录像等；地理演变则多用动画制作多媒体课件，用计算机多媒体辅助教学；地理概念、地理特征、地理规律、地理成因等，则多采用板书、板图、板画、挂图等揭示地理事物的本质。

（3）学生特点。教学媒体是储存和传递教学信息的工具。学生学习地理的基本心理特征是地理教学媒体选择的依据之一。从认知结构看，初中生的观察能力较差，缺乏从整体上、细微处观察的意识，注意力不容易持久集中，思维以直观形象思维占优势，教学媒体的选择应符合初学生的心理特征。

（4）地理教师自身特点。每个地理教师在媒体的使用上都有自己所擅长的，也有不擅长的。在选择媒体时应充分发挥自己的优势，扬长避短。有的地理教师语言表达能力较强、声音柔美、极富感染力，就可以多采用语言讲述；有的地理教师美术功底好，可以多选用板图、板画、投影等辅助教学；有的教师能熟练使用计算机，在学校设备齐全的条件下，他就可以选择计算机多媒体辅助地理教学。如果一名地理教师同时具备上述能力，那么他在进行地理教学媒体的选择上就具有更大的空间。因此，地理教师在选择地理教学媒体时，一方面，要正确认识自己驾驭地理教学媒体的能力；另一方面，还要不断提升自己，以适应现代媒体对教师的要求。

2. 地理教学媒体组合

在地理课堂教学中，将几种媒体组合为一个整体加以运用，可以对学生的多种感官提供刺激，能够有效地加快学习进程和激发学习动机，起到良好的效果。

（1）地理教学媒体组合的原则

第一，目的性原则，它是指地理教学媒体的组合要有明确的目的，即为了表现教学内容，达成课堂教学目标，实现教学功能的最大化。为此，要求地理教师应认真研究教学内容与目标，精心设计媒体呈现的程序与组合方式。

第二，大信息量原则，它是指地理教学媒体的组合要能够传递较大的教学信息量。传统的地理教学媒体一般信息传递速度慢、信息容量小，即使组合起来信息量也不大。而现代地理教学媒体具有传递速度快、信息容量大的特点。因此，大信息量原则要求地理教学媒体的组合中应有现代媒体的参与，即媒体的组合一般应是现代媒体之间的组合，或者是传统媒体与现代媒体的组合。

第三，多感官并用原则，它是指地理教学媒体的组合要有利于调动学生多种感官参与学习。多感官并用尤其是视觉、听觉并用将使学生获得更多的教学信息量、更长的记忆保持率和最佳的学习效率。因此，在地理教学媒体的组合中，应注意视觉媒体与听觉媒体或视听媒体的配合使用，以调动学生的视觉与听觉参与学习，还应注意图像型媒体与实物、标本、模型等实物型媒体的配合使用，以调动学生的视觉与触觉参与学习。

第四，优势互补原则，它是指地理教学媒体的组合要注意不同功能的媒体的配合使用，使各种媒体的主要优势都得到充分发挥。因此，对于功能相同或相近的媒体不宜组合使用，如：幻灯与投影，广播与录音，电影、电视与录像。

第五，可操作性原则。一般而言，地理教学媒体的组合不应过于复杂，应简单实用，便于操作控制为佳，符合教育经济学原理。

（2）地理教学媒体组合的类型与方式

第一，视觉型与听觉型媒体的组合。视觉型媒体主要指地理挂图、图片、实物、标本、模型、幻灯、投影等，听觉型媒体主要指广播、录音等。视觉型媒体具有形神兼备的特点，"形"指图形、形象，"神"指寓于图形、形象之中的思想、知识和艺术境界等。在地理教学中，学生是通过"形"来理解"神"的。听觉型媒体具有声情并茂的特点，"声"指语音、语调和音效，"情"指通过语音语调或音效表现出来的感情、情绪、气氛等。在地理教学中，学生是通过"声"来理解、感受"情"的。视觉型媒体只能见其形，不能闻其声，听觉型媒体则相反。因此，根据教学需要把两者恰当地组合起来运用，不仅可以各显其能，而且可以收到形声结合和情景结合的综合效果。形、声媒体组合一般可用于地理绪言课，用于新课导入或用于对学生进行情感教育的教学片断中。

第二，静态型与动态型媒体的组合。静态型媒体是指表现事物静止状态的媒体，如：地理挂图、图片、实物、标本、模型、幻灯、投影等。动态型媒体是指表现事物运动变化状态的媒体，如：电影、电视、录像、电脑动画等。静态型媒体善于表现地理事物的静态，便于学生观察和教师控制，动态型媒体善于表现事物的运动变化，便于学生了解事物的发生、发展和变化的全过程及其状态。动静组合运用有利于学生通过动静观察的两条渠道获得对地理现象与事物的全面认识，更好地完成某一学习任务。

第三，图像型与实物型媒体的组合。图像型媒体主要指地理挂图、图片、幻灯、投影、电视、电影、录像、电脑动画等，实物型媒体主要指各种地理实物、标本、模型等，它们都属于直观型媒体，但又各具特点和功能。这两种媒体的组合，可使所表现的地理事物更加形象化、直观化、具体化。如：用幻灯、投影、电影、电视、录像或根据教材内容设计的电脑动画，能表现地理现象、地理事物的图像，可见度好、清晰度高，画面停留的时间、放映的速度可由教师灵活控制，便于教师指导学生观察和讲解，但它与实物型媒体相比，图像型媒体真实感、空间感、立体感较差。如能将两者恰当地组合运用，就可以扬长避短，收到相得益彰的良好效果。

（三）地理教学多媒体课件设计

计算机多媒体是地理教学中使用最多的现代媒体，"地理多媒体课件的设计包括课件内容设计、课件素材制作和课件界面设计，核心是课件内容设计"[①]。

1.地理教学多媒体课件的内容设计

（1）地理多媒体课件内容选择的基本原则

第一，针对性原则。针对性原则指地理多媒体课件的内容要具有选择性，不是所有的地理教学内容都适合用多媒体来呈现，只有那些用黑板、挂图、模型等常规媒体不能充分使学生理解接受的内容才适合用多媒体来呈现。对于那些更适合用真实表现方式，如：地理实物、标本、模型；或学生动手操作方式，如：地理实验来呈现的内容，用多媒体来呈现并不是最佳选择。

第二，科学性原则。科学性原则指地理多媒体课件的内容准确，无科学性错误。科学性原则表现在两个方面：一是指通过多媒体展现的地理景观和分布，引用的地理事实与材料，解释的地理概念与成因，演示的地理过程与演变，揭示的地理规律与原理等都要符合地理科学规律和原理，使学生获得正确的地理知识；二是文字、符号、单位和公式等符合

---

① 黄莉敏．中学地理教学设计——方法·操作·案例 [M]．武汉：华中师范大学出版社，2013：71.

国家标准。

第三，地理性原则。科学性原则指地理多媒体课件的内容要突出地理科学的空间性、区域性特征，具有地理特色。为此，课件设计中要注意多选用反映地理空间位置、空间分布的地图，反映空间运动、空间演变的视频、动画，反映区域特征与区域差异的景观图片，仅有文字的课件是不具有地理性的。

第四，时代性原则。地理教学内容与社会实际是紧密联系的。社会的发展、时代的变迁使一些地理名称、地理数据等发生了变化。地理名称的变化如湖北襄樊市更名为襄阳市等；地理数据的变化如珠峰高度的重新测量等。这些变化应按照教学进度及时反映在课件内容中，让学生紧跟地理科学发展的步伐，触摸时代的脉搏，以体现地理课件的时代特征。

（2）地理多媒体课件内容组织的原则与设计

第一，逻辑性原则。逻辑性原则是指地理多媒体课件的内容应按地理学科的逻辑顺序排列，严格保证知识的系统性和连贯性。对此，一是要注意课件内容应结构完整、层次清晰，可以通过标题的序号体现出来，如：一、（一）、1、（1）、①等；二是要注意课件中的各级标题内容应以课题为中心，围绕课题展开；三是标题下的各种媒体内容，如：知识要点、文字材料、表格、地图、图片、录音、视频、动画应紧扣标题。

第二，可学性原则。可学性原则是指地理多媒体课件内容的组织符合学生的认知规律，由感性知识到理性知识，由具体到抽象，由现象到本质。对此，初中地理课件应遵循地理事实（现象）——地理分布——地理原理（规律、成因）的设计程式。

第三，启发性原则。启发性原则是指地理多媒体课件内容要从地理事实或学生的生活实际出发，引导学生通过观察、思考，得出自己的结论。对此，要注意课件不直接给出结论，而应设计一些观察活动和富于启发性的问题，让学生慢慢地悟出道理和结论来。

第四，巩固性原则。巩固性教学原则在地理多媒体课件设计中的具体体现为：一是要注意表现教学内容与重点的画面镜头要有足够长的停留时间，重要的画面或解说可以进行必要的重复，以便加深理解和记忆；二是每一重要知识点讲完后要有简明的小结，使学生能记牢最重要的结论；三是在教学内容结束后，可安排一定的作业，如：习题、思考、阅读、观察、调查、实验等，使学生在运用知识的过程中巩固知识与训练能力。

（3）地理多媒体课件内容呈现的基本原则

第一，表征多样化原则。地理多媒体课件将地图、图片、声音、文字、动画、视频等多种媒体集于一体，依据所刺激的感官的不同，声音素材通过听觉表征信息，而地图、图片、文字、动画和视频则通过视觉表征信息，分别形成不同类型的表象。多种媒体的组合呈现，不仅可以增加表象的种类和提取的线索，还在不同类型的表象之间建立起了联系。一般有

两种组合方式：一是视觉表征的组合。地图、图片、文字、动画、视频虽然都属于视觉表征，但地图、图片、动画、视频是属于形象具体的画面表征，而文字则属于比较抽象的言语表征。文字一般会造成学习的枯燥感，并导致学生理解的困难。将言语表征和画面表征相结合，既可以激发学生的兴趣，又可以促进学生对文字的理解。二是视觉表征和听觉表征的组合。在地图、图片、文字、动画、视频使学生产生视觉表象的同时，运用声音使学生产生听觉表象，两种表象相互作用，能够加深记忆的痕迹，提高学生学习的效果和效率。

第二，表征优势化原则。表征优势化原则即根据学生不同的认知发展阶段，地理多媒体课件的表征要以不同的方式为主导，初中地理课件一般文字、图形与图像、视频、动画表征方式并重。

2. 地理教学多媒体课件的素材设计

（1）地理多媒体课件的文字设计

第一，文字属性设置的简洁性。课件制作工具为文字的字体、字形、字号等属性设置的多样性提供了技术保证，但教师在地理多媒体课件设计过程中，应该避免过于复杂的文字属性的设置。另外，需要尽量避免使用生僻字，保证课件的易识性，避免加重学生的认知负担。

第二，文字数量的控制。由于学生在既定的时间内接受教学信息的数量是有极限的，这就需要地理教师控制课件页面文字的数量。课件制作工具提供了各种对文字进行设置的功能，在实际的设计过程中可以通过字号、字符间距、行间距、段间距等的设置来控制文本的数量。

第三，文字色彩设置的灵活性。首先，色彩设置的灵活性。只要色彩的设置与课件界面的整体色彩、风格相协调，不分散学生的注意力，可以考虑其色彩设置的多样性。而且可以采用设置不同色彩的方式来突出要强调的重点内容。其次，色彩设置整体风格的一致性。我们强调色彩设置的灵活性，同时也强调色彩设置整体风格的一致性，对于相同章节（模块）或具有相同地位、作用、性质的文本，可以采用统一的色彩风格，这样的设置可以使外观整齐划一。

第四，文字排版的优化。在地理多媒体课件设计过程中，除了要对文字的属性进行设置外，还应该注意把需要强调的文本放置在屏幕的显著位置，注意文字的排版，通过行距、段间距、页边距等的设置来实现排版的优化。

第五，文字强调的技巧。在地理多媒体课件设计的过程中，往往需要对一些重点词语进行强调，需要用不同的功能特性来达到吸引学生注意力的目的。通常情况下，可以通过改变文字的字体、字形、字号、颜色、下划线等方法突出要强调的文字文本，也可以采用自定义动画的方式来对特定文本进行强调，还可以对所呈现的文字添加声效。

（2）地理多媒体课件的图形、图像设计

第一，图形、图像数量的控制。一般而言，在一定的时间和一定的范围内，引起学生注意的点是有限的。因此，在地理多媒体课件设计中，在同一个页面内以及在一定的时间范围内，图形、图像的使用数量必须要有一定的限制；否则就会"过犹不及"，达不到突出重点内容的效果。

第二，图形、图像色彩数量的控制。在地理多媒体课件设计中，为最大限度地降低视觉的疲劳程度，提高视觉的信息获取能力，一个页面中不要使用过多的颜色，容易分散学生的注意力。颜色种类应尽量保持在四种以下为最佳。

第三，注意图形、图像的色彩搭配。在地理多媒体课件设计过程中，如果使用多种颜色，要特别注意选择对比度合适的颜色进行组合。对一些特定的组合，如：红色与蓝色、绿色与蓝色、黄色与蓝色、红色与绿色应尽量避免同时使用。另外，对于多次出现的同一个信息应该尽量设置成同一颜色，保持颜色的一贯性。

第四，图形、图像空间位置的最佳设置。人们在阅读时视线多为从左到右，从上到下。因此，计算机屏幕的左上部分内容是观察频度最高、最容易引人注目的地方，接着是左下部分和右上部分。按照这个原则，在进行图片排版时应该把最重要的内容放在观察频度最高的部位，以达到最佳的效果。

第五，图形、图像与文本信息的配合。在地理多媒体课件设计的过程中，图形、图像信息的呈现和文字信息的呈现要进行合理搭配，"图文匹配"是多媒体课件设计的重要原则。图形、图像信息对于直观、生动地传递教学信息有着文字所不具有的优势，但是有些图片信息仅仅通过对图片本身的观察是无法传递全部信息的，需要用文字对需要重点突出的内容进行提示。

（3）地理多媒体课件的声音设计

第一，区分声音的表现形式。在地理多媒体课件中运用声音素材时，先要对声音的表现形式进行区分，在界定声音表现形式的基础上，考虑具体的处理方式。通常而言，在地理多媒体课件中，声音主要有三种表现形式：解说、音响和配乐。通常情况下，这三种声音相互配合，会产生富有立体感的听觉效果，使画面内容或者主题思想能够得到充分的烘托和渲染。

第二，不同声音素材之间的配合。在地理多媒体课件设计中，有时候用到的声音素材不止一种，这就需要对声音进行处理，不同声音素材之间的配合要把握以下几个方面：首先，要实现声音之间的互相补充，当一种声音元素不能够完全表现内容时，可以考虑转接或增加另一种声音，来补充前一种声音的不足，并和前一种声音共同实现某种效果；其次，应该合理调整声音的长短，声音长短的选择要与画面长短取得一致；最后，需要注意声音的层次，根据声音作用的不同，应该增强主声、弱化伴随声，突出重点，切忌喧宾夺主。

第三，声音节奏和长度的控制。声音具有其自身的节奏，声音与其他素材相互配合又会产生与画面呈现的教学内容相统一的课堂教学信息传播节奏，进而形成多媒体课件的节奏韵律。在设计过程中，一方面，需要考虑声音信息的节奏；另一方面，也需要考虑声音与画面配合之后的教学内容呈现的节奏。在地理多媒体课件中使用声音素材时，需要注意声音长度的控制，提供的声音过长会导致学生的感官疲劳，这样起不到突出重点教学内容的作用。

第四，声音素材与所呈现教学内容基调的配合。声音是具有感情色彩的，不同音乐的感情色彩是不同的。在地理多媒体课件设计过程中，对于声音的问题需要注意把握声音素材与所呈现教学内容基调的配合。悲伤、喜悦、舒缓、宁静等的基调是需要不同的音乐来表征的。

（4）地理多媒体课件的视频、动画设计

第一，视频、动画设计要"去繁就简"。在地理多媒体课件设计的过程中，先要考虑素材的可获取性，视频、动画具有其他媒体形式无法比拟的生动性、形象性、完整性，但是获取适合教学使用的视频、动画素材往往不那么容易。因此，教师在地理多媒体课件设计的过程中，要对素材的可获取性进行判定，对于能够用其他形式的素材呈现的教学内容，完全可以考虑不用视频和动画的形式。

第二，控制视频和动画的长度与使用频率。视频和动画相对于其他媒体形式而言信息量比较大，所以，地理教师在运用的过程中需要对长度和使用频率进行控制，视频和动画长度过长会给学生造成很大的认知负担。

第三，切忌动画过于追求逼真，未能揭示事物本质。一切信息传播包括教学信息传播的本质是使信息接收者的大脑中产生有效且有意义的信号，这种信号是通过刺激人的感官而产生的。动画信息作为一种信息呈现方式，在一定条件下过分的逼真极有可能干扰传播和学习过程，这对于向学习者揭示事物的本质是极为不利的。同时，学生对于细节的过度关注会分散有限的注意力，不利于把精力集中于重点地理教学内容。

第三节 初中地理教学科研与反思能力培养

一、初中地理教学科研能力分析

教师的教育科研能力是在教育教学过程中，从事与教育、教学有关的研究和创造能力。教师的研究大多是结合自己的实践工作对象展开的，是教师在专业工作中自主性和自主能力的最高表现形式。下面，主要从说课能力和评课能力两个方面探讨初中地理教学的科研能力。

（一）地理教学科研能力之说课能力

说课是教师在规定时间内，面对同行或评委，系统地说出对某一节课的教学设计及理论依据的一种教研活动，一般包括说教材、说教法、说学法、说教学程序（怎么教怎么学）四个方面。

1. 说课的特性、原则与作用

（1）说课的特性

第一，说理性。说课不仅要说出"怎样教"，还要说清"为什么这样教"，要让听者不仅知其然，还要知其所以然。说课要求教师从教材教法、学法、教学程序四个方面分别阐述，而且特别强调说出每一部分内容设计的理由，即运用教育学、心理学等教育理论知识去阐明设计的道理。

第二，科学性。课堂教学要求教师以科学的理论为指导，用科学的方法解决教学的矛盾和问题，地理教师必须遵循教学原则去设计教学程序，对教材的处理挖掘及传达程度要具有科学性逻辑性和思想性。

第三，高层次性。由于听课的对象是懂教材、熟业务并具有一定教研水平的领导和教师，因此，说课者要学习先进的教改经验和教学方法，学习有关教育理论，充实说课理论依据，特别是对教材的处理、教法的选择、板书的设计、语言的推敲、要比备课更为精心，教学结构更趋合理。

第四，预见性。说课要求教师不仅讲出怎样教，还要说出学生怎样学。因此，说课者要对所教学生的知识技能、智力水平、学习态度、思想状况、心理特点、非智力因素等方面的差异进行分析，预计学生对新知识的学习会遇到的困难，说出根据不同情况采取相应的措施和解决的办法。说课者还要说出自己设计提问的关键问题，估计学生会如何回答，教师应该怎样处理。

（2）说课的作用

第一，促进教师语言表达能力的提高。语言表达能力是地理教师基本功训练的主要内容之一，在说课过程中要求教师在较短的时间内用较准的语音，简洁、流利生动、富有逻辑性地说出教学全过程的设计思路及意图，这对提高教师的语言表达能力具有不可忽视的作用。

第二，促进教师教学方法的改进。说课是避免课堂上无效劳动的必要环节，是加强课堂教学研讨，促进教师教学方法改进的重要措施。说课为广大教师创设了在同行之间表现各自教学风格的舞台，提供了展示自我教学能力的机会，激发了教师充分发挥自己的聪明才智，最大限度地调动了教师钻研业务的积极性，促使教师以教育理论为指导，以课标为依据，根据教材内容和学生实际，正确、灵活地选择教学方法，科学、合理地安排课堂教学程序，使其教学设计符合教学原则，符合学生的认知规律，避免了课堂教学的随意性、盲目性，为扎扎实实提高教学质量奠定了可靠基础。

第三，促进教师备课质量的提高。说课的一个重要特征是要说"理"，也就是理论根据。说课不仅要说出怎样教，更要说出这样教的理论依据。因此，说课者设计每一步教学程序都应蕴含一定的教育思想教学原则，从而保证课堂教学设计的科学性，达到优化教学过程的目的。此外，通过说课，教师把个人的备课置身于集体的监督之下，置身于一个较高层次的衡量标准之中，教师要使备课得到高标准的认可，必然进行深层次的钻研，使备课的内容理性化、科学化。可见，备课是说课的基础，说课是备课的提高。

第四，促进教师专业化成长。说课要求教师不仅要说出教的内容，还要说出这样教的原因，这就要求地理教师不仅要有一定的专业文化知识，而且必须具有正确的教育思想和较高的教育教学理论水平，因此，通过说课可以促进教师自觉研究教育理论，研究课程标准、教材或课程目标，使教师由经验型向理论型转变，实现由感性认识到理性认识的飞越，达到由理性认识向创造性认识升华的境界，从而提高教师素质，最终促进地理教师专业化成长。

（3）说课的原则

第一，科学性原则。科学性原则是地理教学应遵循的基本原则，也是说课应遵循的基本原则，它是保证说课质量的前提和基础。说课设计要科学合理，内容详略得当，语言简练准确。

第二，理论性原则。说课是教学与研究相结合的活动，所说的内容是教学设想和理论依据，因而必须说理精辟，能灵活运用学科理论、现代教育教学理论及心理学理论，做到理论与实践的高度统一，它是说课活动的灵魂。

第三，可行性原则。整个说课过程要切实可行，具有较强的可操作性，方具有实用价值。地理教学设计是否可行，关键在于是否从学生的实际出发，可行性是说课活动的核心。

第四，创造性原则。说课是深层次的教学研究活动，在说课中应注意既要有自己的独到之处，有鲜明的个性特色和学科特色，又要以不断发现新问题、解决新问题，使说课活动保持"新鲜"，创造性是说课活动的生命线。

2. 说课与备课、讲课的区别

（1）说课与备课的区别

第一，内容不同。备课主要解决"怎样，上好这一节课"的问题，而说课不仅要解决"怎样上好这一节课"的问题，而且主要回答"为什么要教这些内容和为什么这么教"的问题，重在说理。备课的思维活动是隐性的，说课则把教师的隐性思维活动变为显性过程。

第二，形式不同。备课主要是个体的静态活动，而说课是由说课者与评说者共同参与的教师群体的动态活动。备课侧重于实际操作，说课侧重于理性思考。

第三，作用不同。备课主要是教师个人的钻研，其成果体现在教案中；而说课则通过说课者的口头表述，不仅要阐述教学思想、教学设计意图、教法和学法，而且要阐述其理论依据。说课可以使备课过程更加理性化。另外，说课还通过评说者的集体评议，肯定成功之处，指出其不足，提出改进意见，从而提高课堂教学质量和教师的教学素质。

（2）说课与上课的区别

第一，性质和对象不同。上课是具体的施教过程，是教师与学生之间的教与学的双边活动，其对象是学生；而说课则是教师同行之间开展的一种教学研究活动，其对象是同行教师、评议者教学专家等。

第二，解决的问题不同。上课主要是解决教什么和怎样教的问题，内容上侧重于知识的传授、技能技巧的演练指导；而"说课"不仅要解决教的内容，怎样教的问题，更重要的是说出这样教的依据，内容上侧重于理论论述。

第三，表现方式不同。上课的内容是面对学生施教并指导学生学习，让学生掌握具体的知识和技能，同时学习一定的学习方法；而说课则是阐述自己的教学构想，说明自己如何教学生怎么学，并进行科学论述。所以，在说课的内容中，理论依据的说明占相当大的比重，这也正是说课的"说理性"所在。

第四，时间限制不同。上课必须在课堂中进行并有严格的时间限制，上课的时间一般是法定时间，而说课则可以在任何地方进行，虽也有时间限制，但相对比较灵活。说课的

时间一般可选择 15 分钟，在这段时间中说课者要用精练的、浓缩的语言说完 45 分钟课堂教学的全过程及其理论依据。

（3）说课与备课、上课之间的联系。从某种角度讲，备课是说课、上课的前提和基础，备课结果直接决定着说课、上课的效果，而说课、上课是备课结果的表述和检验，是把备课成果付诸实践的两个侧面。说课注重于对教学内容的分析，上课则是把教学任务付诸实施，通过说课，可以使备课、上课所要传授的内容更具科学性、计划性，更加理性化，从而提高上课的质量。

3. 初中地理教学中说课内容

在说课开始时，地理教师（即说课者）应先报姓名、单位等一些有关的状况，再报出课题，课题所选用的教材，适用于哪个年级，整个说课分几个部分等，然后进入正题。

（1）说地理教材

第一，说教材的地位与作用。主要是介绍这段地理教学内容是在学生学了哪部分知识基础上进行的；是前面所学的哪些知识的应用，又是后面学习哪些知识的基础；它在整个知识系统中所处的地位；它在学生的知识、能力方面有哪些重要作用，对将来的学习还会有怎样的影响；等等。

第二，说教学目标的确定。教学目标是教学设计所确定该课教学所要达到的目标，它对课堂一切教学活动起到宏观的调控作用，也是对课堂教学评价的重要依据。说教学目标要根据新的地理课程标准，主要从知识目标、能力目标和情感态度、价值观目标等方面考虑。说教学目标，尽量切实可行又可检测，尽量用行为动词表达。在说地理教学目标时，不仅要说具体的目标，而且要说确定这些目标的理论依据。

第三，说教材重点、难点的确定。教材重点是教材内容表现出来的地理事物的内在联系或本质，是教师认为教学中需要着力讲解或讨论的部分，其确定的依据要从课程标准、教学目标、学生的基础和年龄等方面而言明。地理教学难点的依据，要从造成学生难懂的原因而言明，造成学生难懂的原因一般有两种：一种是教材内容较深或概念比较抽象；另一种是学生缺乏这方面的感性认识或基础知识。有时难点和重点重合，如果难点属于教材内容的次要部分，则要说出教学时对难点的突破办法、占用时间等。

第四，说教材的处理。教材处理是教学过程中，教师对教学内容（包括知识、技能、方法、观点等），由书面文字形式加工、转化为课堂教学"导"的形式的创造性行为。说教材处理应说教材内容的取舍和重点的选择，说出如何依据教学目标的要求、教材特点和学生实际，确定哪些内容应总结概括，哪些内容须解释发挥，哪里须详讲，哪里须略讲，以及这样处理的理由等。地理教材处理是否恰当，是地理教师教学能力和水平的综合反映。

在地理教材处理过程中，要体现教师驾驭教材的能力，要有创造性，既不要依赖教材，又要符合教学各方面的具体要求。

（2）说地理教学方法

第一，说教法选择及其依据。地理教法的选择，一要考虑能否取得最佳效果，二要考虑师生的劳动付出是否最少。选择教法时，一定要遵循教有方法、教无定法、贵在得法的原则。一般一节课以一两种教法为主，穿插渗透其他教法。一旦确定了教学方法，就应该介绍采用这种方法的原因，在具体的课堂教学中，通过怎样的途径有效运用这些教学方法，预计达到怎样的效果，运用此教法应注意哪些问题，自己的改进意见和创新点在哪里等。

第二，说教学手段及其依据。教学手段是师生为实现预期的教学目的，开展教学活动、相互传递信息的工具媒体或设备。选择地理教学手段时，要考虑目的性、实用性、可操作性、新颖性。对教学手段的选择，一忌教具过多使用过频，使课堂教学变成教具的展览；二忌教学手段过简，不能反映地理课的特点；三忌教学手段流于形式，对教学重点、难点的突破不能起帮助作用。说选择教学手段的依据，一般从教学目标、教材内容、学生年龄、学校设备、主要教具的功能等方面做出阐释。

（3）说地理学法指导

学法就是学生学习地理知识与技能的方法。学法指导就是通过教学，将指导学生学会怎样的学习方法，培养哪些能力。学生学习时，可能会出现哪些思维结果，有哪些思维定式需要克服，如何使学生真正变成学习的主人，让学生不仅学会，而且会学。科学的学法指导，是智能发展目标得以实施的重要途径。地理课的学法，主要包括学习地理感性知识的观察方法，掌握地理理性知识的逻辑方法，再现与保持的记忆方法、学习地理图表技能的方法和运用地理知识解决问题的方法等。学法指导的依据，可以从智能发展目标、学生基础和年龄特征，教学选择与教学手段等方面说明。

（4）说地理教学程序

第一，说教学思路设计及其依据。教学思路主要包括各教学环节的时序安排及其内部结构，这是说课更为具体的内容。合理安排教学程序、优化教学流程，是教学成功的基本保证。说地理教学程序设计，一般先说课型，确定课型后，再说明准备安排哪些教学环节，各环节的进行步骤、主要内容等。如导言设计，这样"导入"有哪些好处，效果如何。说内容结构时，要说本节课内容分几个段落，各段落讲、练怎么安排，如何提问和组织讨论，如何促进学生积极思维，分段落的教学如何形成高潮，高潮以后如何"调节"，各教学环节之间如何过渡，最后又怎样结束等。

整个地理教学思路要层次分明，富有启发性，教学结构力求优化，能体现教师的主导作用和学生的主体作用。教学思路设计是地理教师的创造性思维活动，能体现教师的能力和水平，反映教师的教学技巧，它直接影响教学目标的实现，直接影响学生能力的培养和教学质量的提高。教学思路设计的依据要联系教法学法、教学手段、学生的认知规律等方面加以说明。说教学程序时要把地理教学过程说清楚，但并不等同于课堂教学实录。对于重点环节，诸如运用怎样的教学方法突破重点、难点要细说，一般环节的内容则可少说。尽量避免教师问、估计学生答，教师又问、估计学生又会答，这种流水账式的说课方式。

第二，说板书设计及其依据。说板书设计，主要介绍这堂地理课的板书类型是纲要式、图解式，还是表解式等；板书的时间，具体内容是有哪些，如何使用黑板，如何使用彩色粉笔；等等。板书设计要注意地理知识的科学性与系统性，文字要准确、精练、醒目。好的板书内容能系统反映教师讲授的主要内容和教学思路，并借此启迪学生的学习思路，是接通师生思路的"媒介"，板书接通了全部信息的关键点，是全课的纲要，见板书而知其教学内容和功效。板书设计也是教师基本功的一项反映，是教师素质和能力的体现。说课前应将板书设计好，说课时展示给评委或同行。对板书设计的依据可从教学内容、教学方法、教师本身特点等方面加以阐释。

（二）地理教学科研能力之评课能力

评课是对课堂教学的成败得失及其原因做切实中肯的分析和评价，并能从教育理论的高度对一些现象做出正确的解释，评课是一门艺术、一门学问，如何评好课，直接关系到地理教师今后的工作与学习方向。

1. 评课的特性、原则与作用

（1）评课的特性

第一，综合性。评课的综合性主要体现在评课广泛涉及许多相关学科的基本原理和方法，涵盖面广、综合性强，特别要求评课者在评课中要综合运用新"三论"（课程论、教学论、学习论）的主要观点，对教师课堂教学行为和结果做出恰如其分的科学评价。依据课程论剖析教师处理教材的能力，依据教学论评价教师如何教，依据学习论评价教师如何导学。

第二，实践性。评课是一种理论性很强的教育实践活动，评课的实践性突出表现在评课教师的主导性、评课对象的能动性、评课内容的真实性、评课标准的科学性和评课方案的可行性等方面。要求评课者要抓住课堂教学这一实践环节，紧紧围绕"如何教"，着重评价教师在教学过程中所进行的教学设计、教法选择和教学效果。

第三，科学性。评课是对教师课堂教学活动的综合评价，是一种学术性很强的教研活动，也是一门理论性很强的科学。评课的科学性突出表现在评课者对教学规律认知理解的深度和掌握运用的程度上。由于教学规律隐含在教学过程中，体现在授课教师对教学方法选择应用的灵活度上，因此，评课的科学性要求评课者要着重评价教师在教学过程中所选用的各种教学方法的理论依据和实际效果。

第四，发展性。随着社会的不断进步和教育的快速发展，尤其是教育科技的日新月异，教材教法的不断更新，评课内容会更加丰富，评课理论会更加完善，因此，评课理论必须与时俱进，不断创新和发展。

（2）评课的原则

第一，实事求是原则。实事求是就是要求评课者能实话实说。评课对执教者和其他与会者都是一个学习借鉴的机会，只有本着客观公正、实事求是的原则，评课才有实际的意义，当然实话实说也应讲究方法和策略，讲究谈话的艺术。评课者要掌握心理学理论，掌握"谈话"策略。对于成功的方面要懂得赞赏，对于不足之处要从探讨帮助、促进的角度去考虑。

第二，科学性原则。在进行教学评价时，不能只靠经验和直感，而应依靠科学。也就是说，从评估指标的设计，到评估方法和手段的选用乃至评估结论的分析，都应当是科学的。评估指标的设计要符合课程标准的要求和教育学、心理学的基本原则，要体现现代地理教学论思想对教学过程的要求，同时也应符合学校的实际情况。评估的方式应采取绝对与相对、定性与定量相结合的方法，评估的结论应在定性的基础上量化，力求有较高的信度和效度。

第三，地理性原则。地理性原则即要突出地理教师的特殊要求，如：随手作图的能力，课堂教学中地理图表的运用能力，地理教具的研究制作情况，培养学生对地理学科的兴趣爱好，以及地理语言等方面。

第四，可行性原则。制定教学评价目标时，要从实际出发，评估的方式既要简单易行、便于操作，又要反映出地理教师的实际水平。评估指标不应贪多求全，应从构成地理教学过程的诸因素中，选取占主导地位的，有决定性意义的因素，用精练准确的、可评可测的语句进行表述。对可定量测定的项目要实行量化计分，对可分级比较的项目要进行定性分级，对一时难以计分定级的模糊项目，也应本着模糊中求准确的原则，进行较为准确的评价。

第五，激励性原则。评课的目的之一就是要激励执教者，特别是青年地理教师尽快成长，成为课堂教学直至课程改革的中坚力量。

第六，差异性原则。因听课、评课的目的不同，评课也要有一定的区别和特色。

一是对评优课的评议，应突出一个"严"字，倡导一个"学"字。即采用地理课堂评

课标准，从严要求，在分析对比中选优，在选优中总结教学经验。将评优与推广先进的教学经验结合起来，推动地理教学改革的发展。评优课不仅仅具有评比竞赛、激励的功能，更重要的它还是一种导向，对当前教学改革发展的方向起着重要的示范作用。因此，坚持评优课的正确方向和科学标准，重视课后的分析评议是不容忽视的问题。

二是对教改观摩课的评议，应突出一个"研"字，倡导一个"争"字。评课时要紧紧围绕教改的主题，畅所欲言，充分肯定其成绩经验，认真分析其问题不足。观摩课的评议要从执教教师的特长而进行。如：观摩地理课上地图的运用，比较法的运用，填图作业的指导，分析能力的培养，以及地理概念、观念的形成等教学情况。

三是对年轻教师的评议，应突出一个"导"字，倡导一个"帮"字。新教师讲课，由于缺乏教学经验，或对地理教材吃不透，讲课中往往存在问题较多，需要理解、疏导、帮助。评课时，一要支持，二要保护，三要扶持，以利于年青地理教师及时纠偏，不断提高教学能力。

四是对检查了解的评议，应突出一个"实"字，倡导一个"促"字。评课时一定要实事求是，有一说一，有二说二，成绩说够，缺点说透。

（3）评课的作用

第一，研究作用。在优化地理课堂教学过程中，有许多问题值得探索和研究。例如，如何正确地处理教材，如何在地理课堂教学中培养学生各种地理智能，如何让现代化教学手段在地理课堂中得到充分合理的应用等。这些问题均可通过评价，人员在对地理课堂教学的分析、探讨中取得较为一致的认识，寻找出新的研究起点。

第二，激励作用。地理课堂教学评价，是以现代教育教学理念，现代课堂教学观为依据，运用可操作的科学手段，评价主体按照一定的价值标准，对地理课堂教学的各个要素及其发展变化进行价值判断的过程。地理课堂教学评价的实施可以为被评者设计教学改进教学，激励其进行创造性的教学提供依据。

第三，交流作用。通过评议，既能了解别人的工作过程，也能把握自己的教学情况，相互交流、相互沟通，共同探索优化教学的途径和方法，概括出带有普遍性规律的地理教学经验，用以指导地理课堂教学，提高课堂教学的质量。

第四，改进作用。在评课活动中，评课者按评课标准逐项对照可获得众多的反馈信息，发现教学中存在的不足，从而明确改进地理教学的方向。

第五，管理作用。通过对地理课堂教学评价，有助于教学管理部门了解地理课堂教学现状，以便做出合乎教学实际的决策，推广先进经验，纠正地理课堂教学中存在的问题等，有助于提高地理教师的整体水平。

2. 评课前的准备与评课方式

（1）评课前的准备

第一，认真听课，并记录听课时的第一手材料。听课做记录有两种形式：一种是实录型，这种形式如同录音机一样，如实地记录课堂教学的全过程，这种记录方式一般不可取，因为听者记得多想得就少；另一种是选择型，选择某一侧面或某些问题，而选择记录内容的依据是根据听课者的需要，如：授课者的优势、所在课堂的特色、存在的问题等。

第二，从记录的材料中，思考评课时应点评的内容。任何一种课，评课者都应从教的角度去看待授课者的优势、特色、风格、须改进的地方、须商讨的问题，更应从学的角度去看待主体发挥程度、学习效果和学生的可持续学习情况、学生思维的活跃性、学生活动的创造性等。

第三，倾听授课教师的自评，做出对点评内容的取舍。评课者为了达到评课的目的，一定要学会察言观色、学会倾听其自评，从而做出判断，做出点评内容的取舍。评无定法，评课也无法用条条框框的标准准确量化。只有评课者与授课者达成一致，点评内容才能落到实处。

（2）评课的方式

①先说优点或是值得学习的地方，再提出研讨的问题，这种形式比较多见，良好的开端是点评成功的一半；②先谈须研讨商榷的问题，再把优点加以点评，这种点评开门见山、有针对性，但一定要注意指出问题的数量不要太多，抓住主要矛盾即可；③在每一条"优点"中，再重新加以设计、提出改进方向，以求更好，这种评课方式要注意让听者思路清晰，因此，需要有一定的语言组织能力；④评者只谈体会，不直接谈优点和不足，评者通过富有哲理的体会，给授课者留下思考、留下启迪，或激励赞扬、或蕴含希望，这种点评层次较高，需要具有一定的教学理论功底，须因人而异。

3. 初中地理教学中评课内容

（1）评教学目标

首先，从地理教学目标制定来看，是否全面具体、适宜。全面，指能从知识与技能、过程与方法、情感态度与价值观等方面来确定；具体，指知识目标要有量化要求，能力、思想情感目标要有明确要求，体现学科特点；适宜，指确定的教学目标，能以课标为指导，体现教材特点，符合学生实际年龄和认识规律，难易适合。其次，从目标达成来看，地理教学目标是不是明确地体现在每一教学环节中，教学手段是否都紧密地围绕目标，为实现目标服务。同时，要看课堂上是否尽快地接触重点内容，重点内容的教学时间是否得到保证，重点知识和技能是否得到巩固和强化。

第一，对知识与技能方面的评价。学生通过学习是否达到识记、理解、应用；通过练习、训练学生能否按程序完成某项任务；是否能熟练使用某种工具。

第二，对过程与方法方面的评价。在地理教学中学生是否经历探究解决某个问题的过程；是否应用、领会、掌握某种解决问题的方法。

第三，对情感、态度和价值观方面的评价。地理教学过程中学生能否主动参与、积极反应；学习过程是否身心愉悦；能否将具体的现象行为与一定的价值标准相联系。

（2）评教师的教

第一，评教师对教材的处理。首先，要看地理教师能否根据学生的学情对教材进行精心组织与处理，使教材成为学习过程的重要（不是唯一）资源；能否恰当地补充教学材料，能否把当时、当地及学生身边的事例、现象巧妙地引入到教学中；是否加强了方法、应用、探究等方面的内容以及学科间的整合和综合。其次，要看地理教学程序是否科学；教材体系及知识体系是否把握准确、教学重点是否突出、教学难点是否突破、内容取舍是否妥当。最后，要看是否全面完成地理教学任务，培养和发展了学生的思维能力，使教材系统转化为教学系统。

第二，评教师是否科学地选择有效地理教学策略。教学策略是在教学目标确定以后，根据已定的教学任务和学生的特征，有针对性地选择与组合相关的教学内容、教学组织形式、教学方法和技术，形成具有效率意义的特定的教学方案。地理教学过程中有效的策略一般具有以下特点：

一是教学互动，能创设愉悦的课堂氛围。在地理课堂教学中，注重师生互动、生生互动，教师积极创设学生学习的情境，确保学生有更多的时间思考提问和讨论、主动参与教学活动，学生能在愉快的课堂氛围中获得地理知识和技能。

二是教学起点问题化、兴趣化。地理教学中，教师要善于挖掘教材内在吸引力，或以生动、形象的语言，描述绚丽多姿的地理事物和现象；或采用直观手段，在学生面前展示无奇不有的大千世界；或创造地理意境，把学生带入想象的"王国"中探索，激发学生的学习兴趣。

三是教学过程活动化。要体现"教师为主导、学生为主体"的课程理念，教学过程中就要依据教材内容适时地开展各种活动，地理教学过程中的活动方式主要有地理游戏活动，如：地理拼图、地理辩论赛、地理问题的探究性活动、地理实验活动等。

四是教学文字内容图像化，图像内容简单化。地理图、表是地理教学中一种直观性的教具，能帮助学生在课堂上感知宏大的地理环境中复杂地理事物现象、地理景观和地理演变过程，开阔视野。学生通过阅读图、表可以"发现"图、表本身所承载的新知识，并从中挖掘更深的内涵，完善教师在课堂上的各种设问。因此，在评价教师利用图表进行地理教学时，要看教师是否能将文字描述的内容转为实物图像演示；能否将复杂图像内容简单化，以便学生从中掌握知识的原理或规律；能否根据知识的因果关系，绘制纲要图或关系图，以方便学生对所学知识体系的理解；能否将抽象知识图示化等。

第三，评教师的教学程序是否合理。教学目标是通过教学程序完成的。教学目标能不能实现，要看地理教师教学程序的设计和实践是否科学。教学程序评价包括两个方面：①看教学思路设计。教学思路是地理教师上课的脉络和主线，它是根据教学内容和学生水平两个方面的实际情况设计出来的，它包括内容的选择、环节的过渡、详略的安排、讲练的设计等。为此，评教学思路，一要看地理教学思路设计是否清晰，是否符合教材和学生实际；二要看地理教学思路的设计是否有一定的独创性，能不能给学生以新鲜的感受；三要看地理教师在课堂上的调控和应变，看实际效果如何。②看现代化教学手段的运用。现代化教学呼唤现代化教育手段，因此，评课时既要看地理教师教学方法与手段的运用，又要注意教师是否能适时适当地使用现代化教学手段。

第四，评教师的教学基本功。教学基本功是教师上好课的重要因素，通常，地理教师的教学基本功包括以下几个方面的内容：①普通话。语言清晰简练生动、形象，能感染学生；语义准确、逻辑性强、无歧义。语气富有感情，语调快慢适度，抑扬顿挫，富于变化。②教态。亲切、庄重、自然，有亲和力。教师课堂上的教态应该是明朗、快活、庄重，富有感染力的。体现在仪表端庄，举止从容，态度热情，热爱学生，师生情感融洽。③板书。设计科学合理，言简意赅，条理性强，字迹工整。④学科专业技能娴熟。如：地理的板图、板画，运用地图的能力等。⑤应变能力。具体体现在对突发事件的处理和教学事故的处理、教学计划的调整和教学结构的重组。⑥多媒体的运用。在评价的时候最主要看它的实效性到底怎样，是否在教学过程中发挥了它应有的功效。⑦评价。教师对学生的学习行为能进行客观有效、恰当的评价，并且这种评价能起到鼓励、调动、给学生以自信、促进学生思维、激发学生学习欲望的作用。

（3）评学生的学

第一，学生的学习心境是否愉快。事实上，一节课自始至终都让学生保持愉快的学习心境是有一定难度的，学生往往是在学习探究的前阶段表现比较好，然后便呈下降趋势，这时候需要经过教师的信号刺激，才会有所改变。因此，地理教师在组织教学的过程中，除了要不断激发学生的学习兴趣之外，还要适时地对学生进行鼓励，让学生有一种满足感，以保持一种良好的学习心境。

第二，学生是否积极参与学习过程。积极参与学习活动表现在能认真聆听，积极思考，大胆表达自己的见解，敢于质疑问题，积极动手实验，主动和同学协作学习。

第三，学生参与学习活动的广度如何。学生参与学习活动的人数是少数还是多数；参与学习活动的方式是否多样化，如：小组讨论、合作学习探究学习；学生参与学习活动的时间是否适度。

第四，学生的合作学习、探究学习是否有效。在合作学习中有明确的责任分工，同伴之间有良好的沟通，有较强的集体责任感。在探究学习中，学生能从所给情境中独立、自主地发现问题，通过实验、操作、调查、信息收集与处理、交流等活动，经历探究过程，获得知识、提高技能、掌握解决问题的方法，获得情感体验。

（4）评教学效果。教学效果的评价要结合实际的教学条件和学生的实际情况，一堂课的评价不应与整体的教学效果相分离。对地理教学效果的评价可以从以下几个方面着手：①教学目标达成的情况。看学生知识的增长、学习方法的获得、技能的训练、智力的发展、情感的陶冶、意志的锻炼，以及思想方法、道德信念和价值观的形成等方面的收获。②学生学习的品质情况。学习情绪是否高涨，学习态度是否积极等。③学生学习的可持续发展情况。在地理学习中获得了多少激励和满足；学习的信心和能力有无得到增强；学生的个性有没有得到张扬；学生健全的人格有没有得到培养。④学生能力培养的情况。在评课过程中，还要注意考察教师对学生能力培养的情况。在具体实践中，要注意地理教师在教学过程中，是否为学生创设了良好的问题情境，强化了问题意识，激发了学生的求知欲；是否注意挖掘学生内在的因素，并加以引导、鼓励；是否注重培养学生良好的思维习惯，教会学生从多方面思考问题，多角度解决问题的方法等。

二、初中地理教学反思能力培养

要想成为一名优秀的地理教师，除了具备一定的教学经验外，还必须具备不断反思的意识和能力，这样才能使自己与时俱进，才能为自己树立更高更远的目标，向教学艺术的殿堂迈进。教学反思是教师以自己的教学活动为思考对象，对自己所做出的行为、决策以及由此产生的结果进行审视和分析的过程，是一种通过提高自我觉察水平来促进能力发展的途径。教学反思既可以是对一堂课的反思，也可以是对教学中的一个片段、一种方法、一项活动的反思。对地理教师而言，反思是一种思维方式、一种学习方法和一种研究方法。

教学反思是地理教师进行教学创新的原动力，通过教学反思，既能丰富教师的教学经验，强化自我监控意识；又能使教师捕捉到教学中的灵感，进行教学创新。能否坚持对自己的教学行为进行反思，是一个教师进取心、责任心、勇气和意志力的表现，是教师能否在教学实践中运用好教学新理念的决定因素。教学反思是地理教师专业发展和自我成长的核心因素，教学反思是一种有益的思维活动和再学习方式，每一位教师的成长都离不开教学反思。地理教学反思可以激活教师的教学智慧，探索教材内容呈现的新方式，构建师生互动新机制及学生学习的新方式，它是地理教师专业发展的重要基础，对地理教师形成自我反思的意识和自我监控能力有非常重要的作用。

（一）地理教学反思功能与原则

1.地理教学反思功能

教学反思是地理教学工作中一种常用的提高教学水平的方法，地理教学反思功能如下：

（1）促进教与学的互动。教学反思使教师"学会教学"，同时也"学习如何教学"。在地理教学中，要通过师生间良好的交往与和谐互动，努力创设一种健康的、富有创建性的、能体现平等与关爱的课堂教学氛围，以情境—活动—反馈的程序，设计课堂中的探究活动、小组合作学习等互动活动，充分发挥学生学习的自主性、主动性和创造性。通过反思可以激活地理教师的教学智慧，不断提高教师自身教学的创新能力，并主动探索对教材内容的表达方式。教学反思是构建师生和谐互动机制及实施教学的有效方法。

（2）提高教师解决问题的能力。教学反思不仅能促进地理教师分析问题、解决问题能力的提升，而且能促进教师从掌握方法的高度去探求课堂教学改革的新思路，创建能满足学生主动学习与能力发展需要的学习场所，从而提高学生分析、解决问题的能力。不同学生、班级、学校之间存在一定的差异，这些都需要地理教师充分发挥其解决问题的能力，即在新的教育情境下运用所学知识分析问题并做出决策，进行科学、大胆的教学实践。

（3）提高教师的教学水平。教学反思从表面上看是一种个体的活动，但反思的过程却需要依赖一个合作的群体的支持。没有同事的互动合作研讨的新课程实验是不可想象的，在这一合作过程中，每个参与者在提供自己独特的教学经验的同时，也从同伴的交流互动中学到他人的宝贵经验，这样既提高了地理教师个人的教学水平，又通过个体水平的提高促进了学校整体教学水平的提高。

（4）促进教师的自我完善。教学反思是一种教育教学常态下，地理教师应当具备的内在的自省、自纠、自励行为。反思过程的本质体现在教师总是处在持续发展的过程之中，因为教师在反思过程中具有双重角色，既是欣赏者，又是批评者。地理教师需要把自己的观念和实践看作是需要被不断审查的对象，在教学行动之后，不断地寻找机会，用积极而有效的自省过程回顾自己的记忆、经历和教学行为。

2.地理教学反思原则

教师是否善于对教学问题进行反思，已成为衡量优秀教师的一条重要标准，地理教师

是课程实施的参与者、建设者和开发者，要需要不断地总结，不断地反思，不断地改进，不断地创造，而教学反思正是使地理教师总结、反思、创造的有效方法。地理教学反思遵循的主要原则如下：

（1）课前预设性反思原则。地理教学前进行反思，才能使教学成为一种有目的、有组织、有意义的实践活动，并能有效提高教师教学的预测能力和分析能力。地理教师在教学前必须充分地了解学生已有的知识经验，对自己的教案及设计思路进行精心预设，备课标、备教材、备学生、备教法、备学法、备资料、备练习、备可能出现的意外等。这既有利于教师审视自己的教学设计，查漏补缺，吸收和内化，更是教师关注学生，以"学生为本"理念的体现。反思成功预设就是将达到预设目的、引起教学共振的做法，如：巧妙的新课导入、形象贴切的比喻、合理的时间分配、机智灵活的回答、典型新颖的案例、默契的合作交流、精辟的归纳概括、完美的课堂小结等精彩片段回放、记录，以备后用，改进提高。

（2）课中监控性反思原则。地理教学中的反思具有监控性，能使课堂教学减少遗憾，使教学高质、高效地进行，并有助于提高教师的教学调控能力和应变能力。课堂教学是一个复杂、动态的过程，这就需要地理教师具有较强的应变能力，能及时反思自己的教学行为，时刻关注学生的学习过程，关注所使用的方法和手段，善于捕捉教学中的灵感，及时调整教学策略，顺应学生发展的需要，以达到最佳的教学效果。因此，地理教师要善于倾听学生的意见，及时了解学生的困惑；要善于抓住契机，形成生动活泼的、主动而富有个性的学习活动。在地理课堂教学中，课中反思表现为地理教师自我检查、自我强化，而这一过程又是通过"问题—尝试—反思—新问题—调整—反思"得以展开和实现的，贯穿始终的是教师的"反思"。

（3）课后批判性反思原则。地理课后反思具有批判性，能使教学经验理论化，并有助于提高教师的教学总结能力和评价能力。课前精心预设固然重要，但教然后而知不足。课后的反思经过教师对教学过程全面回顾、分析、反思，找到实际与预设的差距，最后进行必要的归纳取舍，将原预设修改完善，扬长避短，精益求精，使课堂教学走上高效循环之路。经常性的课后反思是教师责任心的具体表现，是地理教师课堂教学自我反馈的一种好形式，更重要的是它还有利于进一步提高备课的质量，使教学内容更全面、教学设计更合理；有利于加强教学的针对性，及时发现问题，查漏补缺；有利于教师积累教学经验，提高教学水平。地理课后反思应该从以下五个方面进行：

第一，教材的创造性使用。地理教师对教材使用的反思，主要从教学有没有被教材所束缚，学生是否获取了教材以外的知识，学生的知识视野有没有拓宽，教学有没有开发身边的教学资源等方面进行反思。在有创造性地使用教材的地方，将创新内容在课后反思中加以记录，既积累经验，又为教材的使用提供合理的建议，使教师、教材和学生成为课程中和谐的统一体。

第二，学生学习方式的改变。成功的教育者，必须根据学生的个性特长、禀赋优点，因材施教，因人施教，因类施教，充分发挥学生的个性特长，让每一个学生都有施展才能的天地与机会。地理教学必须以实施新的教学方式为突破口，以改变学生的学习方式为出发点，以培养学生的创新精神和实践能力为核心。地理教师反思学生学习方式的改变，主要从学生在每一个环节是否都是活动的主体，是否为学生创设自主学习、合作与交流、探讨与争论的学习氛围与平台，学生团队精神和个人成就感是否得到培养，是否为学生设置探索新知识的环节和让学生主动亲历探究过程的学习平台等方面进行反思。只有关注学生学习方式的转变，才能真正实现教学以学生为中心的教育理念。

第三，教学媒体的使用效果。成功的多媒体运用有利于学生展开联想，将原来难以观察、体验的知识或现象让学生直观感受，将静态的对象变为动态发展的对象，并留给学生探究和交流的机会。地理教师反思教学媒体的使用效果，主要从教学媒体的选择是否有利于师生间心灵的对话与交流，是否有利于学生思维的发散和拓展，是否有利于学生创新思维的培养，是否有利于学生读图分析能力、绘图能力的提高等方面进行反思。

第四，教学中学生的见解。在地理教学过程中，学生是学习的主体，教师应充分肯定学生在课堂上提出的一些独到见解。课后，地理教师也应常交流课堂教学中学生所表现出来的值得赞赏的地方，共同分享其中的喜悦。这种源于学生对文本的独到见解，源于学生精神世界的独特感受，是一种无比丰富的课程资源。地理教师对其要加以赞赏和激励，帮助学生悦纳自己，感受自尊和成功的喜悦，同时也是对课堂教学的补充和完善。将这些精彩之处记录下来，为今后的教学奠定基础。

第五，再教设想。一节地理课后，经过对课前预设、教学败笔之处、教学方法、教学机智、学生表现、媒体运用、板书设计、习题设计等方面的全面回顾、反思，及时记录这些方面的得失，并进行必要归类与取舍，考虑下次讲授同一内容时应如何进行修改完善，写出"再教设计方案"。这样可以做到精益求精，使自身的教学水平提高到一个新的境界和高度。教学反思贵在及时和坚持，地理教师要能在教学中不断地反思，做到兼收并蓄，不断提高自己的教学水平和科研能力，帮助自身不断地成长。

（二）地理教学反思能力的体现

1. 地理教学反思的过程

（1）发现问题。地理教师要关注教学中的问题，并从学校环境、课程、学生、教师本身等方面收集有关资料。教研组或备课组老师在合作中也可以帮助教师发现问题所在。教研组教师的集体备课，有利于教师发现课程实施中存在的问题。

（2）分析问题。地理教师分析收集到的相关资料，特别是关于自己教育教学活动的信息，以旁观者的眼光来审视自己的思想观念、行为，形成对问题的表征的认识，明确问题的根源所在。如：地理教师发现学生自学能力较差，他可能就会从自己备课、学生现有水平、教学活动的设计去分析。也可以寻求同事帮助，让同一学科组的教师进行探讨，或者向专家请教等。

（3）确立假设。明确问题后，地理教师开始在已有的知识结构中，搜寻与当前问题相似或相关的信息，以建立解决问题的假设性方案。教师重新审视自己的教学理念与教学策略，换个角度来思考问题，积极寻求新的有效教学策略与方法，来解决面临的新问题。这种解决问题的研究过程，有助于教师创造性思维能力的提高。如针对学生自学能力较差，地理教师确定假设：①激发学生学习地理的兴趣。通过地理奇趣，星座名称的神话故事，动态多媒体课件演示等激发学习兴趣。②帮助学生掌握地理学习的方法。如：指导学生阅读地理教科书，指导学生记课堂笔记，指导学生科学安排学习时间等。

（4）验证假设。考虑了每种行动的效果后，地理教师对反思后采取的解决问题的方案实施验证，结束第一次反思的循环。在验证的过程中，教师可能会遇到新的问题、新的经验，当这种行动过程被再次观察和分析时，就开始了新一轮的反思循环。如：培养学生地理学习的能力，在确定假设后，如何指导学生阅读地理教科书，自学教材的某些段落，引导学生编写某一问题、某一节教学内容的知识体系纲目，从而提高学生的自学能力。

以上四个步骤是进行地理教学反思的一般步骤，有时重点在发现问题、分析问题，教师在课堂教学中注意就可以，地理教师要不断地矫正自己的教学行为。

2. 地理教学反思的策略

地理教学反思的主要策略有写反思日记、案例研究、课堂观摩、专家会诊和行动研究等。

（1）写反思日记。地理教师在一天的教育教学工作结束后，以旁观者的态度对课堂教学进程的合理性与有效性进行剖析评价。记录自己在课堂教学中的经验与教训，并与教研组成员共同进行分析探讨。写反思日记为有针对性地制订教学的改进计划创造了良好的条件。对新教师而言，写反思日记对促进个人专业成长尤为重要。地理教师在课程教学中，往往会遇到诸如教材的处理、教学目标的达成、教学活动的设计、媒体选择使用的效果、课堂教学组织形式、教师讲授与学生活动安排等问题，这些都需要教师进行反思，以便记录自己专业成长的历程，形成具有个性的地理教学反思日记。

（2）案例研究。案例研究就是把教学过程中发生的各种事件用案例的形式表现出来，并对此进行分析、探讨、反思，以改进自己的教学。案例研究的素材主要来自三个方面：一是研究自己的教学，并从自己的教学实践中积累一定的案例；二是观察别人的教学，从中捕捉案例；三是在平时注意收集书面材料中的案例。

（3）课堂观摩。课堂观摩作为一种教育研究范式，是一种涉及课堂全方位的、内涵较丰富的活动。地理教师通过听课交流、教学论坛等形式，经过研讨他人的优点，研讨专家型教师、优秀教师的成功案例，体验授课教师的教学理念，学习解决教学重点、难点的策略，调动学生活动的技巧，以促进自己教学水平的提高。平时同事间的听课交流，不含考核或权威指导成分，自由度较大，通过相互观摩、切磋和批判性对话也有助于提高教学水平。

（4）专家会诊。请专业研究人员、教研室教研员定期、追踪式听课，不断发现课堂教学观念、设计和操作中存在的实际问题，并通过共同讨论找到解决问题的办法。根据校本教研的三个步骤：个人反思—同行互动—专家引领。地理教师遇到的一些问题在自己的学校、区县无法解决时，可向专家请教。

（5）行动研究。行动研究是针对教学实践中某个难以解决的问题，运用观察、谈话、查阅文献等多种手段，分析问题产生的原因，设计一个研究方案，以求得问题解决的方法。行动研究可以帮助教师对问题进行深入的讨论，可以丰富教师的知识阅历，提高教育科研能力，促使教师成为研究型教师。这里的行动是教学行动与教研行动的统一体。反思是行动研究的最有效方式和最基本的环节，行动研究不仅在改善教学实践方面有重要作用，而且有助于在整个学校教师集体中形成一种调查和反思研究的良好氛围。

（三）地理教学反思能力培养实践

1.地理教师的反思培养

教师反思的目的是指导、控制教学实践，这里强调的教师反思，是指教师个人对自己教学行为的思考，地理教学反思是以教师的教学行为过程为对象的，反思能力培养的内容主要包括以下方面：

（1）反思教学目标。教学目标是一堂课的指导思想，是讲课的出发点和归宿，是影响课堂教学成败的重要因素。地理教师要根据整节课的教学实践，以及学生掌握知识的情况，检验学生通过该节课的学习是否达到教学目标的要求。地理教师在课堂中落实教学目标时，不能只从表面上理解，不能只从形式上改变，而应根据地理教学的实质，从教材的实际出发，着眼于学生的实际。地理教学要面对全体学生，关注差异，共同发展。每个学生都有其长处，学生的未来是不可估量的，学生都是可以塑造的。

（2）反思教学设计。教学设计是教学目标落实中的具体设想，是选择教学策略、完成教学任务的依据。科学的课堂教学非常强调教学交往的有效性，良好的教学效果取决于师生间良好的交往，地理教学设计反思要注意：反思课堂中的探究活动、小组合作学习等互动活动是否有必要，时间安排是否妥当；反思教学过程是否体现了因材施教的原则；反思教学计划实施的效果；反思是否结合教学实践选择和运用了恰当的教学模式，以促进教师更好地发展。

（3）反思教学内容。任何教学目标的实现都需要通过特定的教学内容的学习来达成。课堂教学要满足学生发展的需要，提高学生分析问题、解决问题的能力。在地理课堂教学中，要向学生传授有效的教学内容。地理反思教学内容要注意：反思教学内容是否与教学目标相符；反思教学内容的科学性、思想性和趣味性；反思是否按照学生的个性差异设计教学内容的呈现方式，促进学生的个性发展；反思能否根据教学过程中学生的学习进程以及突发事件及时调整教学内容等。

（4）反思学习过程与课堂组织管理。在地理教学中难免有一些突发事件发生，教学反思不能忽视课堂教学的组织管理。地理反思组织管理要注意：反思是否利用多样化的教学手段，调动学生学习的积极性；反思课堂教学管理手段是否得当有效，学生是否处于服从、沉默、压抑的状态；反思是否积极营造宽松、民主、平等、互助的学习环境；反思是否能关注学生"喜欢学、愿意学、相信自己能学好"的内在心理学习环境等。

（5）反思教学策略。反思教学策略的选用过程，也是反思理论如何联系实际的过程。对地理教学策略的反思要注意：反思是否以系统的观点为指导，选择合适的教学策略；反思是否根据教学策略的外部形态和学生认识活动的特点，优化教学策略；反思教法与学法是否统一，能否促进学生的自主发展。

2. 学生活动的反思培养

（1）学生参与度反思。学生在课堂上的主体地位的确立，是以一定的参与度做保证的。学生参与状况，既要看参与的广度，又要看参与的深度。要反思地理教师是否在课堂上采用各种教学手段来调动学生的参与积极性；是否发挥了学生的非智力因素的作用，积极唤醒学生的主体意识，引起学生研究探索的欲望；是否为学生提供了充分思考和探讨的时间与空间，使学生能大面积、最大限度地参与到学习活动中。

（2）学生交往反思。地理教师要反思在课堂上是否创设了民主、平等、宽松、和谐的学习环境，让学生能和同学、老师甚至教材进行平等的对话。因为只有在这样的环境下，学生才会迫切地想与大家交流自己的学习体会。

（3）学生接受程度反思。检验一节好课的标准就是学生的接受程度与效果，要反思学生是否都各尽所能，感到踏实和满足；学生是否对后续的学习更有信心；同时还要了解获得知识的过程，看学生在学习过程中是否积极主动地跟进、共鸣、投入；是否激活学生的学习思路，激发了学生的想象力和创造力，每一个学生是否在原有基础上尽可能得到进步与发展。

（4）学生创新度反思。地理教学过程应该成为学生一种愉悦的情绪生活和积极的情感体验。学生应该是积极参与教学过程，积极思考，展现出解决问题的强烈愿望；能提出具有挑战性与独特性的问题，问题的解决真实地经过学生自己的探究，并能根据已有的知识去努力探索新的发现。

总而言之，地理教师在对学生学习情况进行反思时应注意，多从正面去反思，即多看学生的优点，少看学生的缺点；多从整体去反思，少从局部去反思；多从长远去反思，少从短期去反思；多从动态去反思，少从静态去反思。反思后寻找对策时，应以教师调整为主，学生调整为辅。

3. 地理课后的反思培养

在地理教学过程中，课后反思在整个教学过程中起到了画龙点睛的作用。

（1）学生作业的反思。知识的掌握、能力的提高离不开训练，作业练习也是一种学习的过程。通过作业，不仅可以检查课堂教学的效果，弥补课堂教学的不足，加深对所学知识的理解和运用，而且也可以培养学生的地理思维能力、探究能力和创新能力，同时还可以让学生探索获得知识的方法，体验知识形成的过程。训练要有利于培养学生的实践能力与创新意识，学生作业中常规练习要适量，问题设计应有开放性，富有新意、真实生活气息的问题应有效进入课堂。学生课后所提的问题以及他们的作业，反映了其对所学知识掌握运用的程度，针对实际把这些内容记下，可以使自己在以后的地理教学中有一定的针对性，减少偏差。

（2）教师评课的反思。教师之间的教学评议，重在集体讨论和协商，在相互对话、共同探讨中，总结存在的共性问题，寻求解决的方法。通过教师评课的反思，可将自己的经验与他人经验做比较，既反思自己的经验，又琢磨他人的经验，借鉴他人经验或他人的智慧，达到集思广益、优中集精的目的。特别是对评课中反映出的新方法、新方式、新特点、新问题等，地理教师更应多问几个为什么，在充分理解、辨析、探究的基础上，去粗取精、去伪存真。

（3）形成新的教案。通过反思，地理教师对整个课堂教学行为过程进行理性的分析，包括对教学观念、教学行为、学生的表现以及教学的成功与失败进行思考性回忆，这有利于地理教师做到扬长避短，精益求精。多一点教学反思的细胞，就多一些教学研究的智慧，把反思过的内容记录下来或记在原教案备注中，则形成新教案，从而使自己的教学水平提高到一个新的境界和高度。

第四章　初中地理教学与过程体系设计

第一节　初中地理教学与情景设计

一、初中地理教学设计

（一）自然地理知识教学设计

初中地理自然知识教学的内容包括：世界的地形、世界的气候、认识大洲等。"初中地理教学侧重在让学生初步了解气候要素及其分布特征、地形要素及各种地形的分布"[①]。正确的自然地理教学有助于正确认识和处理人与自然的关系，从而以人的活动促进人、社会和自然的协调发展。

1. 自然地理教学设计的理念

（1）培养学生良好的地理思维。学好自然地理仅仅靠传统的死记硬背是不行的，要善于思考、联系、发问、合作、探究、动手，要有学有所用的意识。

（2）抓住地理学科的特点。充分运用图表，有意识地培养学生图文转换、图图转换的能力。

（3）讲课过程中要积极联系生活，联系实际。例如，某一种地理现象在我们的生活实际中是怎样发生的；有哪些规律；教材中要求我们了解的内容；要通过课外素材加以理解，善于运用案例教学法。

（4）尝试多元化的教学方法。观测、实验、模拟、调查、收集、整理、利用网络媒体是教好自然地理的重要手段。

（5）有意给学生留下空间去自主学习，并掌握正确的学习方法。例如，仔细读课文，发现问题；联系实际，合作探究；教师点拨，解决问题，深化拓宽，灵活运用等。

（6）充分体现地理环境的综合性和区域性。首先，综合性。地理学是研究地理环境以及人类活动与地理环境相互关系的科学，地理学是一门兼有自然科学性质与社会科学性质的综合性科学。其次，地域性。地理学不仅研究地理事物的空间分布和空间结构，而且

[①]　张旭如. 中学地理教学设计与案例分析 [M]. 合肥：安徽大学出版社，2014：156.

阐明地理事物的空间差异和空间联系，并致力于揭示地理事物的空间运动、空间变化规律。

（7）体现自然环境的整体性和差异性。陆地不同地区，由于纬度位置和海陆位置不同、热量与水分组合不同，造成植被和土壤类型发生相应的变化，这就是地域差异性。地域差异性分为地带性差异和非地带性差异。地带性差异表现为自然景观有规律地呈现带状分布，就是自然带。自然带是气候、地貌、水文和土壤等多种要素共同作用形成的。

2. 自然地理教学设计的重点

（1）必学内容重方法。在地理区域学习中，并不需要学生认识所选区域的全部自然地理概况，对于自然地理教学中必须要掌握的内容，要重视采取合适的教学方法，主要有以下内容：

第一，归纳演绎法：对于自然地理特征，可以分别从地形特征、气候特征、水系特征等方面认识。因为某个区域的自然地理特征是区域内相关自然地理要素组合的体现，所以，比较适合使用归纳的方法去认识；教师也可以用演绎的方法，先告诉学生某个区域的地理特征，再到地图上验证，使学生掌握区域特征。但掌握归纳的方法，更有助于学生独立去认识一个新的区域。归纳的方法由具体到抽象，由未知到已知，本身就含有探究的成分。

第二，因果联系法：自然环境中的地形、气候、水系、植被等之间存在着密切的空间联系和因果联系。自然地理要素的空间分布是显性的，相互之间的联系是隐性的，因此，空间联系的观念是在学习空间分布的过程中逐渐建立起来的，此外，自然地理要素之间还存在着因果联系。

第三，读图法：地理教材插图准确、丰富、排序科学，更生动、更直观地帮助学生去理解。所以，在教学实践中，我们要充分使用图、用好图。

（2）课标要求和地理概念要把握准确。在地理学习中，某个地理概念第一次没有弄明白会直接影响到这个概念的应用，并且直接影响到第二个概念的学习。久而久之，学生会对地理学科望而生畏，进而影响到学习地理的积极性。在初中地理学习过程中，相对高度、海拔、天气、气候、资源、等高线等都是基本的地理概念，需要准确把握。

（3）地理空间感需要时时关注，事事培养。地理空间感对地理学科而言这是一个重点，需要得到应有的重视和突破。培养学生的地理空间感，首先，要有意识地把局部图叠放在大洲图上，甚至世界图上。其次，多关注学生地理学习部分的盲区。地理学习首先了解的是全球，但是在学习地形、气候等要素时，一般是从局部开始，逐步了解整体。这就要求我们在组织学生学习时，多给学生时间和机会画图、看图，逐渐把地图的过渡部分熟悉。

（4）形成图文转换能力。"图文转换"是地理学习中的一种重要的学习方式、记忆

方式和思维方式，它是一种将地理文字转换成地理图形或图表的教学方法，是地理知识结构表现的方式之一，可以帮助学生有效理解概念，掌握原理，有助于突破知识的难点，增强记忆的效果。

（5）多采用对比教学法。地理比较法是在课堂教学中使用最多的一种方法，即把同一类地理事物和现象进行比较，不仅经常应用于表象的形成过程，也常在基本概念的形成过程中应用。恰当地运用比较法，有助于学生学习和掌握地理知识、地理事物和现象的内在联系及地理环境的整体性。

运用比较法应注意的问题：第一，在运用比较法时，教师应遵循从已知到未知、由近及远、由具体到抽象的原则；第二，被比较的内容应该是同类地理事物和现象，切不可把无任何共性的两种或多种事物和现象随意加以比较；第三，在教学中，我们要根据教材的难易程度，并结合学生的实际情况，恰当选择与运用各种比较的方法。同时，要引导学生大胆尝试，发现问题应及时解决，使他们在课堂教学过程中逐渐学会运用这种方法。

（6）多采用案例教学法。案例教学法也叫"实例教学法"或"个案教学法"，它是在教师的指导下，根据教学目标和内容的需要，采用案例组织学生进行学习、研究的方法。案例教学法能创设一个良好的宽松的教学实践情景，把典型问题展现在学生面前，让学生设身处地地去思考、分析、讨论。这对于激发学生的学习兴趣，培养创造能力及分析、解决问题的能力极有益处。实践证明，运用案例教学法能收到良好的地理教学效果。

第一，案例教学法步骤。案例教学法操作流程包括三个步骤：①整理呈现案例。教学内容涉及的案例，需要教师根据教学内容在实际生活中去收集、分类和整理，并在教学中以具体的案例呈现出来。②分析案例，解决问题。学生对已掌握的资料进行分析，归纳相似性，寻找差异性。学生运用所掌握的各种知识，甚至是课外的知识去分析问题，讨论解决方法。教师在此时所起的作用类似于"导演"，对学生的分析、讨论不做过多的干预和评价，并充分尊重学生的观点、想法，同时还要对这些观点加以归纳和总结。③回顾和总结。教师展示结论，和学生共同讨论教材的结论和学生的结论的异同，分析差异性产生的原因，并对学生的各种结论加以点评（以鼓励的形式）；也可由学生阅读课本来分析自己的得失，从而使学生的能力得到提高。

第二，案例教学法应注意的问题。①案例教学中教师要摆正自己的位置。地理教师要摆正自己的位置，一方面，理论课要讲深讲透；另一方面，应走到学生中间，主动营造一种以学生为主体的环境氛围。②案例的选择应尽量贴近学生生活。在案例的选择上尽可能贴近学生生活，在理论知识的基础上，联系实际，让学生感受地理的魅力所在。③案例教学应根据时代发展推陈出新。时代在不断进步，要使案例教学跟上时代的步伐，反映当前的实际，我们必须不断地进行案例更新。

（7）重视学生地理综合能力。①掌握生存必需的地理基础知识和技能。②掌握分析、综合、抽象、概括、推理等基本方式。③培养地理学科研究能力：发现地理问题的能力；获取、处理与运用地理信息的能力；领会地理信息的含义并表达出来的能力；把地理研究对象分解成若干部分，以理解其结构的能力；在新的情境下灵活使用所学知识的能力；把部分结合成整体来进行研究的能力；对有关决策进行评价，对其可能产生的后果进行判断、预测，并在此基础上进行最佳选择的能力。④形成正确的地理观念，包括资源观、人口观、环境观、灾害观、可持续发展观。⑤培养学生的全球意识和爱国情感，形成良好的人文精神与审美情趣。

（8）课堂资源的利用与开发。充分开发、合理利用地理课程资源，对于丰富地理课程内容，增强地理教学活力，具有重要意义。

第一，积极建设学校地理课程资源库。教师要掌握学校地理课程资源的情况，分门别类地建立地理课程资源档案，并逐步建设地理课程资源库。教材以及教学所需的挂图、模型、标本、实验器材、图书资料、电教器材、教学实践场所等都是学校重要的地理课程资源。其中，必需设备和教学用图有：地球仪、等高线地形模型、幻灯机、投影仪、投影图片、天文望远镜、主要岩石和矿物标本；各种有关的政区图、自然地理图、经济地理图、专题要素图、景观图等。此外，学校所在地区的地理要素、地理景观、主要地理事物等，也是学校地理课程资源库的重要组成部分。

地理教师应注重地理课程资源的积累和更新，除添置必要的地理教学图书、设备以外，还应组织师生自制各种地理教具、学具，开发各种地理教学软件，不断扩大地理课程资源库的容量。在有条件的学校，要逐步完善地理信息技术教学所需的软硬件设备，提高地理课程资源库的质量，以适应社会发展、科技进步和地理教学自身发展的需要。

第二，充分利用学校地理课程资源。地理教师要结合学校的实际和学生的学习需求，充分利用学校已有的地理课程资源，以及可用于课堂教学的师生自身的经历和体验。教师应鼓励和指导学生组织地理兴趣小组，开展天文、气象、地震等各种丰富多彩的地理观测和观察活动；指导学生编辑地理小报、墙报、板报，布置地理橱窗；引导学生利用学校广播站或有线电视网、校园网传播自编的地理节目。要加强地理教学设施的建设，要求配置地理专用教室，同时要逐步建立地理园，选择地理实习基地。我们可以利用周围容易得到的材料，根据自己的理解，动手制作一些地理学习教具。这样一方面可以弥补教学资源的不足；另一方面，制作出来的教具形象、直观，能有效激发学生的地理学习兴趣。

第三，合理开发校外地理课程资源。校外地理课程资源丰富多样，包括青少年活动中

心、科技馆、气象台、天文馆、博物馆、陈列馆、展览馆和主题公园，科研单位，广播、电视、报刊、网络等信息媒体，区域自然地理环境和人文景观，等等。要加强与社会各界的沟通联系，寻求多方合作，合理开发利用校外地理课程资源。要组织和引导学生走进大自然，参与社会实践，开展参观、调查旅行等活动，邀请有关人士演讲、座谈。

（9）增强学生的兴趣，注重学生的情感培养。知识编排充分关注学生的兴趣和经验，从地理环境问题和学生的体验入手，按照学生的知识规律、设计教材结构，重视培养学生终身学习地理的兴趣和实践能力。为了使初中地理素质教育落实到课堂中，应充分利用丰富多彩、时空广阔、文理兼备的地图、图表和景观图等资料，激发学生的情感。对教材中感染学生、培养情感的部分充分挖掘，并在形象和情感上进行加工润色，激发学生学习地理的兴趣。在地理课堂上运用情感教育的策略主要有以下内容：

第一，教学语言应该饱含感情，以情动人。世界上众多的地理事物、地理景观，绝大部分不能被学生直接感知，虽然现在多媒体技术已经引入课堂，多少能够弥补一下这方面的缺憾，但毕竟极其有限，更多的还是要靠教师运用饱含感情的语言，生动形象、通俗易懂、绘声绘色地将学生引入地理殿堂。同时，根据地理学科的知识上至天文，下至地理，近及家乡，远及全球，既有自然，又有人文地理的特点，这些广博的知识对喜欢言古论今、谈天说地的学生而言是很感兴趣的。

第二，精心组织教学，创设情境，激情起趣。教师上课要让学生紧随自己的思维行动，完全置身于自己的教学过程中，要创设一种良好的教学情境。良好的教学情境能使学生在轻松的氛围中获取知识、增长见识、发展思维、提高学习效率。

第三，发挥诗词、歌曲、趣闻的激兴、怡情作用。要增加一堂课的趣味色彩，就应兼顾其他学科，将语文中优美的诗词引入，将音乐课中动听的歌曲引入，将历史等学科中的奇闻逸事引入，这样才能使学生对所学内容更感兴趣。此外，在课堂中适时引入音乐视频可以引起学生学习的兴趣，活跃课堂气氛，同时也激发学生的思考能力。

总而言之，初中地理教学的情感教育相对于其他学科来讲，既有共同性，又有独特性。课前应根据地理学科内容多、知识杂、涉及面广的特点，兼顾其他学科，多方涉猎，精心编排教学内容。教学过程中，应以和谐的师生关系为前提，以课程标准为准绳，坚持"教师为主导，学生为主体"的教学原则，采用灵活多样的教学方法，创建地理教学情感教育模式，努力追求"教是为了不教"的最高境界。

（二）人文地理知识教学设计

初中地理主要以区域地理教学为主，人文地理知识的学习穿插于各区域的教学当中。

而且，在教学过程中主要是学习各区域的社会经济与文化、地域发展差异。

1. 人文地理教学设计的特点

人文地理较自然地理而言，最大的不同就是它涉及的内容很广泛，而且灵活多变，又跟许多学科有交叉。在人文地理教学过程中，教师应当积极建构知识体系，多采用案例教学，引导学生形成地理观点、提升学生人文素质，帮助学生达到学习目的。

（1）注重知识体系的建构。人文地理涉及的内容很广泛，跟许多学科都有交叉，如：社会学、经济学、政治学、文化学、人口学，甚至心理学、行为科学等，因此，具有很强的综合性。所以，学生原有的知识储备对本部分内容的学习有很大影响，自然地理教学重在推理，而人文地理知识的学习重在知识的综合分析，即要用联系的观点去解决问题，教师可以用重组或图像将分散的知识联系起来，帮助学生理清思路。

（2）培养学生地理观点的形成。地理观点是地理科学素养的重要组成部分，初中生正处于思维发展或走向成熟的关键性阶段，也正值树立科学世界观和方法论的关键时期。在人文地理知识的教学中，应当注意以下地理观点：

第一，人地协调观点。人地关系是人与人、人与地、地与地三种关系的高度耦合。在人地关系中，自然地理学侧重于研究地与地的关系和地对人的关系，人文地理学则侧重于研究人对地、人与人的关系。人与地的协调，强调人类在开发和利用自然的过程中，要保持人类与自然环境之间的平衡与协调；人与人的协调，强调在开发利用自然界的人类之间保持和睦、妥协与协调，在人类生态活动与生产活动之间保持平衡与协调。

第二，可持续发展观点。人文地理特别关注人口、资源、环境和发展等问题，这有利于学生正确认识人地关系，形成可持续发展的观点。

第三，空间观点。地理是关于人类的生存空间的一门学科，空间观点主要是对地理现象的分布格局及其空间关系的基本认识，涉及"它在哪里？""它是什么样子的？""它是什么时候发生的？""它为什么在那里？"等问题，地理对这些问题的揭示，有助于帮助人们正确认识人类与地理环境发展中的空间关系。因此，帮助学生形成地理学的空间观点，是人类社会赋予基础地理教育的重要职责，也是正确认识人地关系的题中之意。

第四，因地制宜观点。因地制宜包括两个方面的问题：一是对不同"地"的比较与评价，重在弄清区域差异；二是怎样根据"地"的条件差异进行生产建设，重在如何扬长避短。因此，根据本地的自然条件、经济技术等的优势，把要发展的产业部门、作物，布局在适宜它本身发展、生长最有利的地区，是地理学"因地制宜"观点的意义所在。

（3）重视实际生活中的案例。案例能够使教学内容更加典型化，使学生从"个"推知"类"，由特殊归纳一般，通过典型案例理解普遍规律性东西，掌握知识结构，从而提

高教学效率。采用案例进行教学的关键是精选案例，使案例具有典型性、代表性和导向性，有助于学生举一反三，形成知识迁移。我们身边的人文地理现象丰富多样，教学过程中可以将这些案例引用到课堂上，用贴近生活的实例唤起学生的学习兴趣，相信课堂教学会事半功倍。

（4）培养学生人文素质。人文地理知识主要讲述人类的生产活动与地理环境、人类的居住地聚落、人类活动的地域联系，分析人类面临的全球性环境问题与可持续发展问题，这为培养学生的人文素质提供了较好的素材。在教学过程中，教师要帮助学生形成科学的人口观、资源观、环境观以及可持续发展观念，积极参与协调人类与环境关系的活动。另外，让学生参与教学过程，也有利于培养学生热爱祖国的深厚感情，以及对社会的责任感。

2. 人文地理教学设计的要点

设计一堂人文地理课需要做充分的准备，人文地理中的影响因素比自然地理中的影响因素理解起来容易，但它涉及面广、综合性强，分析又相对比较开放，不好把握，需要教师有更多的知识储备。人文地理涉及内容更贴近生活，更能体现地理的有用性，教师设计生活中的案例时，需要做更多的创造性工作，依赖对课标、教材更深的理解。人文地理具有社会性特征，比自然地理发展变化更快，教师要不拘泥于教材。人文地理课堂与其他课堂大体类似，但基于人文地理具有社会性、区域性、综合性的特点，在教学设计时要注意体现以下方面：

（1）要探索人文地理的规律。学习地理要重规律，人文地理现象复杂，更应总结规律，扎实牢固地掌握知识。人文地理多运用案例教学，而案例最大的缺点就是不具有普遍性，不易得出人文地理的规律。我们可以采取一些办法来探索人文地理的规律：先引入多个互补的典型案例，再进行人文地理教学，如此可以从多个案例中寻找到规律性的东西，同时，多个案例的学习还可以进行灵活多变的知识迁移与运用；也可将多个案例进行综合，设计成颇具典型性的综合性案例，使学生易于找出规律，也解决了多案例教学的时间限制问题。

（2）人文地理课堂要有人文味、地理味。人文地理比自然地理通俗易懂，其中却蕴含了丰富的人文知识，如果照本宣科，也许会平淡无味，也可能讲得天花乱坠，却容易偏离地理方向。因此，一方面，地理教师要充分利用自身丰富人文底蕴和社会上丰富的人文素材，突破教材，拓展案例，将人文地理课上得更精彩；另一方面，教师也要注意结合课标和教材，从身边的案例中解析出地理元素，设计出合适案例，将人文地理课上出地理味。

（3）体现人文地理的实用性。人文地理的实用性充分体现在解决学生身边的实际问题上，这就需要教师加强对本土人文地理教学资源的开发与积累。平时教师提高自身的知识积累，多关心身边的问题，如：多看本地的新闻；多对本地特有人文地理资源的现状与发展变化进行调查和了解，如多到本地的旅游点、工厂、乡村、商店，以及交通、城市规划等方面的部门去了解情况。之后，将这些资源按地理教材的章节知识分类整理，积累成资源库。在涉及相关教学时，根据教师掌握的本地资源，围绕课文知识或课标要求设计本地案例情景、探究问题和学生活动的组织方案。

（4）重视学法指导。教师在教学中不仅要把学生领到知识的大门前，还要交给学生打开知识宝库大门的钥匙。因此，对学生进行地理课学习方法的指导，有效地促进学生智力的发展和能力的提高，才能算是最好的课堂。教师要指导学生如何自学、如何合作探究、如何听课、如何记笔记、如何对比、如何总结规律、如何从图表材料中获取地理信息等。指导学生如何学习远比教给学生固定的知识更重要。

（三）区域地理知识教学设计

一堂高效的课，离不开教师课前的精心准备与设计。好的教学设计，对提高区域地理的教学效率有着举足轻重的作用，这就对教师提出了具体的要求。怎样设计教学？教学设计应遵循哪些教学原则和教学方法？教师在进行这些设计时应具备什么教学理念？教学理念不同，课堂教学的目的就不同，教学效果就会有差异，因为教学理念是教学的灵魂所在。

1. 区域地理教学设计的理念

教学理念是区域地理课堂教学的核心，体现了教师对教学和学习活动内在规律的认识、对教学活动的看法和持有的基本态度和观念。地理课程的基本理念是学习对生活有用的地理，学习对终生发展有用的地理。在区域地理教学中，要深刻领悟课程理念，引导学生在生活中发现问题，并理解其形成的地理背景，提升学生的生活品位，增强生存技能；在生活中，要从地理的视角思考区域问题，关注自然与社会，让学生在学习的过程中逐步树立人地协调与可持续发展的观念。另外，区域地理课程还着眼于学生创新意识和实践能力的培养，在教学中应充分重视校内外课程资源的开发利用，着力拓展学习空间，构建开放的地理课程。这也是在进行区域地理课程设计时应遵循的基本理念。

2. 区域地理教学设计的原则

在地理区域教学设计中要在把握区域特征，应遵循以下原则：

（1）区域性和整体性原则。在进行区域地理教学时，教师要依据课程标准，从多种类型、多个角度来选择区域案例。由于划分的角度不同，区域范围有大有小。从内容上来看，每一个划分的区域都包括位置、地形、气候、河流等自然地理知识，还包括人口、交通、农业、经济等人文地理知识。在教学中，教师可以根据情况选择大洲区域、同家区域、

省市区域和其他任意不同的区域，这样有利于学生从不同角度来提升分析区域地理的综合能力。如：在初中世界地理区域教学中，不同的版本选择的区域不尽相同，但在大洲方面基本上都选择了与我们相关的亚洲；在地区方面选择东南亚、欧洲西部、两极地区的多；在国家方面，选择比较多的有日本、美国、巴西、澳大利亚、俄罗斯等。不论选择的区域如何，通过学习都能涵盖认识区域的全部"标准"。另外，在区域地理教学中，除了考虑地理知识的纵向联系外，还要注意与其他学科的横向联系。例如，区域地理要与经济地理相联系；自然地理要与人文地理相联系；地理学科也要与物理、化学、生物、历史等学科相联系，从多个角度整合区域知识。

（2）差异性原则。差异性是区域地理的另一个主要特征，不同的区域因为所处的纬度位置、海陆位置不同，加之地形、气候、地质等自然因素的影响，在自然环境方面存在着明显的差异。同时，由于社会经济、人类活动与自然环境相关联，不同的自然环境又导致不同的人类活动。因此，区域的差异性既包括自然环境的差异又包括人类活动的区域差异。在分析对比区域差异时，先确定区域位置，从地形、气候等方面分析自然特征，再从人口、聚落、交通、经济等方面分析其人文特征。差异性是区域对比教学的突破口，通过区域对比充分把握区域特征，解决区域问题。

3.区域地理教学设计的方法

初中地理教学是为每个学生的终生发展奠定基础，以培养具有地理素养的公民为己任，因此，在区域教学中一定要以学生发展为原则组织教学，根据教学内容、学科特点、认知规律、教学原则、学情分析、教师自身素质等具体情况选择多样的教学方法，显得尤为重要。区域地理教学方法种类繁多，常用的有讲授法、比较法、谈话法、地图法、综合分析法、归纳演绎法、自学辅导法、野外观察法等多种教学方法。各种教学方法有不同的特点，只要能凸现以学生发展为本，以实践能力、创新精神培养为重点，能使学生素质得到全面提高的教学方法，就是可行的选择。区域地理教学设计中，一般从以下四个方面来确定教学方法：

（1）依据区域地理教学目标进行选择。为了确保课堂教学目标的达成，地理教师对教学方法的选择要进行通盘、整体的考虑。如果本节课是以培养学生的地理学习技能为主，课堂上除了用简明的语言阐明相关知识、须掌握的基本要领和基本要求外，主要应大量采用以实际训练为主的教学方法，加强操练和训练。如果教学目标旨在发展学生的发散思维，则应优先选择启发性教学方法与"角色扮演"教学方法。如果教学目标是阐明区域地理的人地关系，则要创设情景教学，组织学生开展辩论会，建立开放的地理课堂，在辩论中掌握地理原理。

（2）依据区域地理的教学内容进行选择。区域地理的教学内容很多，在课堂上应根据具体情况进行选择。如：在学习"区域位置和地理事物的分布"时一般选择读图分析法和填图训练法；在分析区域地理事物特征时，一般选择论证法、归纳法；在论证区域地理分布规律及成因时，一般采用探究法，通过小组讨论、小组展示、学生互动、教师点评的方法学习。总而言之，通过多种多样的教学活动，目的是让学生在多变的学习过程中获取知识、增长能力、树立价值观。

（3）依据学生的实际情况进行选择。学生是学习的主体，选择教学方法必须依据学生的认知规律来确定。初中生的心理特点是直接经验少，理解能力差，习惯于机械记忆，思维形式正处在由具体形象思维逐步向抽象逻辑思维过渡的阶段。因此，地理教师在考虑教学方法时，必须从初中生的心理特点出发，多采用生动形象的直观教法激发学生的学习热情，发展他们的形象思维能力。教师在进行地理教学时，还要考虑多方面的情况。如：学生的知识储备、已有知识与新知识的联系、课堂学习氛围、学生的学习状态等，这些都有待于教师在教学中去灵活地把握。

（4）依据教师的自身素养进行选择。地理教师在教学过程中起着主导作用。由于不同的地理教师对教学理念认识上存在着个体差异，教师的地理教学经验不同，个人地理素养不同，对区域地理教学方法的理解也就不同，因而同一种教学方法在不同的地理教师运用时，效果也就有所不同。所以，地理教师在考虑教学方法时，还要依据自身特点、教学环境、扬长避短，选择适宜自己的教学方法。只有这样，才有可能取得最佳的教学效果。当然，教师某些方面的不足，还可以通过不断学习与实践来弥补和提高。

二、初中地理情景教学设计

情景教学不同于以往传统的教学模式，其具有的仿真性和模拟性能够让学生更加直观地理解教学内容。地理这门学科知识点比较立体，富有层次感，对于抽象思维不强的学生而言，只根据语言讲解来学习重点和难点知识的话是有些困难的。在初中地理教学中应用情景教学，有助于学生搭建自己的知识体系，学习思路更加清晰，促进了课堂学习交流互动，激发了学生的学习热情和兴趣，是培养学生地理素养的重要途径，有助于学生开阔眼界，从而探究更深的地理奥妙。

地理学科的学习不仅仅是为了升学考试，更重要的是了解人文自然和自然地理的真相，对世界的实物构成有最基本的把握，是一个人成长所必备的知识技能。初中地理主要是一些基础的知识，涉及范围宽泛、知识点比较零散，为了让学生扎实地打好基础，在当前初中地理教学中情景教学是应用效果良好的一种模式，情景化教学"引人入胜"的特点与地理学科深度契合,让学生有身临其境的体验并能引起学生的好奇心,化被动学习为主动学习,提高教学的质量和效率。因此,教师要尽可能地发挥情景化教学的优势,突破教材的理论知识局限,让初中地理学习深入学生的生活,使教学效果更上一个台阶。初中地理情景教学设计需要注意以下三个方面:

(一) 设计问题,为学生创设有趣的情景

在情景教学设计过程中,学生的思考环节设计是非常重要的,如果只是像看电影、浏览风景一样将知识点演示一遍,那这样的情景设计取得的效果不会很好。对于一些学习主动性较差的学生,可以在有趣的情景中设计相应的问题,提高学生学习的参与度,抓住学习的注意力,提高教学效果。教师可以设置有趣的知识问答,将学生引入提前设计的情境中,提高学生的学习能力为学生创造学习情景,使学生对地理知识的学习产生兴趣。地理教师在创设情景时也要根据学生的心理特点,科学、合理地设计问题。

(二) 创设实验情景,提高学生创新思维

实验是一个求证结果的过程,实验情景可以培养学生的实践动手能力、想象力以及创新思维,这些知识学习课本知识是不够的。例如,在学习"板块运动"时,地理教师需要创设实验情景,做一个关于板块运动的实验,这个实验不需要极高的准确度,大概表现出板块运动便可以,使学生更加深刻地学习地理知识。教师要拿两块木板,代表着两个不同的板块,然后再用力使两个板块运动,将两个分开的板块联系在一起。实验期间,教师可以引导学生想象,形成大陆的原因、大陆又是怎样形成的等。鼓励学生积极表达自己的看法,从而实现教学目的,提高学生的学习能力。同时,教师在保证安全的情况下,鼓励学生亲自参与实验,并且发表自己的想法和意见,调动学生学习的主动性和积极性。实验情景的内容,首先,是为了学生学习课程知识;其次,也应该符合学生的兴趣爱好,在增加学习趣味性的同时也能完成教学任务。

(三) 运用表演方式为学生创设教学情景

为了加深学生对情景教学的印象,地理教师可以运用多种方式增强学生的参与度,例如,让学生表演其中的某些内容,地理教师在向学生讲解世界主要人种时,为了使学生更加清晰地分辨出主要人种,可以将班级的学生分为若干个小组,每个小组代表一个人种,接下来,学生需要将本组代表的人种的日常生活表演出来,展示给班级同学看。这样既带动了课堂气氛,又让学生学习到了知识,摆脱了枯燥无味的讲解,学生更愿意在这种轻松、愉悦的氛围中学习。

总而言之，地理情景教学是针对初中生的学习特点而设计的，初中生还处于活泼好动的阶段，注意力不集中，对于新鲜事物有强烈的好奇心，我们正是要抓住这一点，利用情景教学增加趣味性，增强地理课堂吸引力，使学生健康、全面地发展。

第二节　初中地理教学的过程设计探析

一、初中地理教学的目标设计

教学目标是预期学生通过地理教学活动获得的学习结果，教学目标的设计是实施初中地理教学的关键，它既是一切教学工作的出发点，又是一切教学工作的终点，对教学活动具有导向、指引、操作和调控等功能。制定地理教学目标应该依据地理课程标准、具体的教学内容和学生的原有水平和认知特点。每当我们上课之前，必须要考虑的是：这节课要给学生传授哪些知识；学生要学到哪些技能和方法；学生学习过程中会提高哪些能力；学生应该形成哪些正确的价值观念；情感态度方面有哪些提升；这些目标是学生通过课堂教学获得的具体发展，是预期通过地理教学活动获得的学习结果，还是学生的行为变化。这就是地理教学目标设计。

（一）初中地理教学的目标设计目的

初中地理教学目标既是一切教学工作的出发点，又是一切教学工作的终点，一切教学工作都是为了实现教学目标而做出的，又是以实现教学目标而结束的。在教学中，教学目标有助于指导教师选择教学内容、设计教学策略，指导学生怎样学习，进行教学测量和评价，教学目标对教学活动具有导向、指引、操作和调控等功能，归纳起来就是"导教、导学、导评价"。可见，教学目标的设计在教学设计中占有重要地位，是教学设计的核心内容。

初中地理课堂教学目标对指导教学有重要的作用，但也不能过分夸大，或者将其教条化、机械化。如果过分以课堂教学目标设定为基础，把教与学规定得太死板，有时反而抑制了课堂教学中教师与学生的创新意识。有时情感态度价值观方面的目标由于难以用一套严格的行为目标做出具体的规定，使一些潜在价值更大的目标得不到落实，而一些活动课事先预计的结果也可能不完全清晰，只能用概括化的行为动词描述活动情境而言明教学意图。

（二）初中地理教学的目标设计依据

目前，一些老师还在沿袭传统的地理备课，主要问题是经验型和随意性。表现为教师在制定教学目标时仅依据个人的经验或个人的主观判断，具有较大的随意性，缺乏教学理论指导。初中地理教学目标设计应该依据以下几个方面：

第一，地理课程标准。《义务教育地理课程标准（2022年版）》（以下简称"地理新课标"）是初中地理教学的指导性文件，是地理课堂教学、教材编写的依据。地理课程标准规定了学生在地理课程中需要学习的内容和学习的要求，明确了教学活动的方向，为地理课堂教学目标的确定提供了理论上和实际操作上的依据。而教学目标是课程目标的进一步具体化，它规定学生在指定的教学过程中需要学习的内容和要达到的学习要求。因此，在进行教学目标的设计时，要以地理课程标准中的课程目标和内容标准为理论依据，从促进学生科学素养全面发展的角度，以知识与技能、过程与方法和情感态度与价值观三个维度来制定具体明确的教学目标。

第二，具体的教学内容。教学目标的设计，一定要结合具体的地理学科教学内容，以增强教学目标的针对性。要深入分析和研究教材内容，在了解教材编写意图的基础上，对教材内容的结构、特点，教材的重点和难点以及前后联系做出梳理和分析，对地理教材的内容进行分类，确定教学策略。

第三，学生的认知特点和原有基础。教学设计要从学生的"学"出发，关注学生发展的需要。教师能否达到预期的教学目标，很大程度上依赖于教师对学生情况的掌握。因此，教师要关注学生的发展需要，必须对学生的学习水平和原有心理定势做出科学预测，必要时要对学生原有知识、经验基础、思维基础进行科学的分析和调研。

（三）初中地理教学的目标设计要点

1. 分析地理课程标准

课程标准是学生达成发展目标的最基本要求。地理课堂教学设计要以"地理新课标"中的课程目标和内容标准为理论依据，从促进学生科学素养全面发展的角度，来设计每节课的教学目标、教学内容和教学过程与策略。课程标准是教学的最根本的依据，它规定了地理基础性学习的全部内容，是学生今后学习、生活和做人的必备基础，是今后适应社会需求和自身发展的必不可少的基本素质。课程标准要求具体，规定了具体的教学内容，并提出了明确的、可操作性强的结果性目标要求。

对课程标准的研析，有利于教师从宏观的角度确定每一堂课不同学习领域的课堂教学目标，确定每一堂课的目标、要求，明确内容的深度和广度，并在课堂教学中注意知识与技能、过程与方法和情感态度价值观目标的前后联系和呼应。因此，进行教学设计时教师必须认真研读课程标准内容和要求，把握课程标准的精神，必须从地理课程的总目标出发，明确阶段、单元目标，根据课程标准要求再对具体教学内容进一步细化为具体每节课的教学目标。

2. 分析处理地理教材

课堂教学设计的核心任务是教师挑选适用的教材，对现有教材进行增删处理，以形成适合教师和学生使用的"新教材"。再好的教科书，也不是直接的教学内容，教师需要对教材"再创作"，把教材变为教学内容。教师必须深刻理解"课标"要求和编者意图，结合本校实际和学生情况、教师自身特点，对教材内容进行优化处理。教材分析处理的核心是完成由教科书向教学内容的转化。初中地理教材是地理课堂教学重要的资源，对地理教材的分析要进行宏观分析和微观分析，把握其内在的逻辑系统、前后联系，明确每节课在教材中的地位和前后顺序；了解教材编写者的编写意图，确定教学内容的重点和难点。

3. 掌握学生学习情况

从传播学的角度，为了取得有效的信息传递效果，传播者必须了解接受者对信息的态度，其文化和社会背景，有关的知识基础与传播技能。学生是教学活动中的主体，是教学活动的核心因素。地理教师要确定一堂课的教学目标，必须充分了解学生的学习准备状态，包括学生的地理预备知识和技能基础、学生已有的经验、学生学习新知识的认知水平及态度等，以此明确可能的教学起点，防止教学目标过低或超过学生学习需求。

（1）学生预备知识与技能基础。学生的预备知识和技能基础是指学生学习新知识所必须具备的基础知识和掌握新能力所应具备的基本能力。例如，讲授"影响气候的主要因素"内容时，纬度位置、海陆位置、地形是影响气候的主要因素。这三个因素涉及的概念学生在前面学习区域地理分析区位时，以及前面的自然地理知识中都分别学习过。为了考查一下学生对这些概念的掌握程度，以预测是否会给后续的学习新知识带来一定的困难，在前一次课快要结束时，可以设计这样的一些练习，一方面作为诊断性测验；另一方面帮助学生复习和巩固旧知：对照地图分析，为何 7 月 1 日这天北京平原地区比西部灵山山顶要炎热；怎样分析一个地区的地理位置；诊断性测验结果发现全班绝大多数学生掌握了这些相关概念。

（2）学生已有经验与生活体验。学生的已有经验是指学生在日常生活中，通过多种渠道如电影、电视、电脑网络、报纸杂志以及参观旅游等日常生活学习中积累的相关地理知识和技能储备；学生的生活体验是在实际生活中接触到的现象和事件给自己带来的体验性的经验。例如，在学习"天气与气候"前，为了预测学生对生活中的天气与气候现象的了解程度，在课下可以对个别学生进行访谈，访谈的主要内容是：能否描述出气温、降水的基本概念；能否区别天气与气候；能否把人类的生产生活活动与气候联系起来。这些内容是用一些具体问题提问进行的，如气温是什么；降水包括哪些现象；天气和气候是一回事吗；奥运会选择在什么时间召开比较合适，是否考虑到北京地区的气候特点；等等。

（3）学生学习认知水平及态度。学生的准备状态还包括学生学习新知识和技能的认识水平及其态度，学生的年龄特点、学习动机、对学习的期望等。初中生的认知发展逐步由具体形象思维向抽象思维过渡，认知逐渐趋于成熟。年龄不同的学生学习兴趣也有一定的差异，初中生学习兴趣的可塑性、波动性比较大，感兴趣的往往是"新、奇、乐"的材料。

4.地理教学目标表述

地理教学目标陈述的是学生的学习结果，教学目标刻画的主体应该是学生。目的就是使学生行为方式发生积极变化，这就是教学目标的内容，所以，教学目标应该刻画学生行为发生了怎么变化。地理教学目标表述中常见的问题如下：

（1）地理教学目标不具体、不清晰，陈述模糊，用内部语言刻画，用不具体、模糊的、概括的语言描述；较常见的是以"目的"代替"目标"，停留在"使学生理解什么、认识什么、掌握什么"等一般化的要求上，缺乏具体的质和量的规定，既难以指导教学，又无法进行教学测量和评价。

（2）陈述教师工作目标，用地理教师的工作代替学生的行为变化。教学目标、教学过程中的描述经常不规范，教学目标描写出现笼统、空泛、模糊，原因是教学目标与教学目的的关系没有搞清。

教学目的是过去的大纲和课标，是教学的总体要求。过去大纲针对几亿人，包括社会、家长，不是具体地规范和总体地描述。大纲使用的语言抽象、概括、宏观，造成很难直接操作，要转化为教学，中间要加一些转化内容；把大纲上的目的变成目标，是创造，是针对自己的学生创造的具体的可操作的内容。而教学目标是学生通过教学后的预期变化，是对教学的具体要求，陈述的是学生的学习结果，是对学生说的。

教学目标应该是非常具体的，应该用具体、外显的语言去刻画。例如，在讲解"拉丁美洲的地理位置和范围时"，怎么知道学生知道还是不知道南美洲的地理位置和范围；如果用"知道""了解""掌握"等词，都是对心理活动不同层次或深刻程度的一种抽象描述，无法直接观察，不同的人对它理解也不尽相同。教学目标要能够被检测，如果这样描述能在图上指出，据图说出拉丁美洲的地理位置和范围，这样就是能检测、外显的教学目标，就包含了检查学生实际上是否达到上述意向的标准。了解南美洲的人地关系，能够根据资料说明或举例说明南美洲的一个自然环境特征和对应的生产活动方式，这就是外显、可测的行为变化。了解、知道都是内部词汇。

规范的地理教学目标的表述必须具有的特征包括：第一，准确性：符合课标某一学段的要求，符合学生实际和教材实际，不拔高，不降低要求；第二，全面性：教学目标的表述内容要全面，应该包括"知识和能力""过程和方法""情感态度价值观"三个方面，缺一不可，不能重"知识和力"，轻"过程和方法""情感态度价值观"，使后两者形同虚设；第三，主体性：教学目标是指学生的学习结果，不是教师在教学过程中做什么、怎么做，行为主体应该是学生，而不是教师；第四，可测性：行为动词要外显化、明确、具体，不能用反映心理活动的内部语言描述，教师或他人能够依据目标去观察和检查学生的行为状态。

三维目标是一个目标的三个维度，其中的知识与技能、过程与方法和情感态度价值观是学习过程中不可分割的三个有机组成部分，课程目标分开表述，是为了地理教师和学生能阐述方便和更利于明确地理解。在初中地理教学实践中，三者是无法截然分开的，目标设计和表述要从目标整体出发，把三者结合起来综合设计。

二、初中地理教学的上课与说课设计

（一）初中地理教学的上课设计

地理教学作课简称上课，又称上课、授课或是讲课，是学校教师在"班级授课制"授课形式下，利用课堂向全班学生实施自己上课方案即课时教学计划的课堂教学实践过程。作课一直是学校教师从教工作的最基本内容，它直接反映着授课教师个人从教工作的能力与水平。

初中地理教学上课是地理课堂教学工作的实施阶段与具体实践过程，是地理授课教师实施课时教学计划、完成课堂教学任务和提高教学质量的根本途径与制胜关键。地理上课过程不但包含了设计者自己事先准确预设的许多教学情景，而且常常还会出现各种预设与生成矛盾，特别在当今民主开放的学校教育环境之中，在"主动·探索·合作"学习方式的影响下，授课教师更会遇到许多事先无法预测的教学新变化，因此，搞好上课的预设准备工作对于每一名地理教师而言十分重要。严格地讲，每一名地理教师要出色完成上课任务和充分提高课堂教学质量，既离不开上课之前预设交流的"说课"，也缺少不了作课之后总结反馈的"评课"，更离不开直接为作课实施应用服务的作课设计。

初中地理教学上课设计是设计者专门针对课堂教学实践活动，即地理作课活动所做的一项教学预设准备工作。它是地理课堂教学作课设计者依据具体教学理念、教学艺术原理和学习者认知心理规律，围绕如何组织开展好课堂教学活动而预先进行的一种计划性系统策划，也是地理课堂教学作课设计者为实现地理课时教学目标任务，以协调地理教学过程构成要素相互关系和实现各要素最佳组合配置为前提，以优化课堂教学实施策略、实施方法和追求课堂教学理想效果为目的而进行的一种周密考量与细致安排。

初中地理课堂教学作课设计的根本目的在于通过优化课堂教学实施策略、实施方法和强化授课教师实施行为，从而搞好实际课堂教学工作即开展好教师自己的地理课堂教学作课活动。因此，地理作课设计在教师整个课堂教学工作中占有极其重要的地位，并对授课教师完成课堂教学任务和提高课堂教学质量有着十分重要的作用。这是因为设计者搞好地理教学作课设计，既能够为授课教师课堂教学的顺利展开与有序推进提供理想蓝图，又能够为形成教师与学生的良好教学互动提供前提保证，还能够有效促进学生的主动学习、探究学习和合作学习活动。

1. 初中地理教学上课课设计的要求

初中地理教学上课设计及其所形成的教学方案，要求充分体现我国课程与教学改革理念要求，并特别重视学生学习过程、情感体验和能力培养等内容设计；要求能够顺利推进教学过程进程和有效促进师生互动交流，并注重创设相应课堂教学情景、意境，使学生能够真正积极主动地去开展学习活动。为此，初中教师地理上课方案设计需要注意以下要求：

（1）改变教材内容体系为教学过程体系。地理教师上课设计必须有一个根本转变，地理教学上课设计要求设计者一定要能够变教材内容体系为教学过程体系，从而有效实现授课教师自己对教学内容的"二次创作"。或者是要求通过地理课堂教学作课设计，使教师课堂教学"讲授"不脱离教学目标要求和具体教学内容；"如何讲"则要求设计者遵循教学原则、教学规律，并结合地理教科书内容和学生认知规律要求，以及学生已有知识经验去进行策划设计，去进行相应的教法与学法的加工处理。

（2）面向全体学生，注意有效促进。"面向全体学生"先应该把其理解为对地理课堂教学作课设计，及其所开展的教学上课实践活动的一种基本指导思想。换而言之，要求设计者及授课教师的地理课堂教学上课设计一定要"以学生为中心"，充分考虑每一名学生的学习基础与学习需要，为全体学生的学习进步、全面发展和健康成长精心谋划，决不放弃对任何一名学生的教育培养，并树立为学生着想、为教学服务的崇高教学服务思想；要求授课教师的地理课堂教学作课设计一定要"以人为本"，面向全体学生去设计好自己的教学基本思路与主要教学程序，并注意把握好课堂教学深度，选择好教学方法和教学媒体，以及认真挑选好经典教学案例，从而有效促进每一名学生的学习进步、全面发展和健康成长。

（3）遵循课改要求，增强可操作性。我国地理教学要求与传统课程教学规定有着本质区别，突出表现在其课程目标要求、课程价值取向、课程内容结构、课程教学要求、课程评价要求等诸多方面。授课设计者及授课教师地理教学作课设计要有别于传统备课，要能够充分渗透我国课程改革基本理念与基本要求；地理教学作课方案设计也要有助于体现学生"主动·探究·合作"学习方式，有助于学生学习主动性发挥、课堂教学氛围提高和探究性学习活动开展，有助于学生"动口""动手""动脑"等活动量的增加，有助于学生创新精神和实践能力的形成与培养，从而实现国家高素质人才培养目标要求。

地理教学效果很大程度取决于授课教师的上课方案设计水平，取决于设计者对"课标"的把握能力和教材加工处理能力。为此，设计者及授课教师为教学过程推进与展开所做的具体筹划，为师生互动交流学习和学生主动学习所进行的预设准备一定要具有可操作性。设计者一定要设法使作课设计有利于教师自己的教和学生个人的学，地理教学作课方案设计编写也要注重实用性与有效性，其中，"教学过程"设计的主体内容一定只能是教与学的具体内容，教学方法应用只要标注呈现出来即可。

（4）体现学生活动，革新学习方式。在我国新一轮基础教育课程改革的今天，地理教学作课设计必须采取相应改革措施加以调整。一是要求设计者依据我国课程与教学改革理念要求，着眼于国家长远利益和学生终身发展需要，多设计安排一些师生教学互动的内容与方式；二是要求设计者"以人为本""以学生为中心"多设计开放性课堂活动，使学习的学生能够充分参与到教学活动中来；三是要求授课教师有效落实学生系列设计活动安排，从而使地理课堂教学更多地呈现"主动·探究·合作"学习方式。

2.初中地理教学上课设计的程序

初中地理教学上课设计是一种在分析受教育者学习特点、课时教学目标要求和具体教学内容，以及各种教学条件等教学过程要素相互关系基础上，统筹全局地精心构建教学方案的具体过程，也是一种构建备选教学方案和比较、选择教学方案的计划过程。因此，初中地理教学作课方案设计本身有着自己一整套完整的需要遵循的操作程序。

（1）研究地理课程标准，设计教学目标。"地理新课标"是指导基础教育学校地理教学的纲领性文件，它体现着国家对地理学科教育教学的统一要求。因此，初中地理教学上课设计，要求设计者从研究"地理新课标"开始，通过研究达到以下目标：一是让设计者及授课教师能够明确自己开展教学作课设计与实施教学的具体方向；二是帮助授课教师设计出与课程标准要求相一致的地理课时教学目标，从而为设计者顺利展开之后的系列设计奠定基础，即为授课教师有的放矢地设计教学方法、选择教学媒体、设计教学过程，以及开展课堂教学活动提供有效保障。

课时教学目标是一种针对具体课时教学内容而设计的效果目标，它是我国众多教学目标之中最具体、最细化的一种教学目标。与地理"课程目标"一样，课时教学目标一般由"知识与技能""过程与方法""情感态度与价值观"等分项目标，即三维目标构成。再有，课时教学目标也是我国目前各种教学目标之中，唯一需要授课教师自行设计与确定的教学目标，因此，掌握课时教学目标的设计方法和表述方法对授课教师而言十分重要。

　　地理课时教学目标设计要求以行为目标方式陈述，其表述一般应具备五个基本要素，即行为主体、行为动词、行为条件、行为标准、行为内容，如："学生（行为主体）能运用中国地形图（行为条件）列举（行为动词）三列（行为标准）我国东西走向的山脉（行为内容）"。当然，设计者及授课教师在实际设计过程中也可适当简化，但前提条件是不能引起人们误解，如："运用中国地形图（行为条件）列举（行为动词）三列（行为标准）我国东西走向的山脉（行为内容）"；又如："运用世界地形图（行为条件）说出（行为动词）七大洲的地理名称、地理分布、洲际界线（行为内容）"。另外，地理课时教学目标书写视情况既可采用1、2、3、4的直接书写形式，也可使用分项目标，即"知识与技能""过程与方法""情感态度与价值观"等，结合1、2、3、4的详细表述方法。

　　（2）认真钻研地理教材，把握教学内容。地理教学作课设计之中的"钻研教材"有广义与狭义之分。广义的钻研教材既包括钻研地理教科书，还包含研究大量的教学参考资料；狭义的钻研教材则仅指设计者研读师生所共同拥有的地理教科书。需要特别注意的是，我国新一轮基础教育改革赋予了教科书全新的基本内涵，即现在学校使用的教科书教材已不再是传统意义上具有唯一性的，授课教师实施课堂教学的"法定"文件，而是一种仅供授课教师指导学生学习的教学材料，是师生之间开展学习交流活动的一种"文本"，或是称之为"一种依据课程标准编写的教案"。

　　虽然地理教科书教材已被赋予了全新内涵，已不再是传统意义上的"法定"文件，甚至设计者及授课教师可以进行自行修改完善，但钻研教材无论是过去还是现在仍然十分重要。因为授课教师只有认真钻研教材才能有效把握具体教学内容，才能使设计者及授课教师真正领会蕴含其中的思想性、科学性原理，并为地理课堂教学活动顺利展开与有序推进奠定基础。地理教学作课设计者及授课教师钻研教科书教材，要求在具体的"懂""透""化"三个字方面："懂"，即要求设计者及授课教师在逐字逐句反复通读教科书基础上，弄懂教材之中的基本概念、基本原理和知识点的前后联系，使设计者及授课教师真正做到心中有数或是对教学内容的"胸有成竹"；"透"，就是要求设计者及授课教师能够掌握教科书的编排体系、知识结构，并准确把握课堂教学的教学重点、教学难点等内容；"化"则要求设计者及授课教师将自己的思想情感与教材的思想性、科学性很好地融化在一起，为地理课堂教学知识流与情感流的交融奠定基础。

（3）深入了解学生，确定地理教学起点。学生是受教育对象和教育教学活动主体，地理教师要以学生为中心，真正确立学生在教学活动中的主体地位；要求设计者及授课教师"以人为本"，树立为学生着想、为教学服务的崇高思想；要求授课教师在自己的分析、讲述、讲解中，在组织学生的讨论、探究、合作学习中，充分考虑学生的接受能力与学习需要。然而，贯彻落实这些新要求首先必须把其体现在设计者的教学作课设计之中，而所有这些又都需要以"深入了解学生"情况为基础，即所谓的教师备课先必须备学生。再有，设计者只有"深入了解学生"才可能有效确定自己的教学起点，才可能选择设计出最适应学生需要的有效教学方法。即让深入了解学生、确定教学起点、设计教学方法环环相扣紧密联系，使"以学生为中心"的教育思想理念真正得到体现。

在初中地理教学作课准备工作中，设计者及授课教师需要了解学生的很多情况，就地理教学作课设计而言，所要了解的学生情况主要有学生已有地理知识与生活经验、学习兴趣与学习爱好、学习需要与学习习惯、个性差异与存在问题等基本内容。设计者及授课教师"深入了解学生"情况的渠道也有很多，但通常主要从班主任、任课教师和学生干部，以及与个别学生交谈等方面来进行；除此之外，授课教师还可通过查阅学生作业本、考试试卷、成绩表册等渠道来完成。为有效确认设计者及授课教师自己所获学生情况的真实性与有效性，授课教师可通过实际的课堂教学反馈信息来进行验证，这样久而久之便可使设计者及授课教师获得比较准确的教学预见。

（4）设计地理教学方法，选择教学媒体。教学方法与教学媒体都是师生开展地理课堂教学活动必不可少的"中介"，是维系师生地理课堂教学互动交流的"纽带"，也是授课教师完成课堂教学任务即向学生传授地理知识的唯一"手段"。因此，"设计教学方法，选择教学媒体"在地理教学作课设计之中非常重要，设计者必须给予足够重视并认真做好选择与组合，教学方法并无好坏之分，但有有效与无效之别，有效与无效实际上就取决于设计者对教学方法的选择与组合，所以，作为一名合格地理教师总是要善于抓好自己平时的学习与积累工作，通过不断学习先进教育教学理论和不断掌握新的教学方法与教学媒体丰富自己的知识储备，通过不断掌握各种教学技能来增强自己的从教能力，并特别重视对教学方法与教学媒体的选择与设计、组合与搭配。

在初中地理教学作课设计之中，要求设计者及授课教师切实把握新一轮基础教育课程改革要求，以现代课程理论和先进教学理念为指导，根据课时教学目标要求学科特点与具体授课内容、学生认知特点与已有知识经验、教师本身特长、教学设备条件等教学方法选择依据，认真选择设计课题教学各知识点最有效的教学方法，并决定与之相匹配的最得当

的教学媒体；要求设计者及授课教师根据地理教学理念要求，多选择设计那些能够充分体现学生主体地位，充分发挥学生地理学习主动性、创造性的教学方法。

（5）设计地理教学过程，编写作课方案。设计教学过程、编写教学作课方案是初中地理教学作课设计的又一项基本程序。其中，"设计教学过程"就是要求设计者及授课教师在完成各知识点教学方法选择与设计的基础上，站在整个课堂教学高度着眼于整个教学过程，统筹全局地考虑如何构建完整的教学过程与教学结构，如何协调好已选择确定的各种教学方法与教学媒体，怎样处理好课堂教学要素与课堂教学环节之间联系，以及教师讲授、学生活动教具演示、教学时间分配等重要问题。地理教学作课方案即地理教学作课设计所形成的教学方案，简称地理教案。地理教学作课方案是地理教师进行教学作课设计辛勤劳动所获得的劳动结晶。

初中地理教学作课方案内容编写可详可略，即有详案与略案之分。地理详案与略案的选择主要根据设计者及授课教师个人教学经验和学校教学实际需要而定，对于新授课的地理教师而言，一般只能设计编写详案，不宜写略案。另外，教案设计编写还要考虑其格式形式，目前，地理作课方案设计编写的格式形式还没有固定要求，通常有列表式与叙述式两种基本形式，选择何种形式也要求依据设计者及授课教师个人教学经验和爱好习惯而定。再有，地理教学作课方案所设置的格式项目也可依据各地学校要求灵活决定，一般有课题、教学目标、教学重点与教学难点、教学方法、教学媒体、教学过程、板书设计、课后分析等几项基本内容。

3. 初中地理作课行为规范与要求

作课行为虽属教学实践过程所表现出来的教师个人行为，但却直接影响课堂教学要素、教学结构、教学环节和教学节奏，以及师生互动效果与水平呈现。初中地理教师作课行为的策划与安排应紧紧围绕组织教学、实施教案和调整教案等作课工作基本内容来规范，其要求如下：

（1）有效实施课堂组织的教学工作。所谓组织教学实际就是一种利用教学管理手段实施进行的课堂教学纪律维护活动，它是授课教师为确保课堂教学活动正常有序开展，通过对学生课堂学习行为、活动方式、学习情绪和听课注意力等实施调控，从而有效避免学生课堂教学问题产生，顺利完成课堂教学任务而组织开展的一种课堂教学纪律维护活动。组织教学通常由授课教师实施的一系列有目的、有计划或是随机的管理手段与工作内容所组成。它是基础教育学校课堂教学必不可少的一项基本工作，几乎贯穿于整个课堂教学过程始终，能够有效集中学生学习注意力，纠正学生各种无意违纪与有意违纪现象，使学生充分参与到课堂教学活动中来。地理课堂教学组织教学工作一般又分为直接组织形式和间接组织形式两种基本形式，并由一系列"刚性"方法与"柔性"方法构成。

直接组织形式就是地理授课教师以直接方式组织开展的教学纪律维护活动。其主要针对学生的有意违纪现象或是为防止学生有意违纪现象产生而进行，并多通过直接规范学生学习行为或是纠正学生不良学习行为来完成，其实施方法基本属于"刚性"一类。例如，授课教师依据课堂纪律常规要求直接批评教育违纪学生，或是即时责令违纪学生按照课堂纪律常规要求纠正自己违纪行为等。同样，间接组织形式主要针对学生所出现的无意违纪现象，或是为避免学生无意违纪现象产生而组织开展的教学纪律维护活动，其多通过调整学生学习活动方式、调节学生听课情绪，或是激起学生新的学习兴趣与欲望来完成，实施方法多属于"柔性"一类方法，在实际课堂教学中应用比较广泛，实施效果也比较好。如：教师通过巧妙利用上课起立、教学导入、教学方法变换等方法，调控学生学习注意力实施组织教学。

初中地理课堂教学组织教学工作的设计策划，除充分考虑其组织形式，实施方法选择之外，还要特别注意对其进行组合搭配。要求设计者及授课教师在实际设计与实施运用过程中，有效结合学生具体情况灵活选用直接与间接组织形式以及"刚性"与"柔性"方法，并可直接与间接并用，"刚性"与"柔性"并举。另外，为有效增强教师开展组织教学工作的具体实效，还要求授课教师一定要注意自己"为人师表"的形象，即要求塑造好自己平时在学生心目中的良好形象。因为一个在学生心目之中缺少良好形象，特别是彻底丧失威信的授课教师，即使是采取了全部的组织教学形式与方法，也无力搞好对学生的课堂组织教学工作。

（2）切实"忠实"于自己的作课方案。教学作课方案是将地理授课教师做教学课设计所形成的各种教学思路与方法构想，以书面形式固定下来的计划性文本是授课教师课堂教学作课设计最后阶段所形成的书面纲领，是授课教师开展课堂教学实践活动的行动方案，因此，实施教学作课方案成为整个作课工作内容的核心部分，也是授课教师开展课堂教学的中心工作。实施地理教学作课方案就是指授课教师课堂之中，按照自己地理作课方案时序安排呈现预设内容的具体过程。由于地理教学作课方案是设计者及授课教师课前通过统筹全局而精心设计的教学行动方案，因此，通常要求地理授课教师应严格执行作课方案中所规定的各项设计安排，按照地理教学作课方案所制定的各项教学程序、教学方法开展教学活动。换而言之，要求授课教师教学中充分体现自己精心设计的教学行动方案，要"忠实"于自己精心设计的地理作课方案。

为了确保初中地理教师能够"忠实"于自己教学作课方案，能够按照教学作课方案所预设的各项规定与要求顺利开展各项教学活动，所以，要求授课教师一定要做好课前充分

准备，并把握好地理课堂教学进行之中各项内容。具体要达到两个方面的要求：一是要求授课教师课前必须通过熟记课时教学目标、教学重点、教学难点和具体教学内容来熟练掌握地理教学作课方案基本内容；二是要求授课教师课堂教学进行之中要能够灵活应用所规定的教学方法、灵活安排课堂教学环节和合理分配教学时间，并注意调节自己的课堂教学节奏，提高地理课堂教学氛围。

（3）灵活处理课堂各种预设与生成矛盾。地理课堂教学预设与生成矛盾既是设计者课前设计必须考虑的重要问题，更是地理授课教师课堂教学进行之中需要正确面对与妥善解决的基本矛盾。所谓灵活处理地理课堂教学各种预设与生成矛盾，就是指授课教师根据课堂教学实际生成情况，灵活调整教学预设方案之中的不当设计，即授课教师根据学生地理课堂学习与掌握具体情况，调整原来地理教学作课方案中与教学实际不相符合的设计内容。灵活处理地理课堂教学各种预设与生成矛盾是授课教师维护课堂教学良好生成效果，确保地理课时教学目标任务顺利实现而实施的教案调整活动，同时也是授课教师整个调整教案工作的核心内容所在。

灵活处理地理课堂教学各种预设与生成矛盾，实质就是授课教师依据课堂教学反馈信息，围绕地理课时教学目标要求，优化调整地理课堂教学活动的工作过程。由于授课教师教学作课设计总是不可避免地带有一定的主观片面性，加之受课堂教学活动因素多样性、多变性、复杂性等影响，因此，地理课堂教学作课方案中某些预设内容、预设方法总会与实际教学情况不相符合，所以，要求授课教师必须根据实际情况进行适当调整，即要求授课教师不要受自己原来教案的"束缚"。灵活调整地理课堂教学预设与生成矛盾常常需要授课教师经过收集反馈信息、分析反馈信息、做出调整决定等一系列分析加工过程，在实际应用过程中这并不是一个很漫长的过程，而是一个非常快速的思维过程。另外，设计者及授课教师也要清楚不是所有的预设与生成矛盾都必须立即实施调整的，是否需要做出调整或是否需要做出及时调整决定，还必须由授课教师根据预设与生成矛盾的矛盾性质和矛盾尖锐程度来决定。

（二）初中地理教学的说课设计

说课与作课、评课一样，都是教师从教工作的基本内容与从教能力的直接体现。所谓说课通常是指授课教师在精心设计自己教学作课方案基础上，面对同行教师或是观摩比赛中的领导、专家等，主要通过授课教师自己口头语言解说表达，当然也可借助其他教学媒体与教学手段配合，向听者说出自己针对整个课堂教学过程及其活动内容，或是就某一特定教学课题内容所做的课堂教学设计与思考。地理教学说课特点在于其"说"，即说课者的解说，要求解说清楚授课教师"教什么""怎样教""为什么要这样教"，以及学生"怎样学""为何要这样学"等设计问题与理论依据。

说课本身具有许多独特优势，突出表现在三个方面：一是组织实施简便易行。因为教学说课形式本身基本不受任何时间、空间和人数等条件限制。二是活动开展省时有效。这是因为教学说课能够在较短时间内开展经验交流学习讨论和意见反馈等大量交流活动，并能够有效完成对许多教师的甄别选拔工作。三是有利于展现教师从教能力与水平。教学说课本身能够有效展现说课者的教学设计水平与理论修养功底，有利于研究型、创新型地理教师的培养与脱颖而出。因此，教学说课能够很快在全国范围内顺利推广，并由最初选拔"教坛新秀"的人才选拔方式，发展成为广泛运用于学校教育教学领域的教学经验学习交流方式、教学研究方式和人才选拔方式等。目前，全国范围内已经成立了多级"说课研究协会"，各种研究专著学术论文也不断涌现。

初中地理教学说课设计是说课者为提高自己教学说课水平与效果，围绕如何向听者解说清楚自己教学作课方案而预先进行的一种计划性策划，是先于教学说课而又直接为教学说课服务的一种教学预设准备。地理课堂教学说课设计直接为教师说课活动提供服务，并能够通过教学说课的呈现、交流、讨论、意见反馈等，进一步优化授课教师自己的地理教学作课方案，从而有效提高地理课堂教学水平和授课教师从教工作能力。地理课堂教学说课设计的主要依据仍然是授课教师精心设计的教学作课方案，但又并非是对教学作课方案的简单抄袭与直接复述，它需要设计者依据课时教学目标要求、教学说课设计内容和教学说课设计要求对教学作课方案进行必要的加工与处理。为确保地理课堂教学说课水平与说课效果，初学者常常还需要完成书面形式的设计文本，即认真写出书面形式的地理课堂教学说课文稿。

初中地理教学说课设计在现实学校地理教学工作中意义重大。首先，对于整个地理教学而言，说课教学设计是起步，是完成整个学校地理教学工作的前奏，是教师谋事布局、规划蓝图的重要阶段；其次，开展地理课堂教学说课设计对于优化地理教学作课方案、提高教师教学水平和教师个人素质都具有重要作用，因为教学说课设计本身也是教师教学智慧生成与表达的过程，它能够帮助教师进一步认识教学过程，有效把握具体授课内容，从而增强教师地理教学说课、地理教学作课的必胜信心；最后，地理课堂教学说课设计能够有效促进教师的成长过程，特别对于刚刚走上教育工作岗位的年轻教师而言，把握地理课堂教学说课设计基本内容、设计方法和基本要求，积极开展教学说课设计和投身于教学说课活动之中，是他们快速成长为熟练教师、研究型教师，乃至创新型教师的重要途径。

1. 初中地理教学说课设计的过程

完整的地理教学说课设计过程，一般包括说地理教材、说教学方法、说学生学法、说教学过程、说教学评价等基本内容。

（1）说地理教材。说地理教材，要求教学说课设计者注意解说清楚自己准备"教什么"一类话题。即要求设计者及说课教师向听者说出自己地理教学作课方案所设计的主要教学内容，以及针对地理教材内容所做的具体分析与加工处理，例如，本节课主要教授的地理知识点、教材编写意图、地位与作用、新旧知识衔接点与生长点，以及授课教师在自己"二次创作"中所做的具体删减与增补内容等。另外，要求教学说课设计者说出自己所设计的地理课时教学目标内容及其设计依据，例如，设计了怎样的课时教学目标，为什么要确立这样的教学目标等。再有，要求教学说课设计者说出确定本课时教学重点、教学难点，或是某一特定教学课题内容的教学重点与教学难点及其依据来源，例如，本课教授的教学重点有哪些，自己是依据哪些内容确定出来的，教学之中学生可能会存在哪些学习困难，即教学难点有哪些，自己又是如何判断出来的等。

（2）说教学方法。说教学方法，要求设计者及说课教师主要表达清楚自己接下来准备"怎样教"一类话题，并且解说清楚自己"为何要这样教"的基本道理。由于地理教学方法的选择设计与组合搭配至关重要，它直接影响地理课堂教学目标达成和学生学习任务完成，因此，特别要求设计者及说课教师注意向听者说出自己为落实课时教学目标要求，或是为了激发学生学习兴趣、培养学生创新精神和实践能力等，所选择设计与组合搭配的主要地理教学方法及其理论依据。另外，还要求设计者及说课教师向听者说出自己贯穿于整个教学设计之中，特别是教学方法选择设计与组合搭配之中的主要教育教学理念，或者是重要的设计意图有哪些等。

（3）说学生学法。说学生学法，需要设计者及说课教师表达清楚要求学生"怎样学"的具体方法，并且解说清楚"为什么要这样学"的基本道理。为此，设计者及说课教师首先需要向听者分析学生学习过程中很有可能会出现的学习困难和认知障碍，以及能力培养内容和需要条件。然后，说出设计者自己为克服学生学习困难和认知障碍，以及相应能力培养需要而设计的学法指导方法或是一系列设想。最后，要求说出设计者及说课教师建构整个学法指导方案的基本理念，或是主要设计依据等，即回答"为何要这样学"的教学基本道理。

（4）说教学过程。教学过程是整个地理教师教学说课内容的主体部分，也是体现教师自己教学说课水平与教学说课设计能力的核心内容，同时还是教师"教什么""怎样教""为什么要这样教""怎样学""为什么要这样学"等设计问题与理论依据的具体体现。为此，特别要求设计者及说课教师围绕两个方面内容进行解说：一是要求设计者及说课教师必须解说清楚自己教学过程设计的基本思路与主要程序，包括体现授课教师自己教材分析、教法设计、学法指导和评价分析意图的独特设计或是巧妙安排等，由于该部分涉及内容很多，设计及其语言解说过程一定要注意思路清晰、条理清楚、重点突出、特色鲜明；二是要求设计者及说课教师一定要说清楚自己设计教学过程基本思路与主要程序的理论依据，从而有效体现设计者的地理课堂教学说课设计及其教学说课活动水平与深度。

（5）说教学评价。这里所说的教学评价，即是地理授课教师针对学生课堂教学活动所准备实施的形成性评价。说教学评价，就是要求设计者及说课教师解说清楚自己针对课时教学目标要求、学生活动状况所设计的地理形成性评价方案，或是地理课堂教学巩固练习方案；再就是要求设计者及说课教师解说清楚自己针对学生形成性评价结果，所准备实施的反馈矫正具体措施。形成性评价是授课教师检查地理课堂教学效果与学生地理学习水平的重要手段，是学生巩固所学地理知识和形成相应技能技巧不可缺少的测量评价。因此，要求设计者所确立的具体教学测量评价方案与教学测量评价指标一定要科学，用于教学测量评价的测试题练习题、思考题等命题也一定要准确客观，即既要能够充分体现地理课时教学目标要求，又要能够考虑不同学生的地理学习基础与接受能力，并要求尽可能做到分层设计与区别对待。

2. 初中地理说课行为规范与要求

初中地理教学说课行为虽属教学说课设计基本内容之外行为，但却始终制约影响着教师教学说课及说课设计的效果呈现，因此一直以来人们都十分重视对其进行约束与规范。初中地理说课行为规范与要求如下：

（1）端正说课语气，呈现课程基本内容。虽然地理教学说课设计与地理教学作课一样都以教学作课方案为基础，但说课与教学作课既有联系又有区别。因为教师教学说课的对象仅是自己的同行教师或领导、专家，而教学作课对象的主体一定是课堂教学之中的全体学生，所以，针对同行教师，或是领导、专家的教学说课语气与针对全体学生的教学作课语气应完全不同。教师切记，不能把地理教学说课变成地理教学作课，要求使用正确的教学说课语气逐一呈现地理教学说课基本内容，即使教学说课过程中需要模拟一下课堂教学场景，如：怎样导入、怎样提问、怎样结尾等，教师也要注意在模拟结束之后及时转换过来。总而言之，初中地理教师自己一定要保持清醒头脑，切忌把整个说课场景变成课堂教学场景。

（2）突出教学过程，兼顾全面教学要求。初中地理教师教学说课所涉及的基本内容很多，但也决不能"蜻蜓点水"平均使力，教师一定要通过突出教学过程来兼顾全面要求。

虽然地理课堂教学说课时间可长可短，教学说课要求也在很大程度上取决于对方所给予的时间，但是无论对方所给予的教学说课时间是长还是短，教师都必须突出"教学过程"，注意解说清楚自己的教学过程设计，即要求说课教师一定要说清楚自己教学过程设计的基本思路和主要程序，包括体现自己教材分析、教法设计、学法指导和评价分析意图的独特设计或是巧妙安排；再有，要求说课教师一定要向全体听者说出自己完成教学过程的基本思路、主要程序设计所依据的教育教学理论，即解说清楚教师自己做出如此设计的理论依据。

（3）体现设计特色，注意教学条理清楚。高水平教师教学作课善于做到教有特色，并设法使自己的学生学有所获，因此，地理课堂教学说课设计与地理教学作课一样也要求设计者充分呈现自己设计特色。因为设计特色无论在教学经验学习交流方式的教学说课过程中，还是在教学研究与人才选拔方式的地理教学说课阶段里都十分重要。另外，无论哪一种方式的教学说课设计都需要授课教师具有相应解说深度，即围绕教师"教什么""怎样教""为什么要这样教"，学生"怎样学""为什么要这样学"去充分揭示所设计问题与理论依据所蕴含的深刻含义，并在基本思路和主要程序方面突出说明教师自己的独特设计，或是设计者自己所做的巧妙安排。再有，地理教学说课设计、教学说课活动与地理教学作课一样都要求有相应层次变化，需要呈现出非常清晰明朗的良好效果，即要求思路清晰、条理清楚、重点突出、特色鲜明。

三、初中地理教学的导入与结束设计

（一）初中地理教学的导入设计

初中地理课堂教学导入是授课教师在授课开始，针对地理课时教学目标要求和学生已有知识经验，运用相应教学手段引起学生注意、兴趣、想象，并阐明本课学习目的和建立新旧知识联系，引入新课学习的一种教学行为方式。地理课堂教学导入本身具有多重属性，就基础教育课堂教学结构要求来看，教学导入是地理课堂教学之中一种必不可少的教学环节；就执教者课堂教学所实施行为而言，教学导入又是授课教师经常需要实施的一种教学行为方式。

初中地理课堂教学导入设计实质就是授课教师为了协调教学诸要素相互关系，寻找地理授课最佳突破口所做的一种周密考虑与细致安排，地理课堂教学导入设计的目的在于强化教学导入本身功能、规范教师教学导入实施行为，从而有效搞好实际的地理课堂教学导入，其在课堂教学之中的重要作用已经越来越受到众多执教者重视。初中地理课堂教学之中，常用且常能奏效的教学导入设计方式主要有以下八个方面：

第一，复习导入。复习导入又称温故导入，是地理授课教师通过复习旧知识顺势将学生带入新知识学习之中的一种教学导入方式。由于复习导入既能够有效复习巩固旧知识，又能够为新知识教学做好相应铺垫，且教学设计与实施应用过程中不受太多条件限制，因此，它成为初中地理教师喜爱的一种常用教学导入方式。

第二，直接导入。直接导入是地理授课教师在教学之初，不做任何铺垫地介绍新课学习内容、教学目标和学生学习要求，直接带领学生进入新课学习活动的一种教学导入方式。直接导入方式极其重视教学导入的直接性，即要求授课教师以最少时间和最快速度，完成拉近学生与教师、学生与教材的心理距离，使学生迅速进入良好的学习状态。

第三，设疑导入。设疑导入是地理授课教师在教学导入之中有意布设疑问，设法使学生在心理上产生悬念，进而激发他们强烈的释疑解惑求知欲望，并顺势把学生带入新知识学习之中的一种教学导入方式。

第四，联系实际导入。联系实际导入是地理授课教师联系学生身边所熟悉的，最好是亲身体验过的地理事物和地理现象，通过唤起学生共鸣而导入新课学习的一种教学导入方式。

第五，演练导入。演练导入是地理授课教师在新课教学之前，有选择地展示地理教学挂图、教学图片，演示地理仪器、地理模型等实物，或是勾绘地理教学板图、教学板画等图像，通过教师完成具有启发性的直观展示、演示、勾绘，或是直接邀请学生共同参与完成相关练习活动，从而顺利导入新课学习的一种教学导入方式。

第六，情趣导入。情趣导入也称妙语导入，或引经据典导入，是地理授课教师针对具体教学内容和学生学习心理，结合有关故事、趣闻、诗词、俗语、典故，或是谜语、音乐等资料，设计富有吸引力的情趣语言，并以此为契机导入新课学习的一种教学导入方式。

第七，审题导入。审题导入是地理授课教师直接板书课题、解释题意，并顺势引导学生导入新课学习的一种教学导入方式。审题导入可有效利用基础教育学校地理教材之中许多具有可利用性的章节标题进行设计，因为这些标题本身就具有较强的概括性、结论性，能够有效突出教师讲授的地理知识范围或是内容特征，也能够产生很好的教学导入效果。由于这种教学导入方式也比较直接，因此，有人把其看作是直接导入方式之中的一种具体形式。

第八，综合导入。综合导入即导入设计融合了多种导入基本方式，通过综合发挥多种导入方式积极作用，从而把学生顺利带入新课学习的一种教学导入方式。综合导入效果发挥关键在于对所选各种方式的组合搭配，设计者只要能够实现教学目标前提下各种导入方式的彼此协调融合，就一定能够产生良好的地理教学导入效果。

（二）初中地理教学的结束设计

　　教学结束又称教学结尾或是教学结课，它是授课教师在完成课堂新知识教学之后，通过熟练运用归纳总结、强化训练或是其他有效手段，为学生清晰呈现所学知识系统结构、逻辑关系与内在规律，从而完善学生认知结构和促进学生知识建构的一种教学行为方式。教学结束是地理授课教师经常实施的一种教学行为方式，也是基础教育课堂教学必不可少的重要环节，因为具有完整结构的基础教育课堂教学活动，不仅需要有新奇蕴疑的"导入"、异彩纷呈的"展开"和变化自然的"承转"，而且还必须有一个耐人寻味的"结束"安排。教学结束是学校课堂教学的点睛之笔，它以其独特的设计与安排显著区别于其他课堂教学环节，以及教师其他的教学行为方式。另外，教学结束这种技能不仅广泛应用于一堂课的教学终了阶段，而且还可以用于许多新知识、新概念的教学结尾；不仅能够系统概括学生所学知识内容，而且还能够拓宽学生认识视野和激发他们后续的学习兴趣。

　　初中地理教学结束设计，仍然是一项先于课堂教学结束实践活动进行的预设准备工作，它是授课教师为提高自己课堂教学结束水平与实施应用效果，特意针对教学结束这种包含智力与动作的教学行为方式，及其实施策略和设计方法而预先所进行的一种计划性策划。地理课堂教学结束设计如能得当，不仅可以让学生达到纵览全课要领、清晰教学条理和巩固所学重要知识等目的，还可以为学生后续学习打好基础、做好铺垫、激发他们进一步学习的兴趣。

　　1. 初中地理教学结束设计的作用

　　初中地理教师实施教学结束设计的根本目的，在于通过增强教学结束功能和强化教师实施行为来提高课堂教学结束实施应用水平。由于教学结束设计本身终究还是先于教学结束实践应用过程的计划性策划，因此，其更多作用有待通过授课教师的实施应用来发挥，所能产生的重要作用具体表现在以下四个方面：

　　（1）总结归纳课堂教学知识。教学结束其精练准确的设计语言不仅能够突出地理教学重点和清晰教学条理，而且能够给予学生系统完整的地理印象，提高学生对所学地理知识的理解与记忆水平，同时还能够有效培养学生地理综合归纳能力。

　　（2）及时巩固学生所学知识。学生对学习知识的遗忘规律一般是先快后慢、先多后少，因此，及时巩固学生所学知识能够有效保持他们的记忆知识储量，尤其是对那些大量的事实性地理知识识记而言，及时巩固所学知识更具有重要意义。

　　（3）获取学生学习反馈信息。地理教师通过总结归纳、强化训练，能够及时了解学生对所学知识掌握的基本情况，并能够依据学生反馈信息有效修正他们的认识错误和调整教师后续教学计划。

（4）激发学生后续学习兴趣与欲望。具有丰富教学经验的地理授课教师总在教学结束时有意设置悬念，让学生能够在最后不断回味或是展开丰富联想，从而激发学生后续学习兴趣和继续学习的强烈欲望。

2.初中地理教学结束设计的要求

虽然地理课堂教学结束方式与结束方法也是多种多样，但良好的教学结束效果都需要授课教师精心做好课前各项预设准备工作，并通过不断提高教学结束设计艺术水平和灵活处理各种预设与生成矛盾来获得。为此，在对初中地理教学结束设计过程中，授课教师需要特别注意以下要求：

（1）地理教学条理清晰，呈现系统结构。地理授课教师在地理教学结束时，不但要能够深化学生对地理事实、地理概念和地理原理认识；而且还要能够将学生所学重要知识由点串成线、由线织成网，给予学生清晰的课时教学条理，并呈现出学生所学重要知识内容的系统结构，从而有效帮助学生形成完整地理印象和完善学生地理认知结构，进一步促进学生的知识建构与内化过程。所以，设计者在预设准备工作中一定要认真梳理课时教学内容，找寻所授课的重要地理事实、地理概念、地理规律、地理原理，一定要依据其内部联系、因果关系和逻辑关系，理顺自己的教学思路，理清自己的教学条理，并对重要地理事实、地理概念、地理规律、地理原理做出妥善编排与设置，从而确保地理课堂教学结束实施应用的良好效果。

（2）突出地理教学重点，归纳总结知识。地理教学结束所提出的突出教学重点、归纳总结知识等基本要求，本身也就是教学结束区别于其他课堂教学环节，以及教师其他教学行为方式的突出方面。教学结束设计者在自己预设准备过程中，一定要设法在自己分析与梳理基础上做好对知识内容的归纳、总结等加工处理工作，并特别注意突出课时教学内容的教学重点，这样才能有效避免教学结束时让学生十分反感的机械再现、简单重复等行为与做法，使地理课堂教学结束真正产生良好效果。

（3）注意拓展延伸知识，紧密联系实际。初中地理教学要注重理论联系实际与学生实践能力形成培养。地理教学结束设计者应充分重视地理理论所联系的具体外界事物及其属性，要在巩固学生所学重要知识内容的基础上，利用教学结束时机引导学生思维活动向纵深方向延伸，引导学生认识视野向教材以外、课堂以外拓展；让学生所学重要知识内容与外界事物或是生活实际紧密联系，并在现实情景中接受具体验证，为学生后续学习打下必要基础。总而言之，地理课堂教学结束设计者应紧密联系实际、注意拓展延伸，注意学

生学习的学以致用、能力培养和品德提高，并使教学结束成为又一新教学过程及教学内容的开始与起点，而不应把其视为单纯的地理课堂教学终结。

（4）重视课堂预设准备，处理生成矛盾。地理课堂教学结束形成的良好效果，从课堂教学过程角度来看实际就是教师处理预设与生成矛盾的结果，即授课教师对预设与生成矛盾处理水平决定着地理课堂教学结束效果。为此，授课教师既要通过多思考、多设计，做好课前各项教学结束预设准备工作，并注意在平时抓好自己教学结束设计艺术水平的提高，又要能够正视教学结束生成过程中存在各种现实矛盾，并善于灵活处理好各种预设与生成矛盾。所谓灵活处理预设与生成矛盾包含两层具体含义：一是要求授课教师根据课堂教学内容、授课类型和学生认知心理规律，在课前多设计出不同的教学结束方案，从而尽可能减少课堂出现的各种预设与生成矛盾机遇，使课堂教学结束能够比较顺利贴近教学要求与学生实际要求；二是要求授课教师在课中生成阶段能够根据课堂教学实际情况，灵活修正课前所预设的教学结束设计方案，从而确保实际课堂教学结束能够达到非常理想的良好效果。

（5）遵循简练特性原则，体现结束要求。简练同样是地理课堂教学结束本身区别于其他教学环节与教师教学行为方式的基本特性。这同样因为教学结束并非地理课堂新知识教学环节，因此，要求地理课堂教学结束设计及其实际应用应以简练为特色，即要求授课教师教学结束语言要能够在清晰教学条理、呈现系统结构，突出教学重点、归纳总结知识基础上做到言简意赅，使授课教师寥寥数语能够锦上添花、旨深意远、耐人寻味；或是能够让课堂学生产生另辟蹊径、别开生面的形象生动意境。授课教师切忌把自己教学结束言语弄得冗长而不得要领，更不要明知下课铃声响起还"不识时务"地在那里手忙脚乱拼命拖堂。

总而言之，教学结束既是初中地理教学必不可少的重要教学环节，又是基础教育学校地理授课教师经常实施的一种教学行为方式。经过设计者精心设计的教学结束能够在实际教学应用中产生良好效果，能够使地理教学授课内容得以概括、系统、深化，能够为地理课堂教学起到重要作用。为此，设计者在预设准备工作中需要认真清晰教学条理、呈现系统结构，突出地理教学重点、归纳总结知识，注意拓展延伸、紧密联系实际，重视预设准备、处理生成矛盾，遵循简练特性、体现结束要求，并注意统筹全面考虑好各项基本要求。

3.初中地理教学结束设计的方式

初中地理教学结束的设计方式多种多样，地理教师可根据具体授课内容、学生学习心理需求和课堂教学变化实际情况，并结合教师本身特长灵活机动地进行选择与设计。常用的地理教学结束设计方式，主要包括以下七个方面：

（1）幽默风趣式。幽默风趣式是地理授课教师在对新课内容进行归纳总结、强化训练或是其他手段基础上，通过对课堂教学结束过程或是教学结果进行幽默效果处理，从而设法使说再见的学生面带笑容离去的一种教学结束方式。幽默风趣式教学结束所追求的是教学最后的轻松愉快、生动活泼，良好效果的幽默风趣式教学结束不仅能够有效调整学生学习心理，而且能够有效消除学生学习疲劳和克服学生厌学情绪，并能够有效激发他们的学习兴趣与学习主动性。幽默风趣式地理教学结束效果更多取决于设计者课前的精心设计，即只要授课教师在课前依据具体教学内容妥善做好幽默效果处理，就一定能够在实际的课堂教学中产生良好效果；但是，许多时候良好效果形成还缺少不了授课教师课中机智灵活与随机应变的具体处置，即需要授课教师课中灵活处理好各种预设与生成矛盾。

（2）归纳总结式。归纳总结式是地理教学广泛应用的一种教学结束形式，是授课教师在课堂教学结束的时候，应用简明扼要的语言将新授课内容进行梳理、归纳、总结，从而突出课堂教学重点和清晰教学条理的一种教学结束方式。这种教学结束方式能够快速再现学生所学重要知识内容，并有效建立新旧知识联系和清晰系统知识条理结构。由于归纳总结式并非是课堂教学的新知识教学环节，所以，要求地理授课教师在进行梳理基础上做好对所学知识的归纳、总结等加工处理工作，并特别注意创设相应的课堂教学结束情境，让学生所学知识内容能够得到有效拓展与延伸，从而进一步促进学生的知识建构与内化过程。另外，归纳总结式的文字表达可以是图框式，也可以是表格式；可以是因果关系式，也可以是基本特点式，具体设计需要教师根据实际情况灵活处理。

（3）承前启后式。承前启后式是一种为配合地理授课教师课堂教学开始内容，或是课与课教学导入内容所做的特殊教学结束设计方式。其中"承前"是指教学结束与本节课教学导入内容的相联系与相呼应，例如，对教学导入所设置疑问或是悬念的一种回应；"启后"则是指将本节课教学内容或是教学结束内容作为下一节课教学导入内容的铺垫设计，它能够为学生后续学习做好必要的心理准备与知识准备。地理知识与知识之间存在着广泛联系，常常一个章节的教学内容需要通过几个课时才能完成，因此，设计者在进行教学结束设计时必须考虑后续教学内容，并为下一节课或是今后教学课的内容做好铺垫。当然，承前启后式的设计重点是"承前"，"启后"仅是为学生后续学习进行铺垫，所以，要求授课教师在进行铺垫设计时一定要注意点到为止，切忌画蛇添足为课堂教学结束带来不必要的麻烦。

（4）拓展延伸式。拓展延伸式是地理授课教师在学生充分认识、理解新知识内容的基础上，利用课堂教学结束时机把学生所学知识内容与外界事物联系起来，从而有效地引导学生思维活动向纵深方向延伸，认识视野向教材以外、课堂以外拓展的一种教学结束方

式。拓展延伸式教学结束设计能够有利于学生创新精神养成与实践能力培养，从而有效体现地理教学理念要求；但是，地理教师在选择设计拓展延伸式教学结束方式时，一定要特别关注教学结束所联系的外界事物具体属性，即要求选择那些具有典型性、可思考性、可探究性的外界事物进行设计，因为不是所有外界事物都能够赋予教学结束以拓展与延伸效果的。再有，所联系的外界事物如能够同时兼顾趣味性，能够激起学生的学习兴趣与爱好，那样就一定能够让教学结束产生理想效果。

（5）巩固练习式。巩固练习式是一种特别注重教学实用性设计的教学结束形式，也是地理课堂教学广泛采用的一种教学结束方式，它是地理授课教师为了强化学生当堂所学知识与技能，特意在新课教学任务完成后通过围绕教学重点展开系列实践应用、测试训练或是作业练习等，从而有效强化学生所获重要知识与技能的一种教学结束方式。巩固练习式虽然实施应用方法与手段很多，但实际地理课堂教学过程中更多教师是通过直接布置完成课堂作业的方法来进行的。巩固练习式教学结束不仅能够有效巩固学生所学知识与技能，而且还能够充分增强课堂教学的实用性与目的性，从而有效提高地理课堂教学效率和地理课堂教学质量。

（6）悬念创设式。悬念创设式是地理授课教师针对学生认知心理原理与学习心理需求，结合独特教学内容通过创设悬念形成学生急切期待心理或是释疑解惑求知欲望，从而赋予课堂教学结束于独特艺术效果的一种教学结束方式。严格而言，悬念创设方式仍然包含"设悬"与"释悬"两部分，但课堂教学结束之中特别要求突出其"设悬"设计，目的在于激起学生对后续学习的急切期待心理和释疑解惑求知欲望。由于悬念不仅能够有效唤起学生系列认知心理变化活动，而且能够赋予地理课堂教学结束浓厚艺术效果，所以，具有丰富教学经验的地理教师总是在课堂教学结束时通过设置悬念，故意留给学生一个亟待探索的未知数，从而有效激起学生对新知识学习的期待心理与好奇之心，让地理课堂教学结束呈现良好效果。

（7）激发鼓励式。激发鼓励式是地理授课教师让教学内容紧密联系实际，并通过富有情感且充满激情的话语启迪、鼓励、感染、感动学生，或是寄厚望于学习过程之中的学生，从而激发他们刻苦学习精神的一种教学结束方式。激发鼓励式教学结束设计能够影响学生的整个学习行为，使学生精神振奋、努力拼搏，留给学习者终生难忘的记忆与印象。但是，这种教学结束方式除了要求精心挑选所联系的实际教学内容之外，对授课教师所应用的语言要求也特别高，它不但要求文字语言设计精练、准确、具体、形象、生动，更要求授课教师口头语言表达要富有情感，因为只有在地理教师强烈情感影响下，学生才会受到启迪、鼓励、感染、感动。

第三节　初中地理教学问题与活动设计

一、初中地理教学问题设计

（一）初中地理教学问题设计的要求

一节表现良好的地理课，离不开教学问题，而教学问题是引领学生参与、深入、思考等的主要方式。问题是地理课堂教学的核心，问题设计的好坏直接关系到教学效果的成败。问题设计的目的是引导知识的分析，培养学生的思维能力。在初中地理教学设计中，应该尽量将知识转化为问题，利用问题的分析，推导知识的产生和分析的过程，提高教学过程的有效性。初中地理教学问题设计的要求如下：

第一，问题设计的针对性。针对性是问题的核心：针对内容，就是通过问题的思考和回答，要能把教学的主要内容引导出来；也就是教师要能将想讲的变成问题。针对对象就是针对学生。学生是针对的主体，课堂教学的提问对象只有一个，那就是学生，过难的问题学生回答不上来，这样的问题缺乏有效性；同样，如果问题过于简单，学生不需要思考就能回答，这样的问题同样缺乏有效性；教师在教学中设计和提出的问题，必须是经过严格思考后的问题。针对环节提问指的是教师在设计教学问题的时候，必须将问题放到教学环节中去思考。不同的教学环节，设计的问题是有很大的差异。一个在自学环节的教学问题不可能等同于互学或是讨论环节的教学问题，即便是内容相似，设计的问题内涵和层次有很大的差别。一个成熟的问题，一定是按照知识的内涵，根据学生的实际情况和教学环节来设计。

第二，问题有梯度，起点低，拓展深，也就是解决怎么想。地理教师提出的问题一定要起点低，能让学生有话说，能根据话题延伸思考内容。例如，说出身边的商业区、文化区、行政区、住宅区的特点，再类比理解工业区等功能区。这样的问题完全化且起点高，学生没有回答的语言也就很正常。如果修改为：向同学介绍自己家庭居住小区的特点，比较家庭居住小区和学校的功能差异，说出购买商品时最喜欢到的商业区，向同学介绍该商业区的布局和交通特点，类比理解工业区等功能。这样修改后，学生回答的可能效果就不一样了。

第三，问题的思维有一定的深度，也就是具有探究性。课堂教学提问的目的是要引领学生的思考，拨动学生的思维，是需要学生根据问题去探究。

第四，问题有很大的开放度，答案不要求唯一。设计问题需要开放性，将学生的思维通过问题的深入引向深入，也将地理课堂教学引向深入。

第五，问题设计有一定的情景性，也就是要激发学生的兴趣，引导学生参与问题设计需要有一定的情景性，可以引起学生的兴趣，激发学生参与思考的激情。没有情景就没有起点，这类无情景设计的问题很多，是教师在教学问题中很容易忽略的环节。

第六，设计的问题应具有主导性，问题要能体现教学主题内容，使我们的教学围绕这一主体内容去交流学习。这个是教师教学中最缺乏的。主导性问题一般称为课堂的主问题，主问题并不一定是多问题或是重点知识，而是能牵引整节教学的问题。主问题的设计，将放到教学过程的问题设计中去探究。

（二）初中地理教学环节中问题设计技巧

地理教学过程一般可以分为自学、互学和探究讨论、学生展示、教师引导等几个环节。而每一个教学环节中都涉及问题的设计，这些不同环节问题的设计是教师很容易忽略的内容。

1. 自学环节的问题设计

自学环节是地理教师根据教学的内容，对于一些简单的问题，或是一些需要学生自己观察的现象和背景材料进行独立的或是小组为单位的自主学习。第一，自学不是学生自己的学习，而是学生的自主学习，即适宜学生自己独立思考为主的根据教师布置和教学的安排发生的自主学习。第二，自学不是地理教师放任不管的自学，而是教师的整个教学安排的环节。自学中教师不但要安排合适的内容，还要根据学生的自学情况随时调整时间，参与到学生的自学引导中去。第三，自学的内容不仅仅阅读，阅读只是自学的一种选择，自学的背景材料是多方面的，地理教师可以根据教学的内容做合适的选择。第四，自学是在教学环节的最开始环节展开。自学是地理教师根据教学需要做出的合理安排，没有一个固定的时间和程序。

自学是一个有地理教师参与和教师引导的，以学生自主学习为主的教学环节。除了必要的自学内容外，地理教师还需要根据自学内容，做出对学生自学的引导。对自学引导最有效的就是对自学材料进行问题化。因此，自学环节的问题设计在地理教学中地位一样重要。初中地理教学中自学环节的问题设计，应该注意和实现以下四个方面：

（1）导向性。自学环节的问题设计一定要具有导向性，也就是需要对学生自学的方向和目标进行导向。学生自学后，能达成怎样的目的、起到怎样的效果，这与地理教师针对自学环节的问题设计有关系。要做到学生有目的的自学，地理教师必须针对自学的内容和学生的实际情况设计问题，用问题引导学生的自学，这也要求问题设计需要有导向性。

（2）思维性。自学只是一个学习过程，地理教师还需要给学生一定的思考引导。一个好的自学问题设计，可以让学生结合自学内容，拓展自己的思维空间，将自学的知识用于解决实际的问题。

（3）检测性。自学的目标，首先，是解决一些相对简单，不需要地理教师讲而学生能根据自学内容，借助一定的工具在老师的指导下完成一定的学习内容；其次，自学还有助于提高学生的自主学习能力，养成自主学习地理的习惯；再次，发现学生不了解或是不理解的内容，使地理教师的教学做到有针对性；最后，为学生之间的互助学习提供问题生成和平台。检验学生自学效果的一般的做法就是让学生复述自学的内容。这样的检验有一定的效果，但照本宣科，效果不佳。如果能将自学的检验通过问题设计、问题导向以及问题回答来解决，让学生根据问题导向自学，然后利用所学习的知识来解决这些问题，效果自然就提升很多。所以，自学问题设计必须具有检测学生自学成果的功能。

（4）生成性。自学除了要完成自己能学习的内容外，还要发现学生不懂的地方，需要学生根据自学的问题，将不懂的地理知识转变为问题，在后续的环节中去加以解决。因此，地理自学问题设计也必须要有学生转化和生成的空间，不只是为了解决一个问题或是一个现象。学生可以根据自学问题进行前推后移，生成新的问题。一个好的自学问题设计，需要考虑的要素很多，地理教师应该转变随便将学习内容抛给学生自学的习惯，精心设计自学问题和内容，提升自学的效率。

2. 互学与探究环节的问题设计

互学环节是课堂教学中根据自学环节中产生的疑惑和生成的问题，教师进行提炼或是教师根据教学的内容和学生的学习实际预设的问题，用以让学生以小组为单位相互学习，提高学生的思维品质，达成一定学习深度的效果。因此，初中地理教学中，互学环节的问题设计需要注意以下三个方面：

（1）层次性。互学环节的问题先必须要有层次性。对学生思维的启迪和思辨的开启需要有一定的层次，地理互学环节的问题设计也一样，需要给学生一定的思维平台。即互学环节的问题设计可以是一个问题组或是一个问题链，一个问题的解决成为下一个问题思考的前提条件。这样的问题设计不但有利于学生思维的拓展，也给学生思维开启提供了一个可行的空间。

（2）思辨性。互学环节不但要解决学生自学环节中出现的疑惑和生成的问题，还要开启学生相互学习和讨论的过程，要达到互学环节中学生的相互学习和研讨，地理教师提供或是预设的问题就必须要有思辨性，要能有效地激发学生思辨的激情，点燃学生思维碰撞的火花。激励学生通过对这些问题的思辨，探索出学习中的知识和规律，解决学习的重点和难点，在教师的引导下，完成学习任务，达成学习目标。

（3）拓展性。学生的思维是不能固化也无法固化的，思辨中的思维是最容易激发火花的。在互学的过程中，学生之间的相互讨论和思维借鉴，能让问题的研讨得到很大的提升和内容的拓展。因此，地理互学环节的问题设计不能只解决一个孤立的问题，还需要问题本身是一个可以开发和拓展的空间。

3. 教师引导环节的问题设计

地理教师引导可以是一个环节，也可以不分环节，因为地理教师的引导随时都在发生。地理教师的引导往往发生在学生自学的疑惑、学生互学的争执、学生展学的拓展上。因此，地理教师的引导环节是生成性的，完全是一种机智教学行为。教师引导环节不是教学的重点环节，但却是教学的精彩环节。教师引导环节的问题设计不在于解决一个真问题或是探究一个新知识，而是在于重新启迪学生的思维。地理教师引导环节的问题设计，需要注意以下三个方面：

（1）简明性。无论是在教学的哪个环节，地理教师引导性问题不能过长，内容不能过多，要简明扼要，达到启发和引导的效果。

（2）启发性。引导的目的是启发学生思考，当学生的思维陷入困境或是思维空间无法有效展开的时候，需要地理教师及时发挥引导的功能。而此时教师的引导就是让学生的思维重新打开，因此，教师的引导性问题就需要极具启发性。

（3）含蓄性。地理教师的引导是为了启发学生。因此，无论是教师的引导语言还是教师的引导问题，要做到含蓄，做到点到为止，做到点露面藏。使学生能根据教师的引导和提醒重新开启自己的思维路径，找寻自己的思维方法，而不是教师将思维路径和答案告诉学生，这样就失去了引导的效果。

教师引导环节的问题设计，对地理教师的个人素质提出了较高的要求，需要地理教师根据课堂和学生学习的实际情况提出引导性问题，需要地理教师在日常的教学行为中不断地锻炼和总结。

4. 展学环节的问题设计

展学环节是在地理教学中，根据学生自学或是互学的实际情况，让学生把学习的内容展示给同学，向同学展示自己的思维过程和学习过程，同时接受全体同学和老师的置疑。展学是一个重要的教学环节，无论是自学还是互学环节，都可以看成是学生的独立学习（个人或是小组）学习的效果需要大家一起分享，因此，展学环节就是学生根据自己的思维和学习的过程，将学习的结果展示给同学。因此，展学只是学生自己展示的行为过程和结果，这个行为过程和结果能不能达到教学要求，能不能将考试和教学实际进行对接，需要全体学生进行置疑，更需要教师结合教学的实际，对学生的展学环节进行评价和引导。地理展学环节的问题设计需要注意以下三个方面：

（1）引领性。展学虽然是以学生个体或是小组为单位的展示学习过程，但是也需要地理教师对展学过程进行引导，将学生的展学内容引向深层，同时引领更多同学的置疑，对展学环节置疑越多，思维的碰撞越大，展学的效果也越大。

（2）生成性。展学的问题设计和互学环节类似，很多问题可能不是教师预设的，而是教师根据学生回答的实际情况在展学过程中提出的，因此，展学中的问题设计对地理教师的素质要求很高。

（3）目标达成性。展学是学生展示思维的过程和学生的研究探索过程。这个过程需要根据教学的内容、目标、考试的要求等因素相结合。这就需要地理教师适时提出一些有价值导向的问题，将展学的结果尽可能靠近终极目标，使展学的价值目标达到最大化。

当然，在自学、互学、展学等教学过程中，地理教师是否需要设置问题，也需要根据实际情况来定，这些问题更多是在过程中出现的，生成性强，教师应该在平时的教学中多一些生成性问题练习，很多教师预设性的问题在教学过程中不适合，如果教师把预设性问题生硬搬进这些环节，只能使效果适得其反，不能解决问题，使教学过程不流畅。

二、初中地理教学活动设计

在初中地理教学中，丰富而有趣的活动可以充分激发学生的学习热情，从而提高教学效率与质量，地理教师能否有效设计教学活动直接体现了教学水平。

（一）初中地理课程教学活动的基本类型

初中地理教学过程中主要有以下活动形式：

第一，游戏活动。地理游戏可以使学生通过仔细的观察，深入细致的分析，在积极的知识运用中达到巩固和应用的目的。常用的地理游戏活动主要有读图比赛、地理谜语、地图游戏等。

第二，教具制作。学生积极地参与到地理教学教具的制作活动中，可以锻炼实践操作能力和地理知识的运用能力。地理教具制作的前提是学生必须全面掌握地理知识和原理，能准确、有效地在制作过程中使用基本的地理概念。

第三，观察测算活动。观察测算活动主要是运用初中地理课堂学到的测算方法和常用的测量工具进行数据测量和绘制等活动。地理测量活动可以与知识运用有效地联系起来，从而使学生找到规律性的知识，使学生在体验中感受到知识的魅力。

第四，讨论交流活动。辩论与演讲是讨论交流活动的主要形式，教师应当准备学生熟知、有探索意义和价值的题目引导学生讨论，同时使学生在讨论前积累必要的素材，以便做好讨论与交流的准备。在讨论的过程中教师还要积极地引导，能有效掌握讨论的方向，使讨论不偏离主题。

第五，自主探究活动。首先，教师可以引导学生自主提出问题，也可以为学生设置问题，引导学生开展针对问题的探究活动；其次，要引导学生通过开展观察、收集、加工资料等活动来获得新知识；再次，教师要在学生探究过程中遇到瓶颈时给学生必要的讲解，使学生将探究活动更好地继续下去；最后，教师要为不同学生设置不同的探究题目，以便让不同层次的学生都能在探究活动中得到提高。

第六，主题宣传活动。主题宣传活动可以是围绕与地理有关的主题活动日或节日开展一系列科普宣传活动。首先，学生要围绕宣传的主题收集相关的材料与素材，从而形成知识的积累；其次，可以采用宣传标语、张贴海报、制作动画视频等方式在学校网站、微信平台等进行宣传；最后，教师应当对宣传活动的细节与关键点给予必要的指导，从而使主题更加突出。

第七，社会调查活动。社会调查主要是对与人文地理或与自然环境有关的地理现象进行的调查活动。首先，地理调查可通过访问、收集资料以及野外考察等形式进行；其次，社会调查应当与乡土教材相结合，运用身边的环境和资源进行调查；再次，调查要引导学生用图表和数据汇总的方式进行分析，从而得到必要的调查结论，将地理调查的结果简明扼要地展现出来；最后，教师要指导学生撰写最终的调查报告。

（二）初中地理教学活动设计的注意事项

初中地理教学活动的设计安排应当围绕课堂教学目标，符合高效性、节约性、时效性等特点要求。

第一，应当注意实现教学目标。实现初中地理课堂教学任务与教学目标是地理教学活动设计的出发点，因此，教师要根据课堂教学的实际情况安排教学活动，切实在教学活动中体现活动与知识的本质联系，从而在活动中获得更好的教学效果。

第二，应当尊重学生主体地位。在设计和安排教学活动的同时，还需要在教学活动中充分体现学生的主体地位。首先，要站在学生的角度设计地理教学活动，使学生对地理活动充满兴趣，愿意积极地参与到地理活动中来；其次，地理活动要符合学生的知识水平，要与学生的生活有紧密的联系；最后，活动的设计切忌盲目跟风，教师要认真研究活动中可能遇到的问题，从而找出必要的预防性措施。

第三，应当体现合作交流意识。首先，地理教学活动应当使所有学生都是积极的参与者与实践者，让学生在课堂活动中有明确的任务；其次，活动中要在学生之间建立必要的密切配合关系，使所有学生都获得提高；最后，要使所有教学资源为学生所共享，能在合作中将地理教学活动不断拓展延伸，培养学生的交流合作意识。

第四，使教学活动具有灵活性。首先，地理教学活动必须使用多种形式和多种内容让学生积极地参与进来；其次，要在活动中为学生设置更多动手、动脑的机会与空间，让学生大胆实践，努力创新，使学生不怕在活动中出现挫折；最后，教师要发挥鼓励者和协调者的作用，保证教学活动沿着正确的方向进行。

第五，课内与课外活动相结合。为了拓展初中地理教学活动的范围，应当充分挖掘家庭与社会中的地理教育因素，使课内与课外教学活动广泛得以顺利开展。首先，为学生布置具有趣味性、可以独立自主完成的课外作业，促使学生在课外主动进行地理探究性学习；其次，鼓励学生走进大自然，积极参与实践活动，不断拓展学生视野。

总而言之，"初中地理教学活动的设计应当符合学生的特点与兴趣，在教学活动设计中应当注重使用多种活动形式和方法，使教学活动具有更好的灵活性，要切实做好新旧地理知识的衔接设计，从而使学生在积极的活动中有效地学习地理知识，最终达到提升教学效果的目的"①。

---

① 杜德生.初中地理教学活动设计的策略 [J]. 新教育，2017（22）：42.

第五章　初中地理教学方法与模式设计创新

第一节　初中地理教学方法与设计优化

地理教学方法是地理教学活动中一个十分活跃的因素，也是地理教育理论研究中既十分重要，又十分具体的问题。初中地理教学方法是在地理教学过程中，教师和学生为实现地理教学目的，根据特定的地理教学内容，而采取的教与学相互作用的一系列活动方式、步骤、手段和技术的总和。恰当的教学方法能高效促进学生对地理知识与技能的掌握，形成正确的情感态度与价值观。

一、初中地理教学方法的功能与类型

（一）初中地理教学方法的功能

初中地理教学方法的使命是保障学生能掌握地理教学内容的所有方面以及促进学生智育和德育的发展。因此，地理教学方法的功能是多样的，主要有以下三个方面：

第一，正确的方法有利于学生学习地理知识和掌握地理技能。正确的方法能顺利引导学生学习地理知识，使学生在形成地理表象的基础上，掌握正确的地理概念和理解地理基本规律。例如，充分运用直观的教学方法，并采用实习的方法使学生直接感知地理事物，有利于学生积累丰富的地理表象；恰当采用比较分析、综合的方法，有利于学生理解地理要素之间的相互联系，掌握各种自然、人文地理的规律。

第二，合适的方法能促进学生智力、能力的发展。地理教学经常采用大量的直观教具及野外实习的方法来培养学生的观察能力；采用语言和影像、图片相结合的教学方法来丰富学生的想象能力；采用语言和地图配合运用的方法来训练学生的记忆能力；采用变式练习和实习的方法来培养学生解决问题的能力等。采用适当的方法进行教学，对学生智力、能力的发展和促进是多方面的。如果教学方法不当，在培养学生智力、能力方面则收不到预期效果。

第三，有效的方法有利于对学生非智力因素的培养。贴切、自然、巧妙、潜移默化的教学方法，对于树立学生正确的资源观、人口观、环境观以及可持续发展观念，培养爱国

主义情感，建立全球的观念，都十分重要。恰当的教学方法能激发学生学习地理的兴趣，而兴趣唤起的学习动机是内在的、积极的、长期的和稳定的，对于掌握地理知识、技能以及发展智力，能起到积极的促进作用。有效的教学方法，是师生活动最和谐的结合，它能促进师生相互了解、相互信任，增进师生的关系。好的教学方法，将直接影响教学效果，能够产生一种艺术魅力，给学生以艺术感受。

（二）初中地理教学方法的类型

初中地理教学方法种类繁多，各种教学方法的作用、特点、适用范围和选用原则也不尽相同，其中，既有历代教学经验的传统教学方法，也有随着课程理念的更新和改革的深入以及教师教学设计理论水平的提高，而不断提出的新的方法。初中地理教学可以采用的方法如下：

1. 地理讲授法

地理讲授法是教师通过简明、生动的口头语言向学生讲述、讲解、讲读地理知识，发展智力的教学方法，从教师教的角度看，它是一种传授的方法；从学生学的角度看，它是一种接受性的学习方法。运用讲授法，地理教师可以通过合乎逻辑的分析、论证，生动形象的描绘、陈述，启发诱导性的设疑、解疑，使学生在较短的时间内获得较为全面系统的知识，并把知识技能教学、思想政治教育和发展智力三者有效地结合起来。

讲授法在地理教学中有其独特的适应范围，一般在以下教学内容中应用讲授法尤为适合：①教材中比较生涩难懂的地理概念、地理特征和地理规律及地理成因等；②需要教师进行系统、生动的描述和分析的自然景观和文化景观；③需要教师进行深化、扩大知识领域，加深分析和补充说明的内容；④地理知识结构不清，需要教师进行系统化、条理化和规律化的内容；⑤地理思想政治教育因素强烈，需要教师进行有感染力的阐述的内容；⑥缺乏现成的可以利用的地理学习材料，需要教师进行讲解的内容。上述教材内容运用讲授法有其特殊的价值，其他教学方法是难以代替的。

在教学过程中，地理讲授法又可以表现为讲述、讲解、讲读等不同的形式。这些形式又各有自己的特点。第一，讲述法：教师用形象的语言向学生叙述或描述地理事物的方法。一般在叙述地理事物、现象、特征和分布时运用讲述法。教师在运用讲述法时，除了要注意讲述内容的科学性之外，还应注意语言的口语化，讲述的语言要生动、形象、优美、亲切，语调要抑扬顿挫。第二，讲解法：教师运用富于理性的语言向学生说明、解释或论证地理概念和地理规律的方法。教师一般在说明各种自然或人文地理事物的形成原因、布局原理、相互联系，或阐述地理区域的综合性和差异性，解释和推导天文、气象、水文等一些公式和原理时，运用讲解法。第三，讲读法：将讲述、讲解和朗读结合起来运用的一种方法。在教学课文中的重点或精彩段落时，可以运用讲读法。

初中地理讲授法的基本要求包括：①科学性。讲授的内容要有严格的科学性，措辞要准确、精练；阐述命题证明、推理要合乎逻辑，结构严谨。②系统性。讲解要条理清楚、层次分明，重点突出，注意学生理解问题的认识规律，使讲授内容系统化。③启发性。讲授中要引起学生的求知欲，激发学生思维活动，常与比较法、分析综合法以及其他逻辑思维方法搭配使用。④艺术性。讲解的语言要清晰、精练、生动，尽量做到深入浅出，通俗而不失严谨。讲解语言音量适当，富有情趣，快慢适当。⑤辅助性。要尽可能地采用直观的方法辅助讲授，一目了然地将地理知识揭示出来。

2. 地图教学法

地图是地理学的"第二语言"和"望远镜"，在地理学的学习和研究中具有不可替代的作用。地图法是指教师和学生为更有效地达到教学目标，通过地图上的认知符号来获得所需地理信息，发展记忆力和空间思维能力的教学方法。地图具有直观一览性、地理方位性、抽象概括性、几何精确性等特点，以及信息传输、信息载负、图形模拟、图形认识等基本功能。在初中地理教学中，地图的作用具有两面性，即它既是学生认知地理事物和规律的载体和工具，同时又是学生学习的对象。这就要求学生充分重视地图，培养读图、析图、用图以及绘图能力。

初中地理的地图教学法主要包括地图挂图的运用以及指导学生阅读地图册两个方面。教师在课堂上运用地图挂图时，应选择好主图（指一节课中自始至终展示的地图，通常有世界全图、中国全图以及某国、某地区的全图等）和辅图（指一节课中随着上课进程更换展示的地图），注意挂图内容要紧扣教材，图幅数量应得当；设计好悬放挂图的位置；安排好演示时机，及时地展示和及时地撤换（主图例外）；还要做到指图的规范、准确，掌握好指图点线面清晰。有条件的学校，用多媒体来显示地图挂图，则效果更好。指导学生阅读地图册时，应教会学生看懂地图上的经纬网坐标，理解各种符号、注记的含义，掌握比例尺和实地距离之间的换算方法，理解地图上符号代表的地理事物的内在关系和相互联系，要求学生由看懂地图到熟悉地图（在头脑中形成地图表象），由熟悉地图到能分析、运用地图。此外，在运用地图进行教学时，不应忽略剖面图、柱状图等常规地图的衍生图的应用。

3. 分组讨论法

讨论法是在教师指导下，全班或小组围绕某一中心问题通过不同观点的陈述、商榷和争论，共同研讨，相互启发，集思广益地进行学习的一种方法。地理讨论法虽在课堂的时效性上不能与讲授法相比，但也有其独特的优点，如：利于培养学生批判性思维能力，围绕同一问题展开讨论，驱使学生不得不学会基于地理事实、概念和原理的推理来维护自己的意见，同时学会从不同角度考虑问题。初中地理课堂讨论中，分组讨论法是当前课改课堂极力推崇的一种教学方式，它在体现学生主体性、师生互动、生生互动等交往课堂上具有独到功效，是培养学生批判性思维的一种方法。

地理分组讨论法教学过程程序包括：①提出议题。教师向学生提供资料，给出事实，提出讨论议题。②组内讨论。将议题分解为不同小主题，其间至少有观点对立的两个小主题。然后进行对应小组分工，收集资料，组内讨论各自小主题。③观点辨析。进行组间信息与观点交流，教师注意引导学生从对立的角度质疑彼此的看法和立场，进行科学辨析。要求学生进一步明确看法，稳固立场。帮助学生检验各自的立场，确认立场背后的事实假设是否正确，以及这一立场的预期结果。④师生评价。教师与学生对讨论的情况共同进行评价。⑤归纳总结。归纳总结，完善结论。

地理分组讨论活动教学利于培养学生的能力、情感和价值观，利于科学观点的树立、科学方法和科学态度的形成，利于对知识的深入分析思考以及表达能力、合作能力的培养。这种教学模式较费时间，掌握知识的效率也不如探究式和讲授式。因此，可以确定典型的主题，有计划地在一学期开展几次，不宜过多。此外，在一些研究课当中常用的，前后左右几个学生之间的几分钟讨论，不是讨论式教学，而只是探究的一种方法，不要把这种方法误认为是讨论式教学。

4. 发现教学法

发现法以培养学生探究性思维方法为目标，地理教师通过提供适宜学生进行知识"再发现"的问题情境和教学内容，引导学生积极开展独立的探索、研究和尝试活动，以发现相应的原理或结论，从而培养学生的创新能力。

（1）发现教学法在地理教学中的应用范围

第一，在学习新的地理概念、规律、结论或揭示地理知识间联系的教学内容时，适宜使用发现式地理教学。如：学习"西北地区"时，要了解该地区降水量从东向西变化的规律，可在课件中设置自东向西地区植被景观的渐变效果，让学生从课件中自己发现规律，总结规律。

第二，新旧知识联系密切，新学知识难度不大时，可以使用发现教学法，如：在学习"等温线"这一概念时，就可让学生联系"等高线"这一概念，另外，等深线、等压线、等降水量线等也可以应用发现教学法。

第三，容易混淆的地理知识，通过让学生比较分析，发现异同，得出结论，也是发现

法应用的方面。如：学习世界气候类型中的"热带季风气候"的特征时，学生很容易将其与热带草原气候相混，教师可用发现式教学，让学生从二者形成的原因着手，通过比较，发现二者的差异，从而加以区别。

第四，可从直观及实物操作入手，通过实践，引导学生发现问题，得出结论。如：学习"等高线地形图"时，可以让学生利用泡沫塑料模型操作实践，发现等高线地形图的涵义。

（2）地理发现教学法的实施步骤

第一步：提出要求，使学生明确发现目的。思维源于问题，疑问引发发现，应用发现教学首先需要给出"发现"的明确任务和目标。第二步：做出假设，使学生明确思考方向。第三步：创设情境，使学生面临"矛盾"。只有内心的"矛盾"，才可能引起学生求知探索的动力，所以，在提出要求、给出假设后，需要进一步设置情境，激发学生的"矛盾"。第四步：指导学生根据案例，整理资料，罗列证据，发现结论，归纳总结。第五步：将发现的结论与事实材料结合，加深理解。学生一旦发现自己的归纳结论与"答案"一致时，会欣喜异常；若出现不一致，教师则应加以指导，纠正错误。第六步：将发现获得的知识应用于实际。这个环节是发现教学法的升华，也是一个后续的要求。

（3）地理发现教学法的注意事项

在初中地理教学过程中应用发现教学法需要注意以下方面：①发现法可以贯穿于某节课的始终，也可以仅用于一节课中某一个教学因子的教学；②发现法在应用中要注意发现情境的创设，一般而言，发现情境要有目的性、现实性和新颖性；③发现法并不是要完全让学生自己去发现，而是在教师指导下的发现，因为只有这样的发现才会更加具有实效性；④发现法强调以学生为中心，充分发挥学生的积极性，让学生按自己的方法自由发现研究，允许学生有自己的见解；⑤发现法的应用还要注意学生的个体差异，教师在备课的过程中要对学生的学习水平、学习差异有真正的了解，保证教学过程有一定弹性。在初中地理教学中，利用发现法进行教学，多侧重于地理规律、地理原理方面的知识。

5.案例教学法

地理教学中的案例就是指地理教学内容中关键性问题的典型实例。从形式上看，案例主要围绕中心问题展开，一般不做分析和解释；从内容上看，案例既可以反映某些地理原理与规律，又可为多层面、全方位分析提供可能；从来源上看，案例是对真实地区、事件等的描述，是在广泛吸收原始素材的基础上选编的；从构成上看，案例包含特定的地点、时间、现象等，主要为说明原理、规律，解决实际问题提供足够的背景信息。案例教学可以在课堂内进行，也可以在室外或课外进行。这里主要探讨课堂中的案例教学，初中地理案例教学法的一般程序如下：

第一，提供和呈现地理案例。展示案例作为案例教学的一个有机组成部分，以呈现方式而言，有文字材料、教师口头描述、电教化展示、场景模拟等。以呈现时机而言，地理案例可在讲解知识点和原理之前呈现，也可之后呈现，也可"案""理"同步。

第二，分析和探究地理案例。学生分析、研讨是案例教学活动的主体。分析案例的关键是师生互动，将地理案例的内容与相应的地理知识联系起来，揭示地理案例与地理原理之间的联系，讨论其发展变化规律。教师的职责是启发引导，组织调控、创设民主和谐的教学氛围，促进学生在宽松、自主的状态下，运用相关的地理知识，大胆进行独立思考，积极参与交流和研讨，富有创造性地进行探索实践。具体组织方式可以灵活多样，如：个人思考、小组讨论、分组辩论、角色扮演、现场考察或情景模拟等。

第三，总结和评价地理案例。这是对前一阶段案例教学的概括和提升，一般由教师来完成。可以对地理案例所反映的地理现象、原理和规律作纲要性概括；也可指出学生在分析、讨论地理案例中的成绩和问题，进行矫正性、提高性讲解；还可以启发学生进行归纳、总结，或提出一些发人深省的问题，开拓学生视野。

地理案例教学法以其独特的优势，适合了教育改革的要求，案例教学法有其自身的优点：首先，案例教学法能够为学生提供一种真实的环境，提供进行分析的素材和机会，通过大量案例学习，使学生得到更多技巧的训练，使其在分析问题、进行辩论等技能方面的训练得到加强；其次，案例教学法还能够培养学生的分析能力与批判精神。

地理案例教学法也有其局限性，主要包括：第一，需要教师有精益求精的教学态度和高度的责任心，调控课堂的经验与能力，较广博的案例知识积淀以及深厚的专业知识，同时也需要学生有较广的知识面，具有一定的分析能力；第二，案例教学的时间调控难度大。为保证有效参与案例教学，学生必须预习教学内容，一些实践性强的验证性案例还要求学生针对问题开展社会调查等活动；第三，案例教学受教学内容的制约。一般而言关于"怎么办""为什么"的问题，很适合用于案例教学，而关于"是什么"的问题，用讲授法教学效率更高。

6. 地理探究法

地理探究法以在教学过程中的地理问题为导引，根据学生的身心特点对"探问""质疑"进行深入探讨，进一步研究，从而为学生构建具体的知识体系，并形成科学的求知观念和科学研究方法的一种新型的教学方法。探究法的教学目的是改变学生的学习方式，最终目的是培养学生的创新精神和实践能力，与传统教学相比，探究法具有科学性、自主性、合作性、创新性、开放性等鲜明特征。探究法教学可以是课堂内的，也可是课外实践活动形式。地理探究法不是以一般的知识掌握为目的，而是以问题解决为中心，以学生为主体，注重学生的独立认知活动，通过探索、研究来获取知识，着眼于培养创造性的思维能力和意志。初中地理探究法的教学程序如下：

（1）确定问题。给学生提供需要调查、探究的问题范围及所要使用的方法。问题来源可以是地理教师通过特殊的问题情境诱导学生提出的，也可以是学生提出的，甚至可以是教师或教材直接给出的。确定问题这一步活动内容包括：设置情境，引导学生关注有关主题或问题。

（2）提出假设。提出假设，围绕假设提出系列问题或广泛收集有关问题，这些问题的解决都用来论证假设。提出假设这一步活动内容包括：运用"头脑风暴"等研讨形式提出可能的预测或假说，并确定资料收集方向或调查的方向。

（3）制订方案。设计、制订地理探究方案，确定人员分工，并且准备探究工具。制定方案这一步活动内容包括：制订计划并划分小组，制订小组行动方案，明确个人的任务，分析所需的资源，制订时间表。

（4）收集资料。学生针对问题，通过各种途径、形式进行数据资料的收集整理。收集资料这一步活动内容包括：收集资料在小组内汇总，或考察、调查和采访报告与数据汇总到小组，制作图表，使用计算机模拟数据库，根据资料、数据、图表进行组内讨论、解释，价值观分类，指出偏见。

（5）得出结论。学生初步得出结论，在此基础上师生共同讨论，得出一致结论。得出结论这一步的活动内容包括：做一个模型，进行一次角色扮演，完成一份报告或一次谈话，做一个录像或录音带，举行一次辩论，做总结发言，组织一个展览等。

（6）迁移运用。地理教师提供新的课题，要求学生运用结论和探究程序进行评价或作新的探究。

地理探究性学习适用性广泛，可以用于各种教学内容，但是探究式教学必须有足够的时间让学生进行充分的自主活动，而且探究过程中也需要地理教师插入必要的讲解或指导，这是需要在地理课前设计时充分考虑的。

二、初中地理教学方法选择与设计依据

初中地理教学方法的选择与设计，需要依据地理教学目标、学生主体特点、教师素质条件、教学条件基础的不同来进行。

（一）依据地理教学目标

初中地理教学目标是地理教学目的、任务的具体化，对地理教学方法的选择起着直接的指导作用。由于各章节、各课时教学目标的不同，选择和设计教学方法就须做相应不同

的考虑。例如，若某节课的教学目标以传授新的地理知识、发展学生的智力为主，则应选择讲授法、发现法、启发法、探究法等，从而让学生形成正确的地理概念和地理原理，发展学生解决问题的能力；若某节课的教学目标以培养学生的地理技能为主，则应选用讲授法、地图法、演示法等而言明基本要求；若某节课的教学目标有培养学生科学的地理观，则宜选择讲授法、案例法、讨论法等。

（二）依据学生主体特点

学生是教学的主体，初中地理教师的教是为了学生的学，选择教学方法就必须与学生的年龄心理特征以及学习方法等情况相适应。学生的年龄心理特征决定认知方法，初中生的心理特征表现为直接经验少，理解能力弱，思维形式正处在由具体形象思维逐步向抽象逻辑思维过渡的阶段。地理教师应从初中生的心理特征出发，选用讲读法、谈话法、直观教学法，激发地理学习兴趣，发展形象思维能力。同时，学生的智力水平、学习方法、学习态度等有个体差异，班风、学风等学习环境也会有所差别，这些也是教师在选择教学方法时必须考虑的。

（三）适应教师素质条件

任何一种教学方法的选用，只有在适应教师的素养条件，为教师所领会和掌握后，才能充分发挥作用。初中地理教师的教学能力、教学基本功、教学理念，以及对教材的熟练程度等方面的素质差异等都能成为选择教学方法的重要依据。因此，教师应该了解自身的优势与不足，然后根据自身的特长来选用教学方法，例如，语言表达能力强，富于感染力，善于启发的教师，可利用自己的优势，运用好讲授、谈话等教学方法；擅长绘画、摄影，或擅长收集各种图片、幻灯、录像资料的教师，可充分利用自己的特长多采用直观教学的方法，以使学生积累丰富的地理表象；善于组织学生活动、动手能力强的教师，则可多采用开展课堂讨论、质疑释疑，组织课内外演讲比赛、教具制作等教学方式；精通计算机的教师，则可采用多媒体教学，充分运用好计算机辅助教学，等等。总而言之，初中地理教师选择教学方法时，必须根据自身的素养条件，扬长避短。

（四）考虑教学条件基础

学校的教学条件是选择地理教学方法的物质基础，选择地理教学方法必须考虑本校的仪器、经费、教学场地等教学条件，因地制宜选用条件许可的或经努力可以实现的教学方法。有的学校办学条件好，设备齐全，可为地理教师优选教学方法提供一定的物质基础，例如，开设地理专用教室、地理园，实现地理多媒体教学等；有的学校办学条件差，没有

如此齐全的教学设施，只能根据已有的设备条件选择教学方法。例如，自己创制教具、标本模型等，创设条件改进教学。

三、初中地理教学方法设计的优化组合

在全面考虑教学目标、学生特点、教师素质、教学条件等具体情况下，初中地理教师应将各种地理教学方法相互结合，取长补短，共同保证地理教学的顺利进行，并取得最佳的整体效果。地理教学方法的优化组合有大量的变式，不必追求千篇一律的固定模式。初中地理教学方法设计的优化组合可以从以下四个方面加以考虑：

第一，传统教学方法与现代教学方法的优化组合。传统的地理教学方法经过长期经验总结，经受住了教学改革的考验和发展，仍有较强的生命力，例如，启发式教学法、练习法、讲授法、板书板图法等。而现代计算机多媒体教学法、幻灯投影等电化教学方法，具有直观生动、信息量大等优势，二者有机结合，则相得益彰。

第二，直观教学方法与逻辑思维教学方法的优化组合。地理教学尽管十分需要直观教学方法，但直观不是目的，而是手段。过分直观或仅停留于直观层面，不利于地理学习的深入内化，不利于学生素质的全面提高。在地理教学过程中，应遵循认知规律和教学规律，交替使用直观方法和逻辑思维方法，螺旋式、阶梯式推进地理教学，深化地理教学。

第三，图像教学法与文字语言教学法的优化组合。图像教学法是地理教学的一大特色，但不能忽视文字语言教学法的作用。经验丰富的地理教师不但能熟练地驾驭两种教学方法，而且能创造一些图文融合的教学方法，使其教学效果更为突出。在图像教学方法运用中注意使用文字语言画龙点睛，在文字语言教学方法运用中注重借助地理图像加以配合说明，从而达到事半功倍的效果。

第四，国外教学方法与本土教学方法的优化组合。引进国外先进教学方法实属必要，也是地理教学改革的需要。如：美国布鲁纳的"发现法"、斯金纳的"程序教学法"、保加利亚诺扎洛夫的"暗示教学法"和苏联沙塔洛夫的"纲要信号图表教学法"等，都对我国地理教学产生了深远的影响，但是，本土经验概括提炼的教学方法也极有价值，也是富有成效的教学改革的重要成果。初中地理教师在对国外地理教学方法引进的同时，结合我国实际和自己的教学经验，对本土地理教学方法选择、改进，使之与国外教学方法有机结合、互为补充。

第二节　初中地理教学的多元模式设计

一、初中地理发现式教学模式设计

地理发现式教学是地理教师通过提供适宜于学生进行知识"再发现"的问题情景和教材内容，引导学生积极开展独立的探索、研究和尝试活动，以发现相应的原理或结论，从而培养学生创造能力的方法。地理发现式教学模式与传统教学相比具有以下特点：第一，地理发现式教学强调探索知识的形成过程，而不是知识的结果。第二，地理发现式教学是假设归纳的，而不是定论演绎式的。在地理发现式教学中，学习的内容不是以定论的形式由教师直接呈现给学生，而是由教师设置各种问题情境，提供一些熟悉的材料，把知识的答案假设成未知，引导学生利用所给的材料独立探索，找到解决问题的答案。第三，地理发现式教学注重培养学生的直觉思维能力。在过去的教学中，逻辑思维几乎扮演着唯一的主要的作用，但在地理发现式教学中，分析思维和直觉思维并驾齐驱。直觉思维常是以"领悟""顿悟"的形式表现出来的，而这种思维在其实际运行过程中又总是与发散思维和创造性思维结合在一起的。

（一）初中地理发现式教学模式的步骤与要求

1. 初中地理发现式教学模式的步骤

（1）呈现资料，提出要求，使学生明确发现目的。思维源于问题，疑问引发发现，应用地理发现式教学先需要给出"发现"的明确任务和目标。

（2）创设情景，做出假设。在明确思考方向后，地理教师应鼓励学生根据他们的知识和经验，运用推理和观察等方法，去探求解决问题的途径，也就是假设。如果问题复杂，学生感到无从下手，这时教师应运用目标分析法、类比法、头脑风暴法等方法去帮助学生分析问题，寻求可能的答案，最终形成不同的论点。

（3）选择一种合理的假设。学生提出假设之后，要用批判的态度来考查这些假设，通过选择获得对解决当前问题最为合适的假设。在指导学生慎重筛选假设的时候，地理教师要指导学生分析、推理、比较、综合，以训练学生的思维能力。

（4）将发现的结论与事实材料结合，地理教师评价矫正，学生对照检验。论点建立以后，检验这一论点是否正确，要与事实相对照。需要调整学生的学习和教师的施教，使教学相长。在验证论点的过程中，地理教师应注意培养学生自我评价和自我矫正的能力。

（5）将发现获得的知识应用于实际。这个环节是发现式教学的升华，学生在发现阶段获得的概念、原理和规律的基础上，地理教师应指导学生将在原有的情境中已定型的知识和技能，转化为能在新情境中解决问题的能力。这一阶段实际上是通过"应用"把抽象的静态的知识转化为灵活的动态的认知结构。

2.初中地理发现式教学模式的要求

（1）善于引导，讲求实效。尽管地理发现式教学以学生的探究活动为主，但学生的这种探究发现并不会任意、自由和随心所欲。因此，发现能否取得实效，地理教师的善于引导也很关键。地理教师的引导能够保证学生在有意义的路线上进行有意义的探究，避免盲目的猜测和无益的活动。另外，教师的引导不能太具体，应含而不露、引而不发，给学生以自我选择、判断、联想、创造的思维空间。

（2）确立学生主体地位，营造师生和睦氛围。地理发现式教学强调以学生为中心，充分发挥学生的积极性、主动性，允许学生有自己的见解。尽管地理教师在学生发现、探究中可以充当支持者、鼓励者，但教师绝对不能替代学生。而学生是否能够积极、主动地提出自己的见解，关键在于有没有民主的课堂氛围，只有在民主的、轻松的、愉快的课堂氛围中，学生才敢于发表自己的意见。地理教师应鼓励学生发表不同的意见，对于错误及幼稚的意见应加以引导，只有这样学生的思维才能活跃起来，探究发现才能达到目的。

（二）初中地理发现式教学模式的优势与注意事项

1.初中地理发现式教学模式的优势

（1）有利于形成学生的内部动机。学习是一种智力行为，智力行为本身存在着动机的作用，因此，可以把学习过程理解为动机作用的过程。动机又分外部动机和内部动机，内部动机是促进学习的真正动力。而地理发现式教学是以不确定信息来激发学生的内部动机，激发学生对学科本身的内在兴趣和发现的满足，所以，地理发现式教学容易形成独立的学习积极性，并使学习过程不再是学习负担，而变成学习乐趣。

（2）有助于迁移能力的形成。任何能力都是锻炼培养的结果，迁移能力也是这样。一个人在碰到完全没有经历过的好奇问题时，从最初的困惑到最后的解决需要漫长而曲折的思维过程，经过一个或几个解决问题的周期之后，再碰到类似的问题，思维过程将缩短，反应将变得敏捷而有效。

（3）有利于培养创造态度。学生在发现过程中起作用的独立思维、直觉思维和洞察力以及比较类推等能力，都是构成创造态度的要素。在地理教学过程中经常运用探究发现，就会促进学生对种种新问题提出假设，预测并加以观察思考以致解决，日积月累，还将逐步掌握收集资料、改造利用资料解决问题的习惯和方法，这些都是创造发明必不可少的素质。

2.初中地理发现式教学模式的注意事项

（1）并不是所有的知识都能够运用发现式教学。地理发现式教学需要学习者的已有知识和先行经验的储备，学习者有了一定的经验与需要，才能以强烈的问题意识找到跨出解决问题的第一步的线索，得出适当的论点，所以地理教师要认真研究教材，选择适当的内容开展发现式教学。

（2）引导探究发现的问题难度要适中。因为探究发现是以不确定的信息来激发学生的内部动机的，信息不确定性的适度与否，是能否引起好的内部动机的重要因素。确定度过高的信息，学习者内部动机不能充分地激发起来。所以，地理教师要考虑到学生的"水准"，使信息的不确定程度达到最佳水平，这是教学中应当注意的。

（3）探究发现的过程中不能忽视学生的个性差异。在地理教学中，由于学生之间存在着个性素质、基础才干的不同，学习的能力自然也就不同，思维有快有慢，胆识有大有小，信心有足有不足。一般基础好、思维快的同学提出论点的速度较快，如果只注意他们的论点，那就会给有学习困难的学生造成不好的心理影响。因此，在建立论点的过程中，地理教师要充分鼓励基础较差、思维较慢的学生发言，使之参与到探究发现的过程中去。

二、初中地理案例研究教学模式设计

（一）初中地理案例研究教学类型与特性

"案例研究"可以使教学更加贴近生活，从基础知识的传授转移到运用基本知识分析解决实际问题的能力培养上来，使地理教学愈趋开放，并很好地贯彻了学以致用的原则。目前，案例学习的内容、方法和经验日趋丰富和完善，并已波及世界各国，在世界范围内产生了巨大影响。随着新教材的实施，案例学习得以迅速地推广并逐步应用于各学科的教学实践之中。案例学习作为一种新型的教学模式，与传统的教学方法相互补充、相得益彰。初中地理案例研究教学模式中的案例，应具备最一般的地理知识，包含最基本的地理原理，能较好地体现地理事物的规律性和地理特征。

1.初中地理案例研究教学模式类型

依照教学案例的不同属性，可以将地理案例研究教学模式中的案例划分为以下类型：

（1）依据内容分类，按性质划分可分成自然地理案例、人文地理案例和系统地理案例。

按区域划分可分为世界地理案例、中国地理案例和乡土地理案例。例如，在初中地理"现代化的农业"学习中，运用了"水培蔬菜工厂"的案例而言明"工厂化农业"的内涵，这一案例就属于人文地理案例。

（2）依据形式分类，可将地理案例分为地理文字材料案例、地理图形和图像案例和地理多媒体案例等。例如，初中地理"农牧区的环境问题及其治理"中"猪—沼气—蔬菜"生态农业模式文字资料及示意图，这一案例就属于文字材料案例和图像案例的综合型案例。

（3）依据情境分类，可将地理案例分为虚拟情境案例和真实情境案例。虚拟情境案例是教师为解释说明原理而假想设计的案例。例如，初中地理"世界气候类型"的学习中，当学习高原山地气候时，可以运用这样的虚拟案例：有人曾在6月份乘汽车从四川成都出发往西旅行。当他经过海拔780米的川西平原边缘时，看见小麦已收割完毕了；来到海拔1360米的山区，看见小麦刚开镰收割；再到海拔1500米处时，看见地里的小麦才近黄熟；到海拔2700米的地方，那里的小麦刚刚返青；最后当他到达海拔3600米的地方时，他看见山上冰雪覆盖。这个人在短时间内，从山下到山上经历了不同的季节。地理教师利用这个案例让学生分析高原山地地区的气候特点，从而帮助学生理解高山地区的气候明显随高度的变化而变化。

（4）依据作用分类，可将地理案例分为用于概念学习的案例、用于成因学习的案例和用于地理规律学习的案例等。例如，通过"猪—沼气—蔬菜"生态农业模式案例，分析生态农业的内涵。这就是典型的运用案例学习某一概念。又如，在四川山地旅行看到的景色的案例，就是一种用于导出规律的案例。

2.初中地理案例研究教学模式特性

案例研究教学从总体上而言是一种归纳教学模式，从案例研究教学自身来看，它具有一系列特殊性，这些特殊性主要表现为以下四个方面：

（1）教学目标的全面性。在案例研究教学中，无论是案例的选择，还是教学环节的设计，都需要紧紧围绕一定的教学目标。例如，探讨"农牧区的环境问题及其治理"的课题，围绕"牧民嘎拉说沙尘"这一案例，地理教师可以引导学生讨论，例如，我国牧区面临的主要环境问题有哪些？是哪些原因导致这一环境问题的产生？针对这一环境问题该如何治理？在具体案例分析的基础上，使学生感受到我国牧区的环境问题，形成对这一地区可持续发展的科学的认识，这正是这节课的教学内容和目标。

（2）教学内容的实践性。教学内容的实践性指案例研究教学模式中的案例，需要具有真实性和可操作性。这一要求使案例往往源于实际活动和社会现实，且与地理学有紧密的联系。

（3）教学过程的互动性。案例研究教学中，案例的真实性和现实性使学生对案例的分析具有开放性和不确定性。因此，对案例的分析就不能是一言堂，而需要共同讨论，在交流中形成共识。此外，从案例的产生来看，也具有多源性，即不仅教师可以提供案例，学生自己也可能提供十分具有价值的案例。例如，探讨"城市的环境问题及环境优化"的课题，地理教师可以布置学生调查自己居住的小区有哪些环境问题，形成具体案例，通过对这些具体案例的分析，思考城市环境问题的产生原因，针对城市环境问题提出哪些对策等，这就是一个从案例产生到案例分析都由师生共同参与的过程。

（4）教学方法的启发性。案例研究教学的目的是实现从个别到一般的归纳，其作用就是通过总结得出规律性原理，实现应用方法上的迁移。因此具有启发性是其明显的特征。值得注意的是，正是由于真实的案例中包含有丰富的综合性信息，因此，通过案例分析对学生的启发，往往是多方面的和深远的。

（二）初中地理案例研究教学模式的作用

1.有利于体现地理学科知识实用性

各种地理过程与人们的生产活动及日常生活密切相关，地理案例与学生的现实生活和未来发展需要相联系。地理案例可以把抽象的地理原理、概念等具体化，让学生在案例情景中认识相关原理、概念的现实作用。通过个案分析，引导学生对身边地理事物由感性认识上升到理性的思考，使学生学会用地理思维的方法关注生活和社会，贯彻学以致用的原则。例如，湘教版初中地理八年级上册第四章《中国的主要产业》第二节《工业》一节的学习时，教师可以引导学生分析上海宝山钢铁工业基地的发展条件的案例，可以提出"宝钢为何要建造在上海；在上海建造宝钢有哪些有利因素；哪些不利因素；对不利因素是否有弥补的可能"等问题，该案例具有浓和时代特点，能吸引学生积极投入。通过分析，使学生理解资源、交通运输条件以及科技、市场、人才和劳动力等诸多因素对钢铁工业的分布和发展有很大的影响，同时，在分析中学生更深刻地体会到科技、市场、人才和劳动力素质等因素在工业发展中的作用日益突出，从而激发学生掌握科学技术、成为社会有用人才的志向。

2.帮助学生更准确地理解地理知识

地理案例不仅具有相关的背景数据或材料，而且具有直观、形象、典型等特点，给人以身临其境之感，易于学生学习、理解，更易于促其内化知识。例如，在进行农业学习时，地理教师可以以我国南方、北方和西北地区的饮食习惯为案例，引导学生思考一些问题，例如，我国南方、北方和西北地区的饮食习惯有哪些不同？是何原因造成我国南方、北方和西北地区的饮食习惯的不同？我国南方、北方和西北地区的自然条件有哪些不同等问题。通过与学生一起讨论、分析，得出由于我国南方、北方和西北地区的地形、气候等自然条件的差异使这些地区的农业生产具有不同的特点，存在显著的差异，从而造成这些地区人们饮食习惯的不同。通过对这个案例的分析，学生了解了我国不同地区人们生活饮食习惯的不同，并运用以前所学的自然地理知识推导出人们的生活习惯与该地区的农业生产和自然条件有着密切的联系，从而加深对地理现象以及地理事物之间内在联系的理解。

（三）初中地理案例研究教学模式的过程

分析案例的过程是一个师生互动的过程，其实质是将案例的情境与相应的教学内容联系起来，以揭示案例与所学原理之间的联系，在此，初中地理教师的作用是启发、引导、组织、调控，以及创设民主和谐的学习氛围，促使学生积极参与，主动交流和展开研讨，并富有创造性地进行探索。学生是分析、研讨案例的主体，这一过程所遵循的操作程序大致如下：

第一，个人体验：这一阶段力求学生尽快进入案例情境，初步理解案例中所揭示的基本事实。地理教师要引导学生在对案例分析的过程中去思考和寻找其中的因果关系，并将已有的知识和经验与案例所展示的情境进行联系。

第二，小组讨论：对一些相对复杂的案例，需要通过小组讨论的方式，组织学生进行充分的交流。这一过程的作用是给学生提供独立思考、发表见解的机会，并引导学生学会分享他人的成果及体会合作的作用。

第三，指导分析：在学生对案例进行分析、交流、讨论的过程中，地理教师就能够以参与者的身份对学生进行必要的指导和帮助。

第四，对比分析：通过对同一案例的不同侧面或对不同案例进行比较，找出其中的异同点，进而推导出有关规律。

第五，变式分析：对案例进行分析得出规律后，再通过改变案例中某些要素的方式，引导学生进行再思考、再分析，使学生从多侧面、多角度认识地理事实或理解地理规律。

第六，延伸分析：指在完成基本的教学任务后，根据案例中所蕴含的丰富信息，进行拓展、延伸性分析，以充分利用案例情境整合、构建知识，开阔学生的思路和视野。

第七，反证分析：有些地理规律通过正面案例往往难以归纳出来，这时不妨采用反面案例以反证这些原理和规律。要想在指导分析过程中取得好的效果，地理教师需要在课前做好充分的准备。

三、初中地理可持续发展教学模式设计

在初中地理教学中进行可持续发展教育，可以尝试将可持续发展教育内容整合起来，形成特定的专题，分别专门讲解，以期使学生弄清楚事物之间的联系，从而对可持续发展教育内容有整体性、系统性的认识，印象更加深刻。这样更有助于学生将学习内容内化成自己的知识与价值观，并以此知道自己的生活和行为方式。如此，也突出了可持续发展教育内容在初中地理教学中的重要地位。对初中地理可持续发展教学模式设计的探讨，主要包括以下三个方面：

（一）资源观的地理教学模式设计

（1）教学目标。认识自然资源的概念、类型及其用途，理解自然资源分布不均衡和利用不合理现状或案例，同时，能根据其他国家或地区开发利用自然资源的成功经验或教训提出合理利用自然资源的对策，并了解为解决资源分布不均而建设的大型工程，最终形成正确的资源观。

（2）教学程序。初中地理教材中提及的资源多指"自然资源"，所以，在关于"资源"的教学模式构建中以自然资源为例。资源观培养模式设计大致可以概括为以下六个方面：

第一，下定义，明概念。想让学生快速将新概念内化为个人的认知，在诸多的概念学习方法中，让学生亲自尝试为新概念下定义的方法最具成效。新课伊始，教师运用多媒体呈现描述新概念的属性的段落，要求学生从中提炼出新概念的相关属性，在此基础上尝试给新列完全之后概念下定义。注意，提炼属性的过程可以师生共同交互完成，待所有属性提炼完成，则须每位学生思考并在记录本上写出给新概念下的定义。随后地理教师呈现新概念的权威定义，让学生自行对照，推敲琢磨。这样设计的优势在于能够帮助学生将个人心绪从课堂外的世界带回到课堂上，沉下心来从事自己的"下定义"任务，酝酿上课情绪，收敛思路，集中精神投入课堂，这个活动设计对高效开始一堂课的教学是卓有成效的。

第二，举实例，明定义。如果新概念之间存在某种关系，例如，种属关系、并列关系等，为使学生充分了解新概念及它们之间的关系，我们有必要列举一些的具体案例用以区分和理解新概念及整个概念体系。

第三，析案例，明问题。理解新概念及它们之间的关系知识课堂的开端，我们需要精心选择案例（最好选用课本中出现的内容作为案例，课本中没有涉及但确实很重要的内容部分，教师须自行补充恰当案例），用于展现某种常见重要资源的内涵、分布、利用中存在的问题等。通过整个过程环环相扣的追踪，学生体会到"资源问题"（主要指资源分布不均、资源利用不当等行为对社会经济及居民生活的影响等问题），使学生产生共鸣，进

而引起学生的"资源焦虑感"。

第四，由问题，生对策。通过上述步骤，地理教师通过分析具体案例和丰富的情绪感化，催生学生对资源的认知后，须趁机及时启发学生思考并提出解决问题的措施，在此时，教师强调资源问题不但是影响"国计"的宏观问题，也是事关"民生"的微观问题，所以，面对资源问题，站在国家政策和自身角度结合资源问题成因，提出相应对策。

第五，省自身，化观念。最后，地理教师结合自身素质，可以通过富有感染力的演讲总结或者精彩且有说服力的宣传片视频等方式，提出正确的资源观，达到本次课的教学目标。

第六，拓展迁移。结合所在地区突出的资源问题，分析产生原因和解决对策，并设计出在社区宣传相应资源观的活动方案。

（3）支持系统。学校具备多媒体教学设施；地理教师具有良好的课堂掌控能力，包括时间的掌控和课堂氛围的掌控等。

（4）实施建议。本专题涉及的内容较多，所用时间较长，建议地理教师和环境课老师或科学课老师协商利用连续的两课时，合力完成本专题教学。

（二）环境观的地理教学模式设计

（1）教学目标。了解环境问题的类型，了解不同国家或地区面临的环境问题及其对居民生活方式和生活质量的影响，会分析环境问题的成因和所造成的后果，理解环境问题与经济发展之间的关系，明白保护环境的重要性，并能根据某一国家或地区保护环境的成功经验，提出保护环境的对策和具体措施，并能说出目前存在的主要的全球性环境问题，从而形成稳定的环保意识和全球意识。

（2）教学程序

第一，列举种类。在诸多可持续发展问题中，环境问题是包含内容最为广泛的，也是学生最为熟知的，所以，学习环境问题时，可以采用列表风暴法让学生迅速写出他们所知道的环境问题种类，并且对于每一种环境问题，尽可能写出他们认为自己已经知道的内容。

第二，W–A–W–D–H（What–Actualities–Why–Damage–How）问题认知法通过步骤——已经确定出要重点讲解的环境问题种类，针对每一种环境问题，均可以通过W–A–W–D–H（即厘清该环境问题的含义及包含内容，了解该环境问题现状，思考该环境问题成因，感受该环境问题带来的危害，寻找缓解或解决该环境问题的对策）方法来认识该环境问题。

第三，正确的环境观导引。学生了解了环境问题，并已掌握了环境问题的认知方法，头脑中建构起与环境问题相关的知识脉络，地理教师适时进行环境观导引。

第四，迁移应用。通过多媒体、对话、活动等形式呈现具体情境，考查学生的环境观养成状况。

（3）支持系统。预先设计好的表格、多媒体设备、根据学生的学习与接受能力，准备充足的课时。

（4）实施建议。地理教师在进行列表风暴以前，要充分调动学生的积极性，例如，对列举种类多、内容详细的学生给予奖励等。由于涉及的环境问题种类较多，教师可重点讲解其中一二，但须保证学生学会 W–A–W–D–H 问题认知法，这样其他环境问题可交由学生来收集资料，处理问题。地理教师要及时进行环境观的落实与形成评价。

（三）发展观的地理教学模式设计

（1）教学目标。了解中华人民共和国成立以来取得的瞩目成就，认识到中国在发展中面临的挑战，懂得如何处理人口、资源、环境和发展之间的关系；能够说明加强国际经济合作的重要性等。

（2）教学程序。第一，呈现现象。图文呈现具体的现象，并要求学生通过观察现象讨论并归纳得出这些现象反应的本质。第二，分析成因。在得出具体现象的本质以后，地理教师引导学生发散思维，思考之所以会出现这种现象，是因为哪些条件的存在与支持。学生各抒己见，教师记录、讲解并决定取舍。

（3）支持系统。多媒体设备、学生已有知识储备：学生对人口、资源、环境已经有基础认识。

（4）实施建议。这一部分最好要在学习了人口问题、资源问题、环境问题三个专题之后进行，对这三部分问题有了深入理解后，有助于学生接受并理解发展，尤其是可持续发展，能够更有逻辑性得建构可持续发展知识点，从而促进学生可持续发展观的获得。

第三节　初中地理大单元教学模式设计

《义务教育地理课程标准（2022 年版）》（以下简称"地理新课标"）将人地协调观、综合思维、区域认知、地理实践力作为义务教育阶段地理课程要培养的学生核心素养。优化课程内容组织形式是本次义务教育地理课程标准修订的重点之一。"地理新课标"从学生核心素养培养出发，对课程内容进行结构化整合，改变了以区域地理学的领域（地球与地图、世界地理、中国地理、乡土地理）平行设计安排、学科逻辑强的课程内容组织形式，建构了学科知识与学科活动融为一体的课程内容结构：从空间尺度的视角进行组织，按照"宇宙—地球—地表—世界—中国"的逻辑顺序，引导学生认识人类的地球家园；以认识宇宙环境与地球关系、地理环境与人类活动的关系为核心线索，将地理实践活动和地理工具的运用贯穿其中。

"地理新课标"依照课程内容结构的逻辑顺序，确立了"地球的宇宙环境""地球的运动""地球的表层""认识世界""认识中国"五大内容主题，从内容要求、学业要求与教学提示三个方面明确核心素养培养的具体内容载体，指向了主题鲜明的大单元教学。同时，"地理新课标"在课程实施部分指出，"教学目标设计要体现核心素养培育的整体性"，说明地理核心素养培养应进行整体建构，而非细化割裂。

一、大单元教学与地理课程核心素养的特性

"以地理核心素养为目标的教学，应关注学生运用地理知识做事、持续地做事、正确地做事，强调地理知识点从理解到应用，重视地理知识点之间的联结及其运用。"[①] 地理教学目标从知识点的了解、理解与记忆，转变为核心素养的关键能力、必备品格与价值观念的培育，要求初中地理教师必须提升教学设计的站位，即从关注单一的知识点、课时转变为大单元教学设计。

（一）大单元教学与地理课程核心素养的具身性

素养的形成与发展强调身心共同参与，具有具身性，传统的教师本位课堂教学模式具有离身性，依赖单一感官，脱离经验基础，缺乏情感体验，以枯燥的操练与反复的记忆为手段。传统身心二元论观念认为，身体与心灵是相互独立的，受该观念的影响，课堂教学将身体与心灵割裂开来，以知识点的识记为目的，片面关注心智的发展。大单元教学促使课堂教学从教师本位转向学生本位，强调学生的主体性，以具身学习为基本学习方式，有利于地理课程核心素养的培育。

从教学过程看，大单元教学关注学生的经验、兴趣、知识结构、心理状态、认知结构和已有经验；以信息的转换为学习过程，强调学生对信息的精加工；以学生学会为结果，追求学生核心素养的形成与发展。从教学手段看，大单元教学要求教师深入解读教材，自主调整教学内容，将教材转化为学材，有计划地组织教学活动。从学习方式看，大单元教学嵌套了"行动—反思"的具身学习模式："行动"是指学生运用眼睛、耳朵、头脑和双手等身体部位参与课堂学习活动；"反思"是指学生运用心智，反向思考学习的目标、过

① 龚倩，朱雪梅，陆丽云. 基于地理大概念的大单元教学：深化初中地理课程改革的新实践 [J]. 地理教育，2022（8）：3.

程和效果，并据此指导下一步行动。行动与反思的良性循环为学生全身心投入学习、实现深度学习、发展地理核心素养奠定了基础。从评价标准看，大单元教学重视学生的学习过程与学习结果，评价的内容包括心智的增长和身体的参与。大单元教学具有"教—学—评"一致性特征，将学生作为学习的主体，从无身学习转向具身学习，符合培养地理核心素养的具身性要求。

（二）大单元教学与地理课程核心素养的综合性

地理核心素养具有综合性，是知识与技能、过程与方法、情感态度与价值观合为一体的整体表现，体现了学生进行地理学习后应该具备的必备品格和关键能力，而能力主要包括知识与技能，品格包括情感态度与价值观，在具体描述中采用地理主题＋核心素养＋表现水平＋问题情境等维度进行呈现，相较于三维目标的陈述方式，核心素养陈述更为综合与完整。

碎片化的课时教学与素养的综合性相背离，难以达成培育地理核心素养的目标，长期以来，地理课堂教学以课时为单位，打破学科自身逻辑，学生"只见树木不见森林"，这样的做法削弱了学习效果。课时教学的形式化、浅表化、碎片化问题，难以构建由点到线、由线到面、点—线—面结合的知识网络，新旧知识的联系也受到了阻隔，导致知识学习浅表化，难以形成高阶的核心素养。

大单元教学在本质上是一个系统，能够凸显地理核心素养的综合性。单元是连接课时与学期的桥梁，在以下方面弥补了碎片化课时教学的不足：其一，大单元目标体系是一个有机整体。单元目标是教师在理解、分解课程标准，分析、整合教学材料，判断、评价学生情况的基础上，系统叙写的综合性教学目标。其二，大单元教学的评价体系涵盖学习的过程与结果，关注价值观、品格和能力等多个方面。其三，大单元教学的学习活动不是孤立的，学习过程环环相扣，指向单元目标。由此可见，大单元教学契合了地理课程核心素养的综合性。

（三）大单元教学与地理课程核心素养的情境性

核心素养的培育通常是在真实的情境中，学生综合运用资源解决复杂问题，具有情境性。情境的多样性与复杂性是素养形成与发展的基础。地理学兼有自然科学和社会科学的性质，对于解决当代人口、资源、环境和发展问题，维护生态安全，建设美丽中国具有重要作用。因此，地理核心素养的培育须依托真实情境、紧密结合社会发展，与时代要求接轨，体现出不断更新、动态变化的特征。传统的地理教学，通常将知识从情境中抽离出来，致使知识失去了生命力。地理知识须在情境中方可生长、在过程中才能生成。情境不单单是地理知识生成的前提，更是地理知识转化为地理核心素养的桥梁。一味地强调地理知识点识记的教学搁置了学生的个人经验，割裂了教育与社会的关系，造成学生的学习难以迈上深度学习的阶梯。

大单元教学强调嵌入真实情境的深度学习，体现了课堂教学从知识本位到素养本位的转变，有利于培育地理核心素养。大单元教学的学习过程需要情境的支撑。个体在与情境的互动中，才能脱离浅层学习，转向深度学习。大单元教学体现课程视角、学习立场，以学生经验为逻辑起点，以学生"何以学会"来呈现，选择反映真实生活的复杂情境，培育学生解决真实地理问题的能力。特定情境下的地理知识不再是抽象的符号，而是培育核心素养的媒介。大单元教学的组织，通常将学习任务嵌入在真实的情境之中，学生在特定情境中解决问题，将新的地理知识与原有知识、个人经验相结合，迁移到新的情境中，在完成任务的过程中发展地理核心素养。学生地理核心素养的发展寓于真实情境之中，大单元教学的各个环节与情境紧密相关，契合了地理核心素养发展的情境性。

二、地理大单元教学设计的锚点——大概念

大单元教学的难点在于如何将素养落实到单元中，以何种内容作为统合大单元教学的具体目标，因此，理论和实践界都将目光聚焦到"大概念"这一主题上。大概念具备中心性，居于学科的中心位置，发挥着提纲挈领的重要作用，大概念群能够集中体现学科结构和学科本质；大概念具备可持续性，能够用于解释学生在学校学习和社会生活中遇到的事物、事件和现象，贯穿学生的一生；大概念具备可迁移性，随着时间的推移能被应用于许多其他情境；大概念呈现网络状，学科内大概念可将某一学科进行纵向联结，学科间大概念可以将某些学科进行横向联结。大概念的这些属性为人们认识事物和构建知识提供一个认知框架或结构，借助这个认知框架或结构，人们不仅能够沟通各个事实、经验、事物、概念之间的内在联系，而且能在一个连续的整体中去理解各个事实、经验、事物和概念的意义。科学的教育应依据大概念的理念开展教学和组织学生学习，通过单元教学设计逐步掌握大概念。

地理大概念属于学科大概念，它是大概念理念在地理学科体系结构中的特殊表达。地理大概念指向地理学科的基本结构，是基于事实基础上抽象出来的深层次、可迁移的核心概念。地理大概念不仅具备大概念本身的中心性、网络状等特征，还具有独特的学科特性。学科结构部分由规定的概念体系所构成，这些概念确定了这门学科中需要研究的内容，并且制约着对该学科的探索。地理课程结构可视为地理大概念的联结，有限的地理大概念之

间相互交织共同构成了地理课程的连贯整体，使地理课程不再被视为一套断断续续的概念、原则、事实和方法。地理大概念居于地理课程的中心位置，集中体现了地理课程的结构特征。地理大概念是能够体现地理学科本质、反映地理思想方法的上位核心概念，是具有高度概括性、极强实用性、广泛联系性、最强解释性的关键概念，通过联系下位具体概念、聚合相关内容表征地理学科本质，增进学生对地理本身的认识与理解。

以地理大概念架构大单元教学，能够实现从宏观到微观的课程内容统领。地理大概念的有效运用，赋予课程内容以情境化、结构化的可能，学生通过将所学地理概念和原理联系起来，更有效地建立现有知识的基础。基于地理大概念的大单元教学，能够实现学习中独立概念间的相互连接，让学生在领悟地理大概念的基础上，获得解释多种现象的地理学科概念、原理和模型，进而形成对地理学科整体性、全局性的理解。以地理大概念为锚点，搭建大单元教学设计，有助于理解地理学科与现实世界的联系，进而探索地理学科研究领域的内在连贯性和整体性，形成一种系统的、结构性的知识之网。

三、以地理大概念统领大单元教学设计的策略

（一）地理大概念的提取路径内容

大单元教学中的"单元"是素养目标达成的单位，是围绕大概念组织的学习内容、学习材料和学习资源等的集合。因此，要进行以地理大概念为统领的大单元教学设计，先要厘清地理大概念的提取路径。

地理大概念的提取路径包括以下几个方面：一是理解地理课程标准。课程标准是国家课程的纲领性文件，它提出了面向全体学生的基本学习要求，原则上地理大概念的提取应参照"地理新课标"。例如，可以依据"地理新课标"中"课程目标"的要求，提取出"认识区域特征、区域差异和区域联系"这一大概念，并基于此组织认识大洲、认识地区和认识国家的大单元教学。二是地理教材分析。三是专家思维。专家思维没有固定文本，需要教师通过阅读相关的著作、论文，或者听讲座、网络搜索等方式去找寻和提炼。四是概念派生。五是生活价值。六是知能目标。七是学习难点。八是评价标准。

"地理新课标"和学习难点是地理大概念提取路径中最为重要的方面，不过实际提取地理大概念时，关于课程标准和学习难点的解读往往也会以各种形态融入整体分析中，同时其他路径则起到校准的作用，实现地理大概念的精准定位。

（二）地理大单元教学设计的组织

第一，单元结构。若以地理大概念为线索分析大单元的结构，一种是单元的所有内容

都围绕同样的一组大概念展开，此种结构为并联型单元结构；另一种是单元内容对应的大概念并不完全相同，此种结构为串联型单元结构。

第二，单元序列。大单元教学设计的单元序列安排，可以基本不打乱教材课时顺序，只将地理大概念融入其中，也可依据地理大概念重组课时。但无论重组与否，首先，都要根据地理大概念对课程内容进行整理；其次，需要创设单元内链接；最后，还要设计出单元（时间）轴。

第三，教学设计步骤。大单元教学设计的可以包括十一个步骤，具体为：①创建单元主题。一个好的主题在吸引和激发学生对单元的兴趣的同时，也能让学生明确其学习方向。②确定概念棱镜。"概念棱镜"是对概念进行有中心点地解构，有助于聚焦学习内容，展开具体与抽象的协同思维。③确定单元链。考虑概念与概念之间的关系形成单元链。④编织单元网络。与传统教学不同，编织单元网络不是按照知识的逻辑，而是按照大概念的逻辑。⑤归纳概括。概括是指关于概念关系的论述或观念。⑥开发引导问题。引导问题能促进学生对大概念的思考。⑦确认关键内容。关键内容主要是和大概念相关的本单元要学习的知识，这里的关键内容是受大概念引导的。⑧确认关键技能。和关键内容相仿，关键技能是指大概念引导下本单元要学习的技能。⑨编写最终的评估方式和相应的评估标准。是指设计能反映学生对大概念理解的表现性任务，并给出具体的标准和量规。⑩设计学习经验。根据目标和评估设计学生各个阶段的学习体验。⑪撰写单元概述。将单元目标和评价方式等以综合的方式呈现。

基于地理大概念的大单元教学，是落实立德树人、深化初中课程改革的必然要求，也是地理课程核心素养落地的关键路径。面对"地理新课标"的颁布，教师须从整体思考课程内容与要求的结构逻辑，围绕地理大概念和大单元教学设计出发，课标与课程核心素养分解到单元，为组织结构化教学提供新思路，从而彰显地理学科的育人价值，逐步实现学生价值观、必备品格和核心能力的培养，真正践行深化初中地理教学改革的新实践。

第六章　初中地理课堂教学模式创新设计实践

第一节　初中地理长效教学模式及创新设计

一、地理长效教学模式的特征与价值

（一）地理长效教学模式的认知与特征

1.地理长效教学模式的认知

地理长效教学模式立足于培养学生地理学科核心素养，既重视近期效果目标达成，又追求教学的长远效益，教学过程开放度大，教学内容鲜活度高，突出教会学习方法，坚持发展性教学评价的教学理念与实施框架。地理长效教学模式的内涵体现在学生培养上要立足终生，教师发展上要立足整体，教学行为上要立足长远。

（1）学生培养要立足终生。学生是教学的对象，但学生不是教学过程中单方面且被动的接受者，学生是发展中的人，具有主观能动性，对学生的培养要尊重教育规律，尊重学生的主体地位，强调关注人的存在，呵护人的尊严。地理教师的教学行为要以促进学生自主学习为目标，地理教师的教学工作须致力于以学生终身发展为出发点和落脚点。地理教师在考量课堂是否追求长效教学时，不能简单地观察学生知识掌握情况，而应着眼于学生的全面发展，多面兼顾。聚焦学生成长与进步，减轻学生负担，地理教师在教学过程中应加强对学生成长和成才的关怀。

地理长效教学模式的最终目的是使学生各方面都发展起来，培养他们会学习、探究的方法以及核心素养和创新意识，为学生今后的持续发展奠定基础。也只有这种建立在"多面兼顾让学生全面发展"基础之上的培养体系才能去伪存真，让"长效教学"这一主张货真价实。当培养的目标不是学生短期的成就，而是能否为学生终生发展奠基，地理教师才会把学生未来的发展与成长作为教学的终极追求。

（2）教师发展要立足整体。长效教学与有效教学的区别体现在关注学生进步和发展的同时，长效教学还关注教师的发展。长效对于地理教学而言是教学活动的长效，反映的是教学目标的达成度和预计结果。教学意味着指引、激励、形成学生的学习活动，长效教

学的前提是对教学本质的认识，地理教师作为教学实施者，其教学理念和行为在相当程度上影响学生的发展，教师的专业素养是实现课堂长效教学的前提。地理教师只有不断提高认识，得到充分发展，树立长效的理念，才能在教学中实施长效的教学行为。

地理长效教学模式需要教师从理念到行为发生根本性的转变，必须在教师专业发展上着眼于长远，需要以整个教师群体的发展为目标。地理教师发展包括个人的发展和团队的发展，传统教学更关注教师个体，尽管各个学校均有教研组、备课组等学科团队，但教师的发展仍然以个人为主。而基于长效教学理念的教师发展则更关注教师群体，力求通过加强集体教研的方式，从整体上提高教师教学水平。提升教师专业素养着眼于整体，需要建立适合教师发展的长效机制，以促进教师树立全新的教学理念，不断丰富个人知识储备。地理教师的教学行为是否符合长效教学理念，需要通过集体的诊断、讨论和评价。对于不符合长效教学的行为，及时修正；符合长效教学的行为，通过交流等途径进行推广。

（3）教学行为要立足长远。地理教师教学中的讲授、提问、示范、作业布置与批阅是相互联系、相互影响，贯穿于课堂教学始终的行为，对教学效果有着十分重要的影响。基于长效教学理念的教学行为，要求地理教师在实施各种教学行为时要"立足高、着眼远"，需要教师在实施教学行为过程中将课标的解读与核心素养的落实有机结合，将长效教学的理念贯穿于整个教学的多种行为中。在地理教学准备的过程中，除充分考虑每一课时及每一教学环节需要达成的目标外，同时还要求备课的视野应更加宏观，需要关注一堂课在一学期、一学年，乃至整个地理课程中的价值与地位。既要思考一堂课在考试测评中的效果，也要思考一堂课在学生终生成长中的作用。

在地理教学过程中，教师除了熟练掌握传统教学行为中的讲授、提问、示范等，还要善于创设真实的问题情境（蕴含问题的真实背景材料，包括生活、社会、现实、观念等情境）和引导、指导与探究，发挥学生主体地位，采用多种教学方法，提高课堂参与度，在传授学科知识的同时，还要关注学生的学习行为、情绪、状态；通过一堂课，学生在获得相同地理知识的同时，让不同学生获得不同的体验，拥有不同的收获，让更多的学生拥有展示自我的机会。基于长效教学的教学过程，是师生在融洽的氛围中的互动。地理教师在传授知识的同时，更加注重方法的引导、认知能力的培养，注重生成问题，注重学科核心素养的育成。在作业环节，要注重形式多样和层次分明，不能只有知识性的习题练习，还应该恰当配置阅读、实验、制作模型、绘制地图、外出研学等实践活动。除基本作业外，还可依据不同学生的特点设计不同的作业要求。作业设计既要利于知识的巩固，也要考虑知识的实际应用。同时，地理教师在批阅作业的过程中，不仅是判断正误，还要与学生沟通，要有作业的布置与完成是师生共同成长的意识。

2. 地理长效教学模式的特征

地理长效教学模式的特征主要有以下几个方面：

（1）以生为本。地理长效教学模式坚持以学生为本的教学理念，确立学生在教育活动中的主体地位。学生是教育的本体，也是教育过程的终端。以生为本就是要把学生作为教育活动的根本，一切教育活动都从学生实际出发。尊重学生的个性、特点，为学生提供丰富的机会和资源。不仅关注学生的考试成绩，更关注学生健壮体魄、丰富情感和社会适应性的提升，促进学生个体的全方位发展，使获得知识与基本技能的过程同时成为学会学习和形成正确价值观的过程，并发展他们的核心素养。与低效、无效教学不同，长效教学特别注重教学行为和学生发展的全面性、整体性和协调性。

（2）素养立意。地理长效教学模式主张教师树立教学目标的整体结构观念，以素养为基础，全面落实核心素养，使教学目标价值的实现统一于同一教学过程中，从而充分实现教学的基本价值，促进学生全面和谐的发展。地理学科核心素养是学生在接受相应学段的地理教育过程中逐渐形成和发展起来的，具有发展的连续性和阶段性。如何在地理教学特别是地理课堂教学中培养和提升学生的区域认知综合思维、地理实践力、人地协调观等核心素养一直是地理教师研究和关注的重要方面。在地理教学中关注学生，除有意识地渗透并突出地理学科核心素养培养外，还要关注作为公民必备的地理素养，如：基本的地理技能、方法、视角、观念等，培养学生学习地理的兴趣，引导学生发现、提出地理问题，收集整理和分析地理信息，提出解决问题的方案，在实践中内化，形成正确的人地关系，以达到提升教学效果，提高学习成绩和能力的目的，育成核心素养。

（3）教学开放。地理长效教学模式的教学开放特征突出表现在：教学内容鲜活度高，情境开放，因为教学素材不仅来自教材，还来自师生经历，来自自然、社会、生活等真实情境；教学空间开放，不仅在学校教室，也要走出去，到教室外、校园外，在大自然、人文社会真实情境中教学，与开放的社会互动；教学过程开放，能适时地联系学生已有的认知心理学习基础（包含相关学科知识），联系社会实际、生活实践，在课程导入、课程展开、课程结束时，均有表现。地理教学过程中，教师要把研究性学习、研学旅行，把问卷设计、辩论、主题活动方案设计、角色扮演等不同形式引入教学过程中，开阔视野，发散思维，引导他们主动参与、亲身实践、独立思考、合作探究，在"做""考察""探究""旅行""反思""体验"等系列活动中，感受生活，体验自然与人文地理之美，思考、探索、分析与解决相关问题，培养观察、发现、分析、解决问题与运用等能力，激活创造潜能，达到灵活创造的境界，发展核心素养。

（4）问题促学。地理长效教学模式推崇以问题为导向的教学方法。问题，包括主导

或核心问题及其细分问题，具有真实、综合、探究性等特点。在地理教学中，教师要改变传统教学中以教师的讲授代替学生的探究、以教师的思考代替学生的思考、以教师的演示代替学生的活动的不足，真正把课堂学习的主动权还给学生，把本属学生的思维过程还给学生，把本属学生的读、写、思、研还给学生，从而把学生的自主学习和教师的指导帮助在教学过程中有机、和谐地统一起来，提高教学的长效性。地理教学涉及情境、问题、任务三个密切相关的要素。用精心设计的问题引导学生对知识的进一步理解与深化，围绕问题的解决促进学生发展核心素养，提升教师的教学水平与研究能力，真正做到教学相长。

（5）会学求效。在长效教学行为的实施过程中，地理教师需要思考"教会"与"学会"的区别，"学会"与"会学"的联系。根据学生学科核心素养形成过程特点，积极探索"基于情境、问题导向的互动式、启发式、探究式、体验式等课堂教学，注重加强研究性学习等跨学科综合性教学，科学设计教学过程，引导学生通过自主、合作、探究等学习方式，在自然、社会等真实情境中开展实践活动。让学生在实践、体验中领会学习方法、探究方法。

（6）追求发展。地理教师在教学中既要准备充分、组织有效、讲解清晰，又要改变传统的以教师为中心的教学行为模式，代之以学生发展为取向的教师教学行为。地理教师在课前充分预设和精心准备、设计的基础上，在教学中根据教学目标、学生的实际和遇到的问题，动态生成课堂资源教学细节和程序，为学生的学习提供针对性强的支持和帮助，让学生按照预设的教学目标任务，通过主观能动的学习，建构自己的知识体系，树立创新意识，从而学会学习，促进自身的成长和发展。共生共享，是长效教学对教师教学行为提出的基本要求，它是预设目标与生成性目标的辩证统一过程，是教师的主导作用与学生的主体作用相互融洽、相得益彰的过程。

此外，在地理教学评价方面，长效教学模式坚持发展性评价，发展性评价包含过程性评价。过程性评价是一种在课程实施过程中对学生的学习进行评价的方式，过程性评价采取目标与过程并重的价值取向，对学习的动机、效果、过程以及与学习密切相关的非智力因素进行全面的评价；在关注学习过程基础上，更加注重非预期结果，特别是面对不确定性的地理问题过程中表现出来的必备能力和关键品格，是地理核心素养的关键体现。过程性评价将评价的视野投向学习的整个领域，认为凡是有价值的学习结果都值得肯定。过程性评价对学生以及教师的价值判断发生于过程之中，对学习和教学的某一环节进行否定，并不妨碍对邻近的及其他学习和教学环节的肯定。过程性评价贯穿于整个学习过程，是一种面向存在过程的价值关怀，更加有利于建立和完善学习评价的理论技术与方法，使之更好地在学习过程中发挥作用，促进学习者学习和发展。过程性评价是从学习进程的角度，发展性评价是以教育目标和价值观为依据，从学生的学习状态而言的，有师生互信的、指向未来的意义，也是世界各国教学评价的趋势。通过发展性评价，共同协商、促进学生发展，最终实现有效、长效的发展。

（二）地理长效教学模式的意义与价值

推进地理长效教学模式，对教育教学、教师和学生的发展都具有理论与实践意义，其意义和价值主要体现在以下四个方面：

1. 转换教学视角与创新地理教学理念

地理长效教学模式的开展，能促进我们多视角分析教学活动，推动教学视角的变革、研究方法的转型与教学理论的发展。"长效教学"的研究有助于聚焦学生成长的评价，而学生成长不能仅仅凭借学业分数来评定，"什么是学生成长""如何判别"是一个复杂而又富有挑战性的问题。如果从深层次来思考学生的学习和成长，那么，这是关系到落实每个学生的"学习权"，牵动着每个学生人格发展的大问题。"长效教学"的研究将会带动教育的宏观、中观、微观层面的理论研究和改革实践。因此，在地理教学中推进长效教学，经过长期的长效教学研究与实践积累，利于完善既有的理论体系，也利于丰富和发展教学理论。

2. 转变教师角色与改进地理教学方式

在地理教学中，以"长效教学"作为切入点展开的教学研究，可以在研究教学方法基础上，拓展教学研究的视野，为课堂教学的改革和转型提供理论支撑和实践保障。"长效教学"的研究有助于促进教学从"教的课堂"转为"学的课堂"，在防范"应试教育"的短效教学、探寻素质教育的"长效教学"的过程中，教师角色和教学方式正在发生变化。

（1）教师作用从"传授"向"主导"转变。若只强调教师的控制作用，学生言听计从，将难以培养学生的主体性和个性。如何发挥地理教师的智慧和价值引领作用，及时向学生提供"支援"（包括建议、发散性提问、气氛调节、肯定性评价等）和"帮助"，引领学生自主分析、解决问题，是促进地理教师教学行为转变的关键。致力于"长效教学"的地理教师不再是传授者，而是向主导者（引领者）转变。

（2）教师能力从"传递"向"创造"转变。立足于长效教学的地理教师一定不会满足于如何传递现行教材内容，而在于探索、创造、谋求学生独立解决问题的方法，立足于教师对学生行为的预测，创设新的问题情境。提升地理教师的传递力和创造力，以理解学生的能力为前提，关注学生主体的学习活动，洞察学生的学习活动及其展开的方向、面临的问题等。

（3）教师视野从"学科"向"课程"转变。在地理"长效教学"课程的创造中，促成多样的充满探究、体验、实践、合作、创意表达等为其特征的教学类型，有以探究性、体验性、实践性、合作性、个性化等多种学习为主的教学新课堂。促进研发课程，探索课程体系优化，例如，研发基础性课程，国家必修课程特色化；研发拓展性课程，校本选修课程主题化；研发综合实践性课程，精品选修课程项目化，开设一批学生需要、喜爱能用的课程。向"课程视野"转变，无疑有利于学生向综合化、实践化、创新性方向发展，教与学走向深入，探索自主、合作的多样化教学方式，关注学生多样化发展，从而提升学生的综合素养，让学生在体验、研究中成长。

3. 转化学习方式与形成学生地理素养

随着长效教学的推进，教学方式的改变、课程形式的变化将会带动学生学习方式的变化。课堂教学的转型成功与否取决于班级氛围的变革和学习方式的变革，其中，学习方式的变革，从长效教学的角度来看就是要培养学生获取信息和独立分析问题的能力，要培养学生的自主学习、探究、应用能力，让学生认识到自己是在课堂上获取知识和成长能力的主角，自己应该更加主动地去获取和参与，而不是被动地接受和等待，在此过程中学会学习，逐渐具备学习力，这种"力"可以陪伴学生一生，终生受用。同时，立足于长效教学的地理教师需要关注学生个性化学习方式的培养，因为学生的人格特质和知识背景会对学习方式产生影响，若学生对地理学习充满兴趣并能在学习中发现乐趣，就会愿意尝试不同的学习方式；而学生不同的认知方式会影响其对学习方式的选择。

4. 改革师生教学评价与学习反馈方式

地理长效教学模式坚持发展性教学评价，其学习评价是表现性等过程性评价和终结性评价相结合，更注重表现性等过程性评价、终生长远发展力的评价。评价方式的转变又会反作用于前述的环节，最终推动教学的发展。地理学科核心素养是最可伴人终生的核心素养之一，也是最可转化成学生发展核心素养的学科素养之一，作为实践功能丰富的地理课程，理应成为长效教学的带头者。地理教学需要着眼人地持续和谐，为学生终生发展开阔眼界；要着力思维综合进阶和领域拓展，为学生学习不断向元认知迁延；要着手探究真实情境里的地理问题，为学生打通今天学习与明天工作之间的践行通道。

二、初中地理"五环四步"长效教学模式设计

（一）"五环四步"长效教学模式的要素组成

1. 模式的理论依据

教学模式是一定理论指导下的教学行为规范，地理"三阶五环四步"长效教学模式的理论依据有很多，例如，发现学习理论强调学习的过程，提出学生是一个积极的探究者，

教师的作用是形成一种让学生能够独立探究的情境，而不是提供现成的知识。这种"以学生为主体"的教学过程，正是长效教学的基础，基于学生长远发展观的教学更符合教育发展特点，遵循教育发展规律。又如，结构主义理论认为学习一门学科不仅要"学会什么"，更重要的是"知道怎样处理"，即"学会如何学习"。再如，建构主义是在认知主义教学理论基础上发展起来的教学理论，主张以学生为中心，强调学生对知识的主动探索、主动发现和对所学知识意义的主动建构，基于该理论提出的"三阶五环四步"长效教学模式，就是在教师指导下的、以学习者为中心的学习，教师是意义建构的帮助者、促进者，学生是意义的主动建构者，教师创设真实情境，引导学生充分发挥主观能动性，营造和谐共进的课堂氛围，最终达到使学生有效地实现对当前所学知识的意义建构的目的，培养核心素养，促进学生发展素养的进阶。

有效教学是有效果、有效益、有效率的教学，从有效的"理想"转化为有效的"思想"，再转变为有效的"状态"这一持续性动态过程，能有效促进学生发展，有效地实现预期结果的教学活动。长效教学汲取有效教学的精髓，立足学生长远发展，充实了有效教学提出的基本教学效益，而且从"长远"角度去实现"效益"；着眼于"最大化的教学效果"，和有效教学提出的"满足个人和社会的教育价值需求而组织实施的活动"这一目的相合，进一步衍生出利于师生长远发展的教学目的；在倡导"为思维而教"的同时，关注的"教学效果"亦具有持续性、动态性和长远性。将教学的目光长远化，将效果的测评多元化，从学习和发展视角萃取出从"有效""到""长效"演绎的精髓，进而形成独特的教育教学理念。

2. 模式的教学目标

教学模式指向和完成一定的教学目标，教学目标在教学模式的结构中处于核心地位，它决定着教学模式的操作程序和师生活动关系，是教学评价的标准与尺度。正因为教学模式与教学目标有着极强的内在统一性，决定了不同教学模式的个性。初中地理"三阶五环四步"长效教学模式的教学目标是通过课程教学和研学活动等的长效教学，追求近期目标效果达成与远期目标效益有机结合，培养长效的学生学科核心素养，学会从地理等学科视角认识和欣赏自然与人文环境，懂得人与自然和谐共生的道理，提高生活品位和精神境界，逐步养成价值认同、实践内化、身心健康、责任担当等意识和能力，进而转化为利于学生长期发展的核心素养，落实立德树人根本任务。例如，培育的地理学科核心素养包括密切相关的四大素养（区域认知、综合思维、地理实践力、人地协调观素养），人地协调观是地理课程内容蕴含的最为核心的价值观，包含正确的人口观、自然观、资源观、环境观和发展观等；综合性和区域性是地理学的两大突出特点，由此形成的综合思维和区域认知，

是学生分析、理解地理过程、地理规律、人地关系系统的重要思维品质和能力；地理课程具有很强的实践性，通过实践活动，运用综合思维和区域认知，是学生感悟、体验现实世界中人地关系的重要途径。

3. 模式的运作程序

教学模式有其特定的逻辑步骤和操作程序，初中地理"三阶五环四步"长效教学模式的相关教学要素有情境（蕴含问题的真实背景材料，包括生活、社会、现实、观念等情境）、问题（包括主导或核心问题及子问题，具有真实、综合、探究性等）、任务（为解决问题安排的学习活动）等。其中，"五环"是指师生相互作用，创设真境、理解概括、分析综合、论证评析、总结进阶、发展创新环环相扣的六个教学环节；"四步"是指学生观察、思考、评论、实践四个步骤，让眼、脑、口、手等都动起来，它们贯穿于"三阶""五环"之中。

（1）五环。①创设，指开始建立，含为达到某目的而创造条件之意；真境，指蕴含问题的真实情境。②理解，指因大脑对事物分析决定的一种对事物本质的认识；概括，指认识问题的实质所在，形成相关概念供分析问题用。③分析，指寻找事物、现象、概念的本质属性和彼此之间的关系，探索发现能够解决问题的主线，并以此解决问题；综合，指把分析过的对象或现象的各个部分、各属性联合成一个统一的整体。④总结，指综合各方面的情况，做出有指导性的结论；进阶，指学科核心素养的进阶。⑤发展，指学生发展核心素养的形成；创新，指学以致用，应用创新。

（3）四步。①观察，指观察情境，感知问题；②思考，指理解问题实质，分析探究问题；③评论，指论证解决问题，总结评析成果，培育素养进阶；④实践，指发展学习成果，形成学生发展素养，应用学习成果，进行创造性实践，学以致用。

4. 模式的实现条件

能使初中地理"五环四步"长效教学模式得以实现长久效力的条件主要有：①有追求"长效"的办学理念、支持教改创新的校风是实现长效教学模式的根本；②教学观念新、专业过硬、践行长效教学模式的师资是实现长效教学模式的中坚；③适合"长效"教学的内容、手段和足够的教学时间是实现长效教学模式的关键；④乐于学习、主动参与、积极配合长效发展的学风是实现长效教学模式的内驱力；⑤舒畅和谐的教学物理环境、心理环境与师生关系是实现长效教学模式的助推器。

5. 模式的教学评价

初中地理教学评价是根据一定的地理课程目标和地理教师工作职责，运用多种科学可行的方法或手段系统地收集、分析、整理信息资料，对地理教学活动中的要素、过程及结果进行价值判断，从而为学生全面发展、地理教师专业发展和地理教育改革发展，提供服务和决策的过程。科学评价能促进教学；反之，会贻误教学。教学评价按评价功能分可通过测验、作业、观察、问卷、访谈、档案袋等方法进行诊断性、形成性和终结性评价；按学习主体分学生自评、学生互评和教师、社会评价。采用地理"三阶五环四步"长效教学模式的教学评价（包括课堂教学和研学活动）在对学生学习结果的评价方面，转向"为了学习的评价""作为学习的评价"，注重形成性评价和强调基于学习进阶的评价，教学评价观是学生主体的发展性评价。

（二）"三阶五环四步"长效教学模式的主要特点

1.地理教师由"授"转向"导"

初中地理"三阶五环四步"长效教学模式中，教师由"传授"者转变为"主导"者。地理教师发挥价值引领作用，把"导"贯穿教学过程始终，学前激发兴趣，学中引导发现问题、指导探究问题，学后倡导解决问题学以致用（"三阶"），激发学生观察思考、评论、实践（"四步"），增强主动性。让学生在探究中，获得具体、生动和丰富的知识，能力不断增长，逐步达到会认知、会思考、会行动，发展并内化学科核心素养。例如，地理课程长效教学"五环"的"创设真境"环节，注重认知特定区域真实情境；"理解概括、分析综合"两环，注重开展综合性的思维；"论证评析""总结进阶"两环，注重对人地关系问题的论证和应用人地协调观的评析，"发展创新"环节，注重培育和应用地理实践力，分别培养学生的区域认知综合思维人地协调观，地理实践力素养，再逐步转化形成学生发展核心素养，让学生能终生持续发展的长效基因得以传承，学生终生受用长效发展。

2.学生学习由"客"转向"主"

初中地理"三阶五环四步"长效教学模式基于学生立场，学生由教学的客体转向主体，以问题解决为中心，关注学生的视角，让学生在学习的过程中发挥主观能动性，自觉观察思考，评论、实践，主动发现问题，运用地理的思维方式，建立与"问题"相关的知识结构，并能够由表及里、层次清晰地分析问题，合理表达看法或想法，注重学习方法指导，让学生在发现与探索过程中，善于思考，领悟学法，总结分析方法，从学会到会学，发挥创造性，培养迁移能力和分析、解决问题等能力，在不断探索思考中前进。

3.教学过程由"受"转向"探"

发现不限于寻求人类尚未知晓的事物，它包括用自己的头脑亲自获得知识的一切方法。认识是一个过程，学习也是一个探究、发现的过程，可能复杂，但学生经历后，再碰到相关问题，就会举一反三，查源追踪，分析、创造。初中地理"三阶五环四步"长效教学模式，可以实现教学由"受"（被动接受）转向"探"（主动探索、探究）的过程优化，

第二节　初中地理智慧课堂教学的创新设计实践

一、初中地理智慧课堂教学设计原则与思路

与传统课堂一样，初中地理智慧课堂教学设计也遵循教学设计的原则与思路，但是需要在传统课堂的基础上发展，才能更好地适应学生的身心健康发展。

（一）地理智慧课堂教学设计的原则

教学设计的意思就是上课之前对上课可能发生的一些事情进行预设，但也不是毫无根据的空想，要结合学生的心理发展特征，紧密联系本节课的教学内容，根据课标要求设定适当的环节。能够恰当地突出教学重点，有方式的突破教学难点才算得上是好的教学设计，注重培养学生各方面的技能和素养，在愉快的教学氛围下带领学生完成教学目标。初中地理智慧课堂教学设计要遵循以下原则：

（1）系统性原则。在地理教学中，地理教学设计这一系统由地理教学目标、教学内容分析和教学方式的选取、教学对象的分析和最后的教学评估共同形成。这些子系统能够相互约束、相互独立又相互依存，形成有机的一个整体。

（2）程序性原则。地理教学设计是一个整体，每一个环节都相互联系，所以，每一个环节都需要教师精心设计。每个环节也都会有特定的程序特征，中间的环节起着承上启下的作用。所以，在教学设计的时候一定要从整体思考。

（3）可行性原则。地理教学设计如果想要达到实际效果，那就要拥有两个可实现的条件：一是符合主客观条件；二是具有操作性。在地理教学实践中，借助学校的信息设备以及学生提前了解了智慧课堂的授课模式，所以，该课程实践具有可操作性。

（4）反馈性原则。在地理智慧课堂教学活动中，活动的考核可以通过两套测试题前后的数据对比来进行。可以通过授课前学生所做的预习题和授课后学生所做的复习检测，将两次的数据进行对比，再结合学生的学习心得综合得出学习反馈信息。

（二）地理智慧课堂教学设计的思路

初中地理智慧课堂教学活动中，各个教学环节都有信息技术的参与，信息技术是教学

活动顺利进展的有效保障。授课者当要进行教学设计的时候应该密切注意互联网、智能终端这些高新技术对教学活动的支撑功能，根据教学活动的特征，有机的融合教学设计与现代信息技术。地理智慧课堂教学设计的思路，主要表现在以下五个方面：

（1）由固定思维教学设计转向散发式教学设计，地理教学设计的创新需要注重培养发散思维，我们应该从一个问题出发，突破已经存在的知识图谱，充分发挥想象力，凭借不同的方式，从不同的角度去研究，重新整理已有的信息，得到新的信息，最终能够使问题得到解决。

（2）从只关注知识的传递变为指引学生学习各方面技能，要舍弃满堂灌的教学模式，把学生作为学习的主人，地理教师可以设计小组合作学习，教师提供材料，学生分组合作来探索问题，这样也更能激发学生的学习兴趣。

（3）侧重学生自主构建知识系统，即为：学生在以往的生活中、日常游戏中会有相关经验的积累，以这些为基础在地理教师创建的学习场景里去获取知识，然后有了新的知识体系的一个过程。

（4）关注每位学生，因人而异，因材施教的设计，地理智慧课堂的课前预习反馈和课后复习反馈非常有利于教师"因材施教"，实行"分层化教学"这样也能使每个学生都能主动的学习。

（5）将信息技术与学科教学有机融合，地理教师基于动态分析学习数据分析和即时反馈，采取机智性行动，课前教学设计的合理调整，课堂教学过程的优化改进，充分体现了教师的智慧和教学艺术。

二、初中地理智慧课堂教学模型的创新设计

（一）地理教学模型设计与智慧课堂组成

1. 地理教学模型设计的依据

（1）全面深度融合当代信息技术与学科教学。教育要和现代信息技术达到彻底的全面的融合，在教学过程中有现代信息技术参与，全方位支撑教学计划的开展。对智慧课堂而言，有了信息技术的支持再加上教学计划的顺利展开，如此便形成了智慧教学课堂模型。设计者在设计模型的时候必须充分顾及各个环节的教学活动和信息技术的整合，使信息科技成为教学进展起到推动作用，如此情况下，不仅能提高教学效果，还能提升教师和学生的信息素养。

（2）新课程改革的要求。新课程改革强调要以合作式学习、探究学习、独立学习为主。所以，在创设教学模型的时候要做到课堂以学生为主体，在各个环节，学生的学习

方式要由自主学习，小组讨论等组合。不能以单一的传授式教学贯穿一堂地理课，要做到教师的教和学生的学相互交融，整个环节要符合素质教育发展观。

（3）把教学分为知识传递阶段和知识内化的阶段。这两个阶段在教学中是必要的，知识传递阶段是知识转移的过程，内化阶段是学生吸收知识的过程。根据智慧课堂结构和云补救平台的自由和灵活的特性，把知识转移阶段放在课前，知识内化阶段设置于课中，知识补救阶段放在课后。

（4）教学模型的设计需巧妙地运用信息技术。智能课堂具有云计算分析学习数据的功能，即云诊断分析，可以与课前测试相结合。通过这种方式，使学习情况分析更加科学、具体和有针对性。智能课堂具有即时评价功能。在课堂上，它可以结合课堂实践，巩固和提高。即时反馈系统（Interactive Response System，IRS）的反馈装置可用于统计学生的答案并进行即时评估。智慧课堂具有云补救功能，可以与学生课后的自主学习相结合，减少盲目学习。

（5）遵循初中生的学习特点。把初中学习与小学阶段的学习做对比，在一些方面展示出了显著的区别，例如，学习内容慢慢深化、学科知识也不断系统化、初中阶段增加了几科新科目，再加上初中生的心理波动和生理的变化，使得学生的成绩波动大，容易发展为明显的两极分化。

（6）专为地理教学。在进行地理教学时，很多时候需要进行动态模拟演示，在课前准备资料时，可以选用 Flash 动画，例如，降水类型：对流雨、地形雨、锋面雨的动态演示。

所以，当创建教学模型的时候不仅要充分发挥出智慧课堂的教学优势还必须符合素质教育理念。把先进的信息技术的优势充分发挥出来，支持教育活动的发展，从而避免班级授课制的消极影响。要使全体成员以高效学习为目标，构建出提高学习效率，增强教学效果的教学模型。

2. 地理智慧课堂的系统组成

构建地理智慧课堂需要互动教学系统、clouDAS 云端诊断分析系统、IRS 即时反馈系统等设备，企业生产的设备要能更好地为教学所用，就需要企业参与智慧教室的建设。当今要顺应信息技术社会的发展，需要致力于打造开放、智能的教学环境，让学生在"智能教室"中愉悦学习，而智能教室则须由网络平台、移动终端、IRS 即时反馈系统等技术产品组成，以下对地理智慧课堂的主要系统做具体的阐述：

（1）IRS 即时反馈系统。在以往的教学过程中常常存在这些问题，地理教师很难在短时间内清楚学生的学习情况，难免有很多学生在课上的集体回答中，不懂装懂，除此之外还有在课堂上提问无人回应、课后习题乱做、小节检测的成绩不太理想等。IRS 即时反馈系统是一种促进课堂学生的活跃性与小组交流积极性的教学辅助系统，是由硬件和软件这两个部分组成：硬件部分是由远程控制面板和一个接收器组成，必须和所授课教室里的教学电脑和投影仪或者巨型显示器相连接；在软件部分，教师可以提前编辑多项选择题，凭借一个巨大的显示屏幕来显示问题，并引导学生按下手持式遥控器的按钮来上传自己的选项。此系统能够同时接收全班学生的答案，并将结果显示在一个可视化的图表中，以这种方式来展示全班学生的作答结果。教师可以进一步利用所展示答题结果，来引导学生解释答题原因并进行深入讨论，从而在课堂上促进学生的互动和交流。

（2）云端诊断分析系统。地理教师只有清楚学生的情况后，才能按照学生的学习情况采取相对应的教学工作。云端诊断分析系统是教育者和家长的得力助手，此系统有即时分析学生学习成效的功能。授课者能够把授课对象的课后练习或者考试成绩传输至云端，云端会做出相应的报告。根据测验的难度和学生的表现进行对应的诊断和分析，使教师能够做出相应的调整，从而能够有针对性地指导个别学生。网络是紧密联系在一起的，云诊断分析也能够评估学生的兴趣、爱好和学习习惯，这是根据他们的腾讯 QQ、微信、微博和其他信息来评定的，使老师和家长可以更好地了解学生，制订个性化的学习计划。这对于智慧课堂而言是不能够缺少的，诊断分析班级整体和个别学生的学习情况是智慧课堂的系统功能之一。

（3）电子书包系统。从"实"的硬件设备角度来看，电子书包则为一种个人的便携式学习终端，从"虚"的应用服务角度来看，它也就是学习者个人学习环境。电子书包系统具有这样一些功能，学生可以借助电子书包系统浏览课程资源，提交课程作业，诊断学习情况和获取学习报告，它能够帮助学生提前感受课堂知识，感知自身缺陷，课后也能针对性地进行补救。地理教师可以上传课程资源，收集学生的意见，并对其学习情况进行即时反馈。此种教学过程能够实现双赢的目标，地理教师能够用短的备课时间让学生高效学习，余下更多的时间进行科研，而学生则能够在信息化的环境中愉快地获取地理知识。

（二）地理智慧课堂教学模型的设计环节

初中地理智慧课堂教学模型包括了课前、课中、课后三个时间段，在这三个时间段，学生有特定的任务——课前自学、课中互学、课后助学。在三个时间段中也有具体的操作环节，例如，课程资源准备与上传、课前预习学情分析、教学设计、导入新课、小组合作探究、课堂即时反馈、上传课后补救资源。不同的学科因学科性质不同，也会使得具体的教学流程有很大的不同。下面对地理智慧课堂教学模型的设计环节做以下分析：

第一，课前：教师在网络平台上上传课前学习资源，课程资源是由教学视频和预习检测题组成。学生通过观看教学视频提前了解课程的重点内容和难点内容，之后学生完成预习检测题并上传至网络平台，来检测预习效果。教师根据云端数据分析，从数据中获取学生对教学内容，教学重难点的把握情况。教师获取精准的学情分析，知道每个学生的情况，才能对每个学生更有针对性地进行教学设计，真正地做到对每个学生"因材施教"。除此之外，基于 iPad 平板电脑的地理教学环境，可以选择上传对地理教材有补充作用且能够帮助学生培养地理能力的教学资源，地理教学资源的形式可以是微课形式、照片或者Word 文档。把地理事物和地理信息以更加直观的方式展示给学生。

第二，课中：由学生分享预习结果，对课前测试进行反思和修正。教师根据时间情况安排新的研究任务，学生分组作业，提交探究结果并展示。利用 IRS 即时反馈系统进行形成性测试，充分展示学习情况，调整教学。假如情况较好，无须详细说明；但是如果情况不好，学生可以互相补充，反思自己，重新选择再一次测试学习情况。教师可以通过小组讨论、测试反馈、游戏学习、学生主题展示等多种互动形式进行变体拓展，来以提升学生的学习欲望。同时，教师也可以获得准确的学习数据，从而进行更有针对性的教学。最后，教师可以充分发挥智慧课堂互动性，让学生当场构建知识框架。

第三，课后：教师充分利用网络平台，把复习的资源上传到平台，由学生按照自己的实际要求来下载相应的课程资源，针对性地选择课后习题进行课后补救。教师使用网络平台，按照学生的情况，推出个性化的家庭作业，客观的问题由学生直接在平台上完成，主观问题则由学生完成后拍照片上传。在学生完成提交后，马上就可以看到客观题的答题情况以及获取题目的参考答案，主观题是由教师来批改，给学生标注出问题所在，学生则能够及时查看主观题的分析。教师根据各个学生的答题情况推出个性化辅导，学生再选择适宜的课后辅导课程资源来反复观看，突破重难点。最后，教师对整节课所出现的问题进行反思，找到解决措施，完善本次课程的教案，总结经验。

地理智慧课堂的教学模型可以较高地提升学生的参与度，如课前自主观看教师推送的教学资源；在课中，对于不正确、模棱两可的部分由教师引导进行交流讨论，学生做二次反思；课后针对自己的薄弱部分，自主选择教学资源反复观看。这样的教学模型适合初中生探索欲望强烈的心理，可以增加学生的学习兴趣，提升教学效果。初中地理是一门综合性的基础学科，讲"地"又讲"理"，采用智慧课堂这种教学模型，可以很好地培养学生发散思维。

第三节　指向核心素养的地理跨学科主题学习设计实践

《义务教育地理课程标准（2022年版）》提出的跨学科主题学习，是初中地理课程改革跨越式发展的标志，是地理教育发展的机遇与挑战。地理跨学科主题学习的开展有利于促进学生的综合素养发展，有利于锻炼学生解决社会真实复杂问题的能力，有利于充分发挥地理学科的综合性优势。有效实施地理跨学科主题学习，迫切需要建立跨学科的主题式协作研修机制、建设跨学科主题学习的动态资源库、建构任务驱动式跨学科主题教学模式"[①]。作为课程改革的新任务，并受现有知识观与教学逻辑的束缚，跨学科主题学习将成为广大地理教师面临的一大难题。地理跨学科主题学习要求贴近学生生活实际，符合学生年龄特点，聚焦真实问题的发现和解决，体现鲜活的实践特征。地理课程跨学科主题学习的设计包括制定学习目标、选取学习主题和内容、选择学习形式、选定学习场所、开展学习评价等环节，设计时要注意各环节之间的联系，突出整体效果。

一、初中地理跨学科主题学习的意义与实施

（一）地理跨学科主题学习的意义

跨学科主题学习的提出是对长期以来分科课程体制的一次改造，是新时代人才培养的必然趋势。

1.地理跨学科主题学习是促进学生综合素质发展的需求

我们的教育目标是培养全面发展的人，而分科教学忽视了各学科之间的有机联系，使得原本立体、连贯的科学知识变成一个个知识片段，学生对鲜活的生活图景缺乏立体的认知，较难实现全面发展。按照多元智能理论，自然、社会、人文科学中若干专业，没有一类（个）专业能够独立地完成促进人类心智成长的任务。实际上，人们早已认识到不同专业领域应是互相渗透和融合的，不同学科知识的交叉耦合是创新的源泉，运用多种学科观念与学科知识解决真实问题的跨学科学习，将有助于科学与人文的融合，促进学生综合素质的提升。

地理课程跨学科主题学习是德、智、体、美、劳全面育人观的体现，是培养和发展学生整体素养、综合思维方式、创新精神和探究能力的良好载体。跨学科主题学习超越学科

---

① 朱雪梅，王敏萱.跨学科主题学习：初中地理课程改革的新挑战［J］.地理教育，2022（7）：3.

界限，结合个人、社会和学科的需要而生成有意义的研究主题，并围绕主题进行探究性的实践活动，将学习活动与日常生活、真实世界建立起内在联系，在学科之间建立有机联系，因此，在拓宽学生知识面以及培养创新意识、综合能力、协调能力、应变能力、解决问题能力等方面的作用是传统的单一学科教学所不能比拟的。当下部分学校在地理教学中融合 STEM 课程，就是很好的尝试，它将分科的知识转化为现实的实践活动，让学生在"产品"制作中获得综合素养的提升。

2. 地理跨学科主题学习是解决社会真实复杂问题的需求

分科式学习是工业文明时代的产物，它重视知识的标准化，忽视现代社会的复杂性特点，较少突破学科边界去思考、解决真实世界的地理问题，容易出现认知缺陷。随着社会的发展，我们面临的各种问题往往是复杂的、综合的，单纯依靠单一学科知识难以解决，常常需要多学科知识才能攻克难题。如："生态环境问题"，如果仅用地理的眼光分析生态环境破坏、环境污染问题的自然和人为原因是不全面的，须深入结合生物、化学、物理等学科的原理与方法去分析其发生发展的起因、过程、结果，并提出相应的解决措施，如：草场退化的原因、土地盐碱化的过程、"三废"污染等具体化问题。

社会的多元发展使各类知识产生联结并趋向综合，科学技术的进步也使得解决现实问题的方法与手段变得丰富多样，面对复杂多变的社会环境，培养综合型人才成为 21 世纪的育人新追求。按照"地理新课标"的要求，跨学科主题学习场所不局限在校内，要调动相关社会资源，引导学生走进自然和社会大课堂，提高他们在真实环境下学习多学科知识并运用其解决问题的能力。学习场域的变化，将有利于学生置身复杂多变的实际问题时，能够结合相关领域、相关学科的知识去分析问题、解决问题，从而推动学生创新性实践能力的提升，这才是跨学科教育的根本目的。

3. 地理跨学科主题学习使得地理学科性质得以充分体现

作为一门自然科学、社会科学和技术科学交叉融合的学科，地理学科研究与解决的问题涉及自然、社会、经济、文化等各个领域，这一综合性特质决定了地理课程与数学、语文、物理、化学、生物、历史、政治等学科在课程内容、知识体例、思想理念、教法和学法上存在密切联系，因此，开展地理跨学科主题学习是地理学科的性质使然。地理课程发展还应与国家意志、时代特征紧密相连。在课程指导思想上应注重立德树人，强化正确的人口观、资源观、环境观与可持续发展观的培养。在课程内容上应优选与学生生活和社会发展密切相关的地理素材，注重引领学生了解国家发展的重要战略，培养学生的家国情怀。如：领悟区域协调发展的内涵，坚持区域间的均衡协调与可持续发展；开阔国际视野，培养综合思维。这些内容的学习，需要围绕地理学科的主题任务，创设真实的情境，鼓励学生融合自然、人文、社会、技术等多学科知识技术、思维方法与生活经验开展探究性活动，解决现实世界中的地理问题。

地理课程跨学科主题学习不是简单地将不同学科知识进行机械罗列或叠加，而是在课程统整思想的指导下，立足于地理学科逻辑，基于学科的相关性、知识的共同性以及思维的共通性，将不同学科的知识、方法或思维能力等经过选择、加工和融合，运用于地理综合实践活动中。真正的跨学科一定是与学科紧密联系在一起的，就是对学科知识的应用，不能因为跨学科就忘了学科本身的任务。

（二）地理跨学科主题学习的实施

地理跨学科主题学习是站在更高位思考并践行学科的意义和价值，跨学科主题学习的实现，最终要体现在课堂教学和实践活动中，并通过教学实践来实现地理教育的目标。因此，在准确理解地理课程跨学科主题学习的内涵及意义基础上通过跨学科教研探索诸如资源开发、模式重构、评价改革等问题切实加强跨学科主题学习的教育行动。

1.建设跨学科主题式协作研修机制

作为一种新的学习形态，跨学科主题学习要求的课程整合、内容重构、教学变革、学习创造使得课堂的教与学方式焕发出新的生机。从课程研究的角度看，学科之间的融合教学使得地理课程领域变得异常广阔，与之相关的课程结构、课程设计、教学方法、教学策略及其评价标准等也具有了重新建构的积极意义。因此，如何重建跨学科主题教学的新生态理应成为地理教学研究亟须确立的重大选题。

组织不同学科的教师协作开展跨学科主题研修活动，是学校深化课程改革的一个新任务。"地理新课标"首次提出了开展校本教研的建议，对"教师培训与教学研究"部分的建议是"鼓励地理教师积极参与其他课程的跨学科教研活动，相互借鉴，探索地理课程跨学科、综合性教育教学的改革发展新范式"。这意味着，地理教师与其他学科教师共同就某一跨学科主题开展联合教研，将成为一种新常态，也意味着学校传统的教研治理模式面临着转型的挑战，将跨学科主题教研活动纳入继续教育考核体系中将是必然趋势。

地理教师与其他学科教师的联合研修活动应围绕"跨学科主题学习"这一中心问题，开展系统化研究，探讨学科融合点，厘清每门学科对主题的具体贡献，探索融合交叉可能产生的结果。每次研修活动可聚焦一个鲜明的跨学科学习问题而展开，如：地理课程跨学科学习的主题确立、资源研发、教学策略、学习模式构建、评价机制等问题均有较强的实践价值。从研修方式看，可开展多种多样的跨学科主题教研活动，如：以课题为抓手的探索型教研、以项目为驱动的任务型教研、以讲座为载体的沙龙型教研、以问题为中心的解

感型教研、以课例为聚焦的行动型教研等方式，应被合理加以应用。

2. 建设动态跨学科主题学习资源库

地理跨学科课程的建构，不仅要求学科本身具有高度的知识统整性和内容整合性，而且更加突出教师价值判断以及自主建构能力。首先，教师要将地理学科与其他学科的学科知识进行整合；其次，在教学实践过程中要将整合后的跨学科知识与具体教学情景相融合。实现以上两个层面的构建，需要教师进行价值判断，需要在资源建设中进行以下追问：整合的主题是有哪些；整合学科的哪些知识；需要达到怎样的整合目标；整合知识点的素材有哪些；这些素材能否为整合主题服务；整合的具体教学策略有哪些等。

"地理新课标"指出跨学科学习主题和内容主要选取生态文明建设、环境保护、资源利用、家乡环境与人们生产生活的变化、乡村振兴等方面真实存在的事物和现象，设计的问题具有研究价值和现实意义。这说明地理跨学科主题学习的内容要贴近学生的现实生活，也说明跨学科学习的主题来源具有广泛性。在进行主题选择与跨学科素材搜集整理时，需要关注社会热点问题，对热点事件持有敏感性，能够精准捕捉现实问题中的跨学科主题落点，并及时将其转化为跨学科主题教学的素材，通过设计贴近学生现实生活的实践活动，促进学生运用多学科知识与方法解决地理问题。

3. 构建任务驱动式跨学科主题教学模式

跨学科学习也就是"跨学科实践"的过程，更有利于学生的地理实践力培养。"地理新课标"特别指出，"跨学科学习形式要根据学习内容适当选择，如：项目式学习、单元式学习等。主题学习要突出实践性和可操作性，以学生自主、合作和探究学习为主"。因此，指导学生开展跨学科主题学习，应有别于常规的课堂学习，应倡导多学科融合的综合实践活动，教学内容与过程更加开放，学生的探究也更加深入，但这并不意味着跨学科主题学习无章可循；相反，更需要我们积极地探索行之有效的教学模式。在此，整合 OBE 教育理念、PBL 教学模式及 UbD 教学设计原理，作为构建跨学科主题教学模式的理论基础。

OBE 是 Outcome based education 的简称，意指成果导向教育，其核心涵义从顶峰成果入手推演教学活动与人才培养目标的适切性，并就适切程度展开评估和测量。PBL 是 Project-based Learning 的简称，即项目式学习，也被称为基于项目的学习，是一套系统的教学方法，既是探究复杂、真实问题的过程，也是精心设计项目作品、规划和实施项目任务的过程。UbD 是 Understanding by Design 的简称，意为追求理解的教学设计，认为最好的教学设计应该是"以终为始"，从学习结果开始的逆向思考—课堂、单元和课程在逻辑上应该从想要达到的学习结果导出，而不是从教师所擅长的教法、教材和活动中导出。UbD 教学设计与 OBE 教育有异曲同工之处，其重要特征之一是将评价标准前置于教学活动之前。

依照以上理论依据，凝练出跨学科主题教学的关键词包括主题成果、学习目标、项目任务、融合学习、评价标准等，由此构建地理课程"OTE—RMGA"跨学科任务驱动式主题教学模式。该模式以学生学习结果即项目作品为导向，先根据主题要求确定目标（Object-acquired，O），强调任务驱动（Task-driven，T），将主题任务引领"教师教"与"学生学"的全过程；同时，以逆向教学设计思路将评价标准（Evaluation criteria，E）前置，并将其贯穿于教学过程中。在跨学科研究主题的"目标—任务—标准"确立基础上，教师着力参照先预设的评价标准进行多学科资源统整（Resource integration，R）和任务实施指导（Task implementation guidance，G）；学生可以在理解评价标准的前提下，有序进行多元化融合学习（Multiple integrated learning，M），包括多学科关键原理理解、主题式融合学习以及项目化作品生成。最终开展项目学习的成果评价（Achievement evaluation，A），包括成果的交流与展示、学习过程的反思及项目改进活动。

"OTE—RMGA"跨学科主题教学模式的有效应用，应建立在清晰的目标任务、深度学习活动与表现性评价的系统设计基础之上。

首先，跨学科主题学习的目标应以地理课程核心素养的培育为核心，融合运用多学科知识与方法，预设主题成果，确定主题的核心任务。"地理新课标"指出跨学科主题学习目标的制订应以地理知识和方法为基础，以地理学习方式和过程为支撑，融入多学科的知识和方法，重在促进学生增长知识见识、提升综合认知和解决问题的能力，并达到学以致用、知行合一的要求。

其次，基于任务的驱动式跨学科主题学习是一种具身参与的深度学习，在学习过程中应鼓励学生质疑、提问、反思，注重利用驱动任务引领学生主动学习，可将核心大任务分解为契合最近发展区的小任务，对具有挑战性的任务，教师则提供支持性的指导与反馈。实践活动的设计要符合学生认知发展的逻辑，利于学生实现知识与能力的意义建构。如："地理新课标"的案例1"探访'地球之肾'——湿地"，将主题任务分解为"制作湿地公园电子地图，规划考察路线""探究湿地功能""提出湿地保护意见"任务群，通过三个阶段性任务引领实践活动的开展。

最后，注重开展跨学科主题学习成果的表现性评价。"地理新课标"指出，跨学科主题学习评价要围绕学生核心素养的提升和发展水平展开，充分运用过程性评价、终结性评价、增值性评价、综合性评价等方式，对学生在活动中的表现、变化及学习成果等进行及时、有效的评价。表现性评价的有效实施取决于成果导向的"评价标准"设计，这是影响学习成效的关键环节，多元主体参与的、要求清晰可操作的评价标准是学习的"指南针"，能够起到以评促学的作用。

综上所述，以学生地理核心素养培养为目标，将地理与其他学科统整的跨学科主题学习体现了课程改革的前瞻性、科学性与实践性，有利于培养更加符合时代需求的、具有综合解决实际问题能力的创新型人才。当前，我们亟须走出学科本位的固有认知，认同跨学科教学的价值，形成文化自觉。只有对跨学科主题学习充分理解并切实转化为教学行动，才能将国家人才培养的需要与学生个体发展统一起来，更好地担当教书育人的社会责任。

二、指向核心素养的地理跨学科主题学习活动设计

"跨学科主题学习，是初中地理课程改革跨越式发展的标志，是地理教育发展的机遇与挑战。"[①]初中地理跨学科主题学习是基于学生的基础、体验和兴趣，围绕某一研究主题，以地理课程内容为主干，运用并整合其他课程的相关知识和方法，开展综合学习的一种方式。借助跨学科主题活动，引导学生围绕真实情境，综合运用不同学科的知识和方法观察生活现象和解决实际问题，让学科学习与实际生活建立起联系，可以更好地培养学生的地理课程核心素养。下面以"探索太空、逐梦航天"为例，探讨指向核心素养的地理新课标跨学科主题学习活动设计实践。

（一）地理跨学科主题学习活动设计的目标

新课标主题 1 "地球的宇宙环境"中新增了三条内容要求：运用图片、影视资料以及数字技术等手段，描述地球的宇宙环境、地球在太阳系中的位置，认识地球是人类唯一的家园；结合图片、影视资料等，描述探月工程、火星探测以及空间站建设等人类太空探索的进展与意义；收集中国航天及太空观测发展的相关材料，举例说出中国太空探索的成就。"探索太空、逐梦航天"跨学科主题学习活动的开展，将以落实新课标为出发点，融入多学科的知识和方法，帮助学生增长见识、提升其综合认知和解决问题的能力，达到学以致用的目的。

因此，"探索太空、逐梦航天"跨学科主题学习活动的目标设定可以包括：第一，通过绘制人类探索太空大事记的时间轴，了解人类探索太空的进程和取得的成就；第二，通过制作航天器图展以及模拟火箭升空和探测器登陆，感悟科学探索的艰辛与曲折，形成科学探索的兴趣与情怀；第三，通过人类选址移居星球、设计人类新家园蓝图和想象新星球生活故事，加深对地球所处宇宙环境的理解，认识人类太空探索的意义和价值。

---

① 朱雪梅，王敏萱 . 跨学科主题学习：初中地理课程改革的新挑战 [J]. 地理教育，2022（7）：3.

（二）地理跨学科主题学习活动设计的内容

新课标在"探索太空、逐梦航天"跨学科主题学习活动设计提示中指出，要以"小组或社团的形式"，借助"艺术节或科技节"等学校活动，用"科幻文章、手抄报、航空模型、宣传视频、戏剧"等多样化的形式展示探究成果。根据新课标的指引，地理跨学科主题学习活动设计可以分为以下内容：

1."人类探索太空的历史与成就"活动

"人类探索太空的历史与成就"活动设计需要收集人类探索太空历史中有重大意义的事件，以时间轴的形式展现出来。在这一过程中通过学习支架问题引导学生以步步思考完成任务。活动设计要与地理课堂教学相结合，收集资料为前置任务，时间轴绘制与展示为课堂活动，时间轴作品改进为课后作业。具体活动设计如下：

（1）收集探索太空大事记。①筛选所收集到的信息，选出15个认为对人类探索太空有重大意义的事件，说明自己的理由，并按时间顺序进行排序；②筛选所收集到的信息，选出10个认为对中国探索太空有重大意义的事件，说明自己的理由，并按时间顺序进行排序。

（2）绘制探索太空时间轴。①了解什么是时间轴；时间轴由哪些要素组成；其中最关键的要素是哪些。②人类探索太空的历史悠久，为实现更清晰地展示，需要在时间轴上划分时间段。对于人类探索太空历史是如何划分时间段的；不同的时间段内包含哪些人类探索太空的重大历史事件。③根据所收集到的信息，打算将哪些事件和信息呈现在时间轴上；将设计怎样的样式、图示或标志等。

2."人类探索太空的工具"活动

"人类探索太空的工具"活动，需要收集图文资料，制作关于无人航天器、载人航天器等不同类别航天器功能用途、优势特点的介绍海报。在水火箭设计活动中感受人类为摆脱地球引力所做的努力，在模拟演示探测器到达其他星球的活动中激发学生对未知世界的好奇心。具体活动设计如下：

（1）设计人类探索太空航天器图展。①了解什么是航天器；航天器的作用是什么；航天器与航空器的区别有哪些。②收集资料，认识至少12个航天器，并思考这些航天器是否都属于同一类型；航天器可以分为哪些类型。③根据航天器类型的划分，在每个类别中各选取一个典型航天器，并说明选取的理由。④打算选取哪个或哪类航天器制作海报；该（类）航天器有哪些方面的用途和特色。⑤打算设计怎样的图案、文字呈现该（类）航天器的用途、特点。⑥展示、交流设计的海报，发现还可以怎样优化自己的设计。

（2）火箭设计我在行。①查找资料，了解水火箭是什么；列出计划用来制作水火箭

的材料。②了解水火箭升空原理，初步设计并绘制水火箭模型图。③运用材料制作出水火箭，并尝试发射。比较水火箭每次的飞行高度。④哪些因素会影响水火箭的飞行高度；查找资料或请教老师，设计实验方案，探究如何让水火箭飞得更高。⑤在实验过程中，如何精确地测量水火箭的飞行高度；如何保护水火箭安全着陆。⑥优化水火箭设计，挑选出或重新制作最优作品。

（3）太空探索大比拼。①查找资料，了解"嫦娥""天问""羲和""信使"等航天探测器发射到其他星球的路径，编程模拟探测器太空飞行轨迹。②制作月球表面地形模型，编程演示探测器机器人在月球表面着陆、爬环形山、采集月壤的过程。

3."设计人类新家园"活动

"设计人类新家园"活动需要查找资料，了解宇宙中是否还有适应人类生存的星球，选择近似地球的星球进行改造，绘制改造蓝图和编写科幻故事，理解人类探索太空的意义和价值。具体活动设计包括：①查找资料，了解目前宇宙中是否存在适宜人类生存的星球；②自选人类移居的星球，并说明选择该星球的理由；③查找资料，说明该星球的特征，并与地球特征进行对比；④根据该星球的特征，分析人类居住可能会面临的挑战，讨论将该星球改造成人类宜居星球的方案；⑤根据自己的改造方案，发挥想象力，在图纸上绘制出所选星球被改造后的人类家园蓝图；⑥人们在该星球上生活，会发生怎样的故事，请写一篇科幻作文。在活动实施中，可以邀请美术、语文老师参与指导，收集优秀科幻画、科幻文作品，作为科技节的展品。

（三）地理跨学科主题学习活动设计的特点

初中地理课程跨学科主题学习要求关注学生探究能力、创新意识、实践能力、社会责任感的培养，以物化的学习产品（如：各种文本、模型、设计图等）为基本学习成果。"探索太空、逐梦航天"学习活动设计以完成探索太空时间轴、人类航天器图展、人类新家园蓝图等物化作品为载体，渗透科学精神、实践创新能力以及责任意识的培育。

1.通过观察、实验和探究，感受科学精神

通过跨学科学习，在具体实验探究中学会运用科学的思维认识事物、解决问题。如：制作水火箭过程中，学生须大胆提出设想、反复实验论证，在感受科学探索须历经曲折的同时，逐渐形成坚持不懈的探索精神。区域认知和综合思维的提升是地理学科在科学精神培育方面的具体表现之一。人类新家园蓝图的规划，建立在对地球宜居环境和移居星球自然环境的整体认知上，学生需要先构建对地球和宇宙环境各要素丰富的认知，才能更好地设计改造移居星球。这过程培养了学生认识、分析事物的思维方式和多要素的综合分析能力，相应地提升了学生的区域认知和综合思维素养。

2. 通过解决具体问题，获取实践创新能力

主题活动任务中的问题几乎都是开放性问题，地理教师要鼓励学生借助不同工具、采取不同途径完成，肯定学生提出的各种合情合理见解，从而激发出学生的创造性思维。在绘制探索太空时间轴、设计人类航天器图展、规划人类新家园蓝图的过程中，学生收集、整合、分析、理解、运用图表和文字资料等行为，本就是实践能力的训练。在制作水火箭与月面模型的过程中，学生须转化所学理论知识应用于实践，从而深化对学科知识的理解并实现实践能力的提升。

3. 在人与宇宙环境关系中思考责任与担当

人类探索太空的意义之一在于为人类提供可利用的资源，让人类生存发展得以延续。无论是人类已经进行了的探月、探火、空间站建设工程，还是对设想移居星球的开发和改造，都需要在遵循宇宙相关规律的前提下进行。借助科幻绘画和科幻文的形式让学生对设想移居星球改造困难进行思考，意识到目前人类还没有能力去实现这些设想，进而产生更要保护好地球母亲的想法。即使未来能实现这些设想，人类也应以一种协调发展、持续发展的观点去对待。这体现了人对宇宙环境的理解，是人地协调观的拓展。

（四）地理跨学科主题学习活动设计的评价

立足于核心素养培育的地理课程跨学科主题学习，学习活动评价应指向对素养的评价。素养的形成根植于学生自主和合作学习的过程中，因此，学习活动评价设计应结合具体情境问题来评估学生的具体表现和能力水平。

1. 个人成长表现与小组合作评价结合

学习活动评价应关注任务探究过程中的个人成长表现和小组如何合作推进目标达成两方面。个人成长表现可通过了解学生任务单记录情况、观看学生作品展示等方式采集信息。地理教师应重点关注学生调动已有知识储备，通过新旧知识结构的联系促进新知构建的过程。小组合作可从合作探究能力、团队精神、沟通与分享三方面建立评价指标，衡量学生学会学习、责任担当等核心素养的提升情况。

2. 量表评价与评比表彰结合

地理教师可以以量表的形式为学生提供清晰的评价项目，对学生的思维过程进行指引，起到鼓励学生做出更好行为表现的作用。同时与学校活动相结合，对主题学习活动中表现优秀、成果显著的学生或团队予以表彰，营造一种积极向上的氛围。两种方式均坚持激励、憧憬发展，促使积极的情绪体验内化成学生终生发展的核心素养。

  综上所述,通过开展"探索太空、逐梦航天"地理课程跨学科学习活动,借助学科整合的视野和思维,引导学生在自主学习和合作探究中,不断运用信息收集、工具使用、调查研究、实验论证、合作交流等方法来解决实际问题,增强学生的科学兴趣,提升学生的科学探究意识与科学精神,帮助学生初步形成科学的宇宙观。

参考文献

[1] 白文新. 中学地理教师教学技能 [M]. 西安: 陕西师范大学出版总社有限公司,2012.

[2] 杜德生. 初中地理教学活动设计的策略 [J]. 新教育,2017,(22):42.

[3] 付申珍. 中学地理长效教学的理论探索与实践 [M]. 重庆: 重庆大学出版社,2021.

[4] 龚倩,朱雪梅,陆丽云. 基于地理大概念的大单元教学: 深化初中地理课程改革的新实践 [J]. 地理教育,2022,(8):3.

[5] 龚倩,朱雪梅. 新时代初中地理课程育人的方向标——研读《义务教育地理课程标准 (2022 年版)》有感 [J]. 中学地理教学参考,2022(17):11.

[6] 郭如玺. 初中地理教学中如何培养学生的创新能力 [J]. 新课程,2022,(2):208.

[7] 郝毅甫. 如何增强中学地理教学中学科能力培养 [J]. 魅力中国,2016(24):5.

[8] 黄莉敏. 中学地理教学设计——方法·操作·案例 [M]. 武汉: 华中师范大学出版社,2013.

[9] 蒋俊. 基于"主题式"教学的初中地理教学活动设计策略 [J]. 名师在线,2018,(18):95-96.

[10] 李彤. "双减"背景下的初中地理跨学科作业设计 [J]. 地理教学,2022(20):41-43,40.

[11] 李旺军. 初中地理情境化纸笔测验的特征、模型与实现 [J]. 教学与管理 (中学版),2022(2):56-58.

[12] 陆娟,张军民. 主题式教学在初中地理教学中的应用 [J]. 教学与管理 (理论版),2020(6):116-118.

[13] 马学梅. 信息化环境下初中地理课堂教学基本要求 [J]. 地理教学,2020,(4):26.

[14] 任乐,邹金伟. 指向核心素养的新课标跨学科主题学习活动设计——以"探索太空、逐梦航天"为例 [J]. 地理教学,2022,(16):37-40.

[15] 宋彩萍. 基于学前诊断评价的初中地理教学设计研究 [J]. 中小学教师培训,2022(9):70-74.

[16] 唐少霞等. 中学地理教学技能 [M]. 海口: 三环出版社,2008.

[17] 王莉. 指向核心素养培养的初中地理"问题解决教学"活动设计研究 [J]. 中学地理教学参考,2019,(11):47-50.

[18] 王新成 . 情景化教学在初中地理教学中的应用设计 [J]. 新课程 ,2020,(23):140–141.

[19] 王玉 . 初中地理教学资源的优化配置研究 [J]. 中学课程资源 ,2020(12):54.

[20] 许印梅 , 陈传明 . 初中地理教学开展国家安全教育的探究——以"极地地区"为例 [J]. 地理教学 ,2022(13):32–34,31.

[21] 严龙成 . 学本课堂背景下中学地理教学设计及案例评析 [M]. 成都 : 四川大学出版社 ,2018.

[22] 杨晓霞 . 基于创新能力培养的初中地理教学 [J]. 基础教育论坛 ,2021(10):69.

[23] 杨学连 , 宋赛萍 . 初中地理综合思维能力的培养策略 [J]. 地理教学 ,2021(1):39–43.

[24] 姚广标 . 初中地理作业设计的品、味、效 [J]. 教学与管理 (中学版),2020(7):71–73.

[25] 冶一雪 . 不同场景式初中地理情景教学的策略探索 [J]. 地理教学 ,2022(3):20–23.

[26] 张多徽 . 初中地理劳动教育课程开发与实践 [J]. 中学地理教学参考 ,2022(8):47–48,52.

[27] 张旭如 . 中学地理教学设计与案例分析 [M]. 合肥 : 安徽大学出版社 ,2014.

[28] 张艳梅 . 论中学地理教学中学科能力与综合能力的培养 [J]. 地理教育 ,2002,(06):28–29.

[29] 郑宇 . 基于地理尺度的初中地理区域认知模型构建 [J]. 中学地理教学参考 ,2022(8):41–42.

[30] 朱雪梅 , 王敏萱 . 跨学科主题学习 : 初中地理课程改革的新挑战 [J]. 地理教育 ,2022,(7):3.